本书由大连大学学科建设经费资助出版

谭嗣同与晚清社会

王夏刚●著

中国社会科学出版社

图书在版编目(CIP)数据

谭嗣同与晚清社会/王夏刚著.—北京：中国社会科学出版社，2015.10

ISBN 978-7-5161-6490-7

Ⅰ.①谭… Ⅱ.①王… Ⅲ.①谭嗣同(1865~1898)—人物研究 Ⅳ.①B254.5

中国版本图书馆 CIP 数据核字(2015)第 152619 号

出 版 人 赵剑英
责任编辑 孔继萍
特约编辑 邹 莉
责任校对 闫 萃
责任印制 何 艳

出 版 中国社会科学出版社
社 址 北京鼓楼西大街甲 158 号
邮 编 100720
网 址 http://www.csspw.cn
发 行 部 010-84083685
门 市 部 010-84029450
经 销 新华书店及其他书店

印刷装订 北京市兴怀印刷厂
版 次 2015 年 10 月第 1 版
印 次 2015 年 10 月第 1 次印刷

开 本 710×1000 1/16
印 张 17
插 页 2
字 数 279 千字
定 价 62.00 元

凡购买中国社会科学出版社图书，如有质量问题请与本社营销中心联系调换
电话:010-84083683

目　录

绪言 ……………………………………………………………………（1）

第一章　谭嗣同维新思想源流 ………………………………………………（11）
第一节　谭嗣同对传统文化的认知与改造 …………………………（16）
第二节　谭嗣同维新思想中的西学成分 ……………………………（27）
第三节　谭嗣同及维新派流血变法思想溯源 ………………………（38）

第二章　谭嗣同维新活动举要 ………………………………………………（50）
第一节　谭嗣同与湖南维新变革 ……………………………………（50）
第二节　谭嗣同与报刊宣传 …………………………………………（74）

第三章　谭嗣同社会交往探微 ………………………………………………（82）
第一节　谭嗣同与陈宝箴:以谭嗣同戊戌年拟赴日本事为中心 ……（82）
第二节　谭嗣同与刘人熙:以学术取向的转变为中心 ……………（94）
第三节　从违之间:谭嗣同与谭继洵 ………………………………（100）

第四章　谭嗣同生平事迹辨正 ………………………………………………（108）
第一节　清档中的谭嗣同 ……………………………………………（108）
第二节　谭嗣同对科举制度的认知 …………………………………（119）
第三节　谭嗣同八月初三日独访袁世凯说质疑及补正 ……………（128）

第五章　谭嗣同研究文献整理 …………………………………………（135）
第一节　《谭嗣同全集》所收资料识读献疑 ……………………………（135）
第二节　谭嗣同书札编年 …………………………………………………（155）
第三节　《仁学》简目 ………………………………………………………（168）

附录　谭嗣同年谱 ………………………………………………………（172）

参考文献 …………………………………………………………………（261）

后记 ………………………………………………………………………（267）

绪　言

谭嗣同，字复生，号壮飞，湖南浏阳人。他幼年丧母，受父妾虐待，深感纲常伦理的束缚，产生“冲决网罗”的想法。在科举考试上，他从未成功过。五应南北乡试，次次落榜。当别人要和他讨论八股文时，他感到受宠若惊，但在内心，他对科举考试已经毫无信心，他说：“闱中之光怪陆离，殆有十倍于去年者，即欲诡遇，已不胜轮毂添溢，遂决计不读一文，不立一义，我行我法，成功则天，转觉超然。”[①] 他南北壮游，了解风土人情，增进学识，颇有侠气。他自称境遇坎坷，深受其苦，“吾自少至壮，遍遭纲伦之厄，涵泳其苦，殆非生人所能任受，濒死累矣，而卒不死”，但坎坷的境遇使他益轻生命，产生了舍己利人的信念，“以为块然躯壳，除利人之外，复何足惜”[②]。同时，他认为人须有横强之气，“而后可以有为”[③]。

他倡言变革，但对时事充满了失望，如甲午年（1894 年）他断言：“数十年来，大臣专务相难相攻，置天下存亡于不顾。”[④] 乙未年（1895 年）在信中慨叹：“世变如此，何事不堪流涕乎！”“时事不欲更言，但看天命如何耳。”[⑤] 丙申年（1896 年）他在京访学后，认为“时事较之未乱前，其苟且涂饰尤为加甚，岂复有一毫可望者哉？……三品以上，则诚

---

① 谭嗣同：《致刘淞芙》五，载《谭嗣同全集》，中华书局 1981 年版，1998 年第 3 次印刷，第 482 页。

② 谭嗣同：《仁学》自叙，载《谭嗣同全集》，第 290 页。

③ 谭嗣同：《致汪康年》二十二，载《谭嗣同全集》，第 512 页。

④ 谭嗣同：《致刘淞芙》二，载《谭嗣同全集》，第 480 页。

⑤ 谭嗣同：《致张蓟云》，载《谭嗣同全集》，第 489 页。

无人矣”[①]。丁酉年（1897 年）他认为：“中国全局断无可为。”[②] 戊戌年（1898 年）他则认为：“时事奇艰”[③]，“时事真可哭也”[④]。但他也看到维新的希望，“京官在下位者，人才极多，游士中亦不乏人”[⑤]。

一 谭嗣同的生平简历

谭嗣同屡考不中后，通过捐纳及保举获取了候补知府的资格，但这种身份对他的景况并未有多大改善，他自称“薄宦年余，于学无益，于道有退”[⑥]，“嗣同到此间，如仙人降谪，困辱泥涂”[⑦]。

在强学会成立前后，他并不引人注意，“己既不求入会，亦无人来邀”[⑧]。1896 年的北京之行，使他增长了见识，并结交了吴樵、梁启超、夏曾佑等朋友，扩大了交往圈。在南京任候补官期间，他时常来往于沪、宁间，参与了许多维新活动。

他于 1898 年偕眷返湘，参加了湖南的维新运动。[⑨] 在维新运动中，他勇于担当，上书湖南巡抚陈宝箴，请求筹划“亡后之图”。

他在《湘报》上盛赞康有为“传孔门不传之正学，阐五洲大同之公理，三代以还一人，孔子之外无偶”[⑩]。对康有为勇于上书的举动表示钦佩，称康有为“奋不顾身，伏蒲而谏，敬王莫如我敬，言人所不敢言，其心为支那四万万人请命，其疏为国朝二百六十年所无也”[⑪]。但对康有

---

① 谭嗣同：《致刘淞芙》七，载《谭嗣同全集》，第 484 页。

② 谭嗣同：《上欧阳中鹄》十四，载《谭嗣同全集》，第 471 页。

③ 谭嗣同：《致徐乃昌》二，载《谭嗣同全集》，第 521 页。

④ 谭嗣同：《致汪康年》二十五，载《谭嗣同全集》，第 514 页。

⑤ 谭嗣同：《致刘淞芙》七，载《谭嗣同全集》，第 484 页。

⑥ 谭嗣同：《致徐乃昌》二，载《谭嗣同全集》，第 521 页。

⑦ 谭嗣同：《致汪康年》九，载《谭嗣同全集》，第 502 页。

⑧ 谭嗣同：《上欧阳中鹄》七，载《谭嗣同全集》第 455 页。

⑨ 谭嗣同曾屡次下决心回湖南，光绪二十三年十月十八日，他在给汪康年的信中，就决定南归，称“嗣同本日南归，此后通信较难矣”。（《谭嗣同全集》，第 513 页）但他偕眷返湘，当在 1898 年，他在光绪二十四年正月的信中称谭继洵令他“即速返湘”。（《谭嗣同全集》，第 526 页）。

⑩ 谭嗣同：《上欧阳中鹄》二十二，载《谭嗣同全集》，第 475 页。

⑪ 谭嗣同：《读南海康工部有为条陈胶事折书后》，载《谭嗣同全集》，第 421 页。

为的思想，虽然认为其肇开生面，但“亦有不敢苟同者”[①]。

在时务学堂课卷修改一事上，他勇于为熊希龄等人辩护，此举引起支持维新事业的陈三立、邹代钧等的不满，也导致他和唐才常及老师欧阳中鹄之间关系紧张，他倡言：“宗旨所在，亦无不可揭以示人者，何至皇遽至此？平日互相劝勉者，全在‘杀身灭族’四字，岂临小小利害而变其初心乎？”[②] 可见，三人几乎反目成仇。

四月二十五日，徐致靖推荐他“天才卓荦，学识绝伦，忠于爱国，勇于任事，不避艰险，不畏谤疑，内可以为论思之官，外可以备折冲之选”，同日有旨令督抚送谭入京引见。处于困境的谭嗣同，认为自己绝处逢生，虽然湖南维新运动遇到很大阻力，但他可以到北京去发展。在给夫人李闰的信中，他说：“我此行真出人意料，绝处逢生，皆平日虔修之力，故得我佛慈悲也。”[③] 虽然因为病情耽误了行程，但朝廷的屡次电催，终使他赴京，为维新变法献出生命。

二　谭嗣同《仁学》的特点及在研究上存在的困难

作为近代中国历史上一位特立独行的人，谭嗣同的一生，充满了悲剧色彩，亲友的过早离世，在他的心灵上投下了永难抹去的阴影，家庭矛盾的无法消解，给他带来了无穷的困扰。在科举道路上的艰难跋涉，屡败屡战，但终未成功，则是他心中永远的痛。面对种种问题，他总会以自己独有的方式加以化解，“有几根侠骨，禁得揉搓”[④]，经过多重变故后，他不但不消极，反而还产生了救世的情怀，“以为块然躯壳，除利人之外，复何足惜。深念高望，私怀墨子摩顶放踵之志矣”[⑤]。在思想上，他写出了《仁学》[⑥] 一书，在行动上，他成为戊戌维新的殉难者。在他逝后，无论是他的书，还是他的传奇经历和殉难举动，都引起了研究者无穷的兴趣。

---

① 谭嗣同：《致唐才常》二，载《谭嗣同全集》，第 528 页。

② 谭嗣同：《上欧阳中鹄》二十一，载《谭嗣同全集》，第 474 页。

③ 谭嗣同：《致李闰》一，载《谭嗣同全集》，第 530 页。

④ 谭嗣同：《石菊影庐笔识》，载《谭嗣同全集》，第 150 页。

⑤ 谭嗣同：《仁学》自叙，载《谭嗣同全集》，第 289—290 页。

⑥ 《仁学》共五万多字，分 50 篇，前 30 篇为上卷，后 20 篇为下卷。

赞之者称他“以宗教之魂，哲学之髓，发挥公理，出乎天天，入乎人人，冲重重之网罗，造劫劫之慧果。其思想为吾人所不能达，其言论为吾人所不敢言”[①]，是晚清思想界的彗星，生命虽然短暂，但在思想史上却发出了一道耀眼的光。《仁学》“实禹域未有之书，抑众生无价之宝”[②]。他“卓厉敢死”，用献身的行动践履了其信念，是“维新运动的健者”。贬之者则认为他在《仁学》中的言论“拉杂失伦，形同梦呓”[③]，他的献身行为，是对抨击君主制度、反清反满言论的背离，令人费解。

在思想方面，由于生命短暂，从思想的发展历程来看，谭嗣同所提出的有些命题还未完全展开，思想体系的形成难免存在驳杂无序，甚至相互矛盾的现象。以《仁学》一书而言，谭嗣同在《自叙》中的设计，是要建立一个包容孔、佛、耶，涵盖多种思想成分的，以“仁”为中心，以救世为目的的庞大思想体系。[④] 他说：“凡为仁学者，于佛书当通《华严》及心宗、相宗之书；于西书当通《新约》及算学、格致、社会学之书；于中国书当通《易》、《春秋公羊传》、《论语》、《礼记》、《孟子》、《庄子》、《墨子》、《史记》，及陶渊明、周茂叔、张横渠、陆子静、王阳明、王船山、黄梨洲之书”[⑤]，涉及面相当广泛。如梁启超在《仁学》序中所言，“会通世界圣哲之心法，以救全世界之众生”。

但从《仁学》的现有内容来看[⑥]，内容比较松散，50 篇中，每篇基

---

① 梁启超：《校刻浏阳谭氏仁学序》，载《清议报》第 2 册。

② 《清议报一百册祝词并论报馆之责任及本馆之经历》，载《饮冰室合集》第 1 册，文集之六，第 54 页。

③ 章太炎认为谭嗣同学术既疏，“文辞又少检格”，（汤志钧编：《章太炎政论选集》上册，第 495 页）曾于 1899 年秋发表《菌说》，驳难谭嗣同的观点。

④ 谭嗣同挚友梁启超曾在《清代学术概论》里提到谭嗣同计划写作《仁学》的目的，并称其难以实现。“《仁学》之作，欲将科学、哲学、宗教冶为一炉，而更使适于人生之用，真可谓极大胆极辽远之一种计划。此计划，吾不敢谓终无成立之望，然以现在全世界学术进步之大势观之，则似为期尚早，况在嗣同当时之中国耶？”（第 91—92 页）

⑤ 谭嗣同：《仁学·界说》，载《谭嗣同全集》，第 293 页。

⑥ 梁启超在给严复的信中，称谭嗣同著有《仁学》三卷，但目前传世的《仁学》为二卷。（参见梁启超《与严幼陵先生书》，载《饮冰室文集》之一，第 110 页，《饮冰室合集》，中华书局 1989 年版）梁启超在所撰《谭嗣同传》中称将选择《仁学》中“稍平易者”，在《清议报》上刊行，言外之意，会有所选择，查《清议报》所刊《仁学》，无激烈批判三纲五伦的第八篇，和主张断杀断淫的第十篇，可证梁启超在登载时有所选择。

本上为一个主题，在处理各篇的相互关系方面，略显粗糙。在写作过程中，他自己也只期言达其意，不想做过多的修饰[①]，这样就使《仁学》处处充满了思想的火花，如在对纲常伦理的批判上，在对君主制度的抨击上，就充满了战斗的锋芒。但在理论构建上，存在着驳杂、混乱的不足。

梁启超也指出了《仁学》的这种特点，即驳杂与独创性共存。他认为谭嗣同的思想来源分为三部分，一为西方科学知识，一为佛教“唯识宗”、“华严宗”，一为今文经学，他融合三者，出以己见，驳杂幼稚之论甚多，但也富有独创性。“嗣同之书，盖取资于此三部分，而组织之以立己之意见。其驳杂幼稚之论甚多，固无庸讳，其尽脱旧思想之束缚，戛戛独造，则前清一代，未有其比也。”[②] 还有一点最为重要，即谭嗣同不是宅在书斋中的纯粹哲学家，《仁学》的重点在救世，仁学是冲决网罗之学，建构理论体系当在其次。

《仁学》的这种特点，也使《仁学》的研究，具有一定难度[③]，在这方面，李泽厚先生的说法极具代表性。他说：起初“对谭嗣同这位英雄同乡的性格有些兴趣，同时又认为谭只活了三十三岁，著作很少，会比较好处理，便未经仔细考虑而决定研究他”，但这种想法相当盲目，“结果一钻进去，就发现问题大不简单，谭的思想极其矛盾、混乱、复杂，涉及古今中外一大堆问题，如佛学、理学，当时的‘声光化电’等等，真是‘剪不断，理还乱’，很难梳理清楚，远比研究一个虽有一大堆著作却条理清楚自成系统的思想家要艰难得多”。

与同时代的维新志士唐才常相比，谭嗣同的《仁学》表达方式也有

---

① 谭嗣同本人在《仁学》自叙中也承认只想直接表达自己的见解，不想在文辞上过多修饰，而且他还发现在思想的表达过程中，面临着文辞难以完全表达思想的难题，并对将来有无了解其思想，能够洞抉幽隐的人，表示怀疑。（参见《仁学·自叙》，载《谭嗣同全集》，第290—291页）他在给唐才常的信中，也承认自己的《仁学》可能会存在思虑不周的问题。他说：“别开一种冲决网罗之学。思绪泉涌，率尔操觚，止期直达所见，未暇弥纶群言，不免有所漏耳。”（《谭嗣同全集》，第528页）

② 梁启超撰，朱维铮导读：《清代学术概论》，上海古籍出版社1998年版，第92页。

③ 刘觅知、张天杰在《谭嗣同〈仁学〉研究的现状与前瞻》中，对《仁学》研究的丰富成果进行了分析，并提出仍需要拓宽的领域，如《仁学》与维新人士的关系，《仁学》哲学体系的构建，《仁学》的思想来源，《仁学》与基督教、佛教等的关系，以及《仁学》思想混乱与矛盾，均值得深入研究。（参见《云梦学刊》2008年第1期）

其特点，唐才常阐述维新变法的文章，文辞平实，向国人详细地介绍了列国兴盛的原因，为中国的变革维新提供了样例，体现了湖南学政江标所倡导的“兴政必先兴学”的特点，其重点在立。与唐氏不同，谭嗣同在《仁学》中，用激烈的言辞抨击维系中国传统的伦理秩序——三纲五伦，其重点在破。① 正是由于这样的特点，近代革命者对《仁学》关注的重点，是其激烈的言辞及表达方式，而非对其中哲学思辨命题的玩味。

三　谭嗣同研究资料存在的不足

除了《仁学》以外，谭嗣同的研究资料方面也存在着不足。② 由于生命短暂，加上谭嗣同被清廷处死一事的影响，致使有关谭嗣同的研究资料，或人为毁损，或遭遇丢失及火灾，导致资料不全。③ 梁启超称谭嗣同在被捕前曾到日本使馆，携带所著书及诗文辞稿本、家书一箧，托付给梁启超，梁将其携带到日本后，准备搜辑出版，为《谭浏阳遗集》若干卷。但梁启超除了在《清议报》上刊载了《仁学》外，并未编辑出版谭嗣同的遗集。目前，收录谭嗣同资料最全的为蔡尚思、方行编《谭嗣同全集》，该书为研究谭嗣同提供了极大的便利。

为进一步促进对谭嗣同的研究，一些学者曾经对谭嗣同其他著作的存佚情况进行分析，如刘志盛在《谭嗣同著作版本》一文中，既考察了谭嗣同著作的各种版本，还列举了“谭嗣同著作待访目录”，如《仲叔四

---

① 谭嗣同追求日新的性格，促使其思想不断创新，并非仅止于《仁学》，他在从事于南学会期间，所撰《壮飞楼治事》十篇，已经开始对维新变革提出了具体的计划和实施步骤。

② 在资料方面，可能存在四种情况，一是有意的毁损。谭嗣同勇于赴死，但师友及家属，为避免牵连，会毁坏一些记载。二是未能妥善保存所造成的破坏。如谭家遭遇火灾烧毁了一些材料。三是材料本身就不完善。如书信本身并未署日期，或仅署日期，而没有年月。四为有意的伪造。为了一定的政治目的，伪造谭嗣同的书信，真伪资料混杂，需要加以仔细甄别。

③ 如谭嗣同的《狱中书札》，研究者就存在一些不同的说法，《谭嗣同真迹》“说明”第六项有云：“狱中遗书三通，……原件写在极粗劣的纸上”，但程鹤轩校对原件，发现“它系较细致的灰白色纸，纸质并非极为粗劣”。（湖南博物馆搜集，程鹤轩整理：《谭嗣同遗墨续刊》，《湖南历史资料》1959 年第 1 辑）如徐义君称“从谭写给李闰的近十封家书中可见他对李的真挚感情”，但《谭嗣同全集》所收谭嗣同致李闰书仅四封，还包括一封残缺不全的信件。徐先生称谭嗣同在狱中还给李闰写信两封，但这些信至今没有见到刊布。（参见徐义君《谭嗣同思想研究》，湖南人民出版社 1981 年版，1982 年第 2 次印刷，第 65—66 页）

书义》一卷、《谥考前编》二卷、《浏阳谭氏谱》四卷、《印录》一卷、《札记》一卷、《剑经衍葛》一卷、《张子正蒙参两篇补正》、《楚天凉雨轩怀人录》。同时，他还列举了未脱稿的著作，如《谥考正编今编》《王志》《浏阳三先生弟子著录》《存碧岑楼玩物小记》《纬学》《史例》。[①]贾维则认为，谭嗣同著作中，除了《谥考前编》《谥考正编今编》《仲叔四书义》《剑经衍葛》和《史例》5种，其内容已经遗失外，其他7种，即《王志》《张子正蒙参两篇补正》《纬学》《思纬氤氲台短书》《浏阳三先生弟子著录》《楚天凉雨轩怀人录》《存碧岑楼玩物小记》，其部分内容仍然保留在《石菊影庐笔识·思篇》之中。[②] 方宝川还提及《秋雨年华之馆丛脞书》饮冰室藏本，有眉批，藏国家图书馆。[③] 我们还可以考虑扩大搜集研究资料范围，除了在国内继续搜集相关资料外，[④] 还可考虑从与谭嗣同有交往的西方传教士和外国领事档案中，寻找资料。[⑤]

四　谭嗣同研究中有待拓展的领域

尽管在谭嗣同的研究方面存在种种困难，但学者们经过努力，还是取得了不少的成果。贾维先生最近出版的《谭嗣同研究著作述要》，详细列举了清末民初、民国时期、新中国成立以后、新时期的谭嗣同研究，和台港及海外学者的研究，并总结了一百多年来谭嗣同研究所取得的成就和不足，并从不同角度对谭嗣同研究作了展望，并提出了若干希望。

笔者认为，在谭嗣同研究中，既要重视对其思想源流的爬梳，考察

---

① 刘志盛：《谭嗣同著作版本》，《求索》1990年第5期。

② 贾维：《谭嗣同早期佚著探隐》，田伏隆、朱汉民主编：《谭嗣同与戊戌维新》，岳麓书社1999年版。

③ 方宝川：《〈谭嗣同著作版本〉补遗》，《图书馆》1993年第3期。

④ 贾维提出梁启超在《谭嗣同传》中曾提及谭嗣同的不少著作曾藏在梁启超处，提供了一个线索，"即在梁启超所留下的大量函件、手稿和书籍中间，可能还保存有若干谭嗣同早期著作手稿，如果仔细清理，或许会有所发现"。（贾维：《谭嗣同早期佚著探隐》，田伏隆、朱汉民主编：《谭嗣同与戊戌维新》，岳麓书社1999年版）

⑤ 加拿大学者邝兆江曾在论著中征引了"傅兰雅档案"和传教士马尚德的材料。谭嗣同还与英国驻汉口领事贾礼士、传教士李佳白有交往，不知是否有相关资料存留。另外，谭嗣同和日本人也有交往，日本领事林权助、日本参谋本部的神尾光臣、梶川重太郎、宇都宫太郎的相关档案中，可能会有一些资料。

其思想形成的内在理路，还要重视谭嗣同所处时代给予他的影响，尤其是要重视实证研究，在这方面台湾学者黄彰健的研究具有典范意义，他于20世纪60年代末在其专著《戊戌变法史研究》中，有专篇《论光绪丁酉戊戌湖南新旧党争》对当时谭嗣同曾参与其间的湖南维新运动进行了细致的梳理，并在《谭嗣同全集书札系年》一文中，对谭嗣同的书信进行了编年，黄先生的论著引证丰富，考证精当，至今仍是经典之作。由于黄先生在当时无法接触到南学会的机关刊物《湘报》，与维新运动密切相关的人物如陈宝箴、黄遵宪的全集尚未出版，反映湖南维新运动实相的邹代钧、吴樵等人的信函尚未面世，因此黄先生的研究尚存拓展的空间。近40年来，学者利用新材料，拓展了谭嗣同研究的视野，除了相关研究论文拓宽了谭嗣同的研究范围外，还出现了多部著作，推动了对谭嗣同的研究，如徐义君的《谭嗣同思想研究》、邓潭洲的《谭嗣同传论》、张灏的《烈士精神与批判意识》、贾维的《谭嗣同与晚清士人交往研究》和丁平一的《谭嗣同维新派师友研究》。

但在研究过程中，存在着重思想研究、重理论推演的现象，而对具体事实的考证则相对较少。[①] 另外，在研究过程中发现，一些原始史料在出版过程中，由于政治禁忌或识读能力等方面的问题，存在误读的现象。如参与湖南维新运动、担任南学会主讲的皮锡瑞的日记《师伏堂日记》，《湖南历史资料》曾刊行其部分内容，经与湖北省图书馆所藏《师伏堂日记》手稿比勘，学者吴仰湘发现其中有省略及误读的文字。现在《师伏堂日记》由国家图书馆出版社影印出版，为进一步研究提供了基础。同时，有学者发现对《谭嗣同全集》所收文献，存在着误读的现象。

谭嗣同在世的时间短，存世的资料并不丰富，开掘新的资料非常困难，如何充分利用好现有资料进行研究，是一个重点，也是一个难点。本书力求采取“多闻阙疑”的精神和实事求是的态度，通过对材料的排比和辨析，对谭嗣同在晚清时期的活动，有一个比较接近历史实相的研

① 贾维在《谭嗣同研究著作述要》中，与对谭嗣同思想进行大量研究的论著相比，对其生平活动进行考订的论著比较少，主要为杨廷福、邓潭洲、陈光崇、杨同甫、贾维、王夏刚、李一飞等人的论著。

究和把握。

五　本书的结构

本书分五章、一个附录，第一章为谭嗣同维新思想源流，分别从传统文化、西学及日本明治维新武士精神等方面，来追溯形成谭嗣同维新思想的各种理论来源，并对谭嗣同的维新思想的影响加以涉猎。第二章为谭嗣同维新活动举要，对谭嗣同在湖南维新运动的活动予以勾勒，并对谭嗣同创办报刊的活动进行研究。第三章为谭嗣同社会交往探微，分别选取三个有代表性的人物，即湖南巡抚陈宝箴、老师刘人熙、父亲谭继洵，分析他们对谭嗣同的影响。第四章为谭嗣同生平事迹辨正，对谭嗣同的科举经历、百日维新期间的重要事件进行考订。第五章为谭嗣同研究文献整理，主要包括对谭嗣同信札的考订和编年。附录部分为谭嗣同年谱，采用实证考辨的方法，通过比勘史料，校订正误，力求通过史料，展现谭嗣同的一生经历，以及部分身后事，以求为谭嗣同的研究奠定比较坚实的基础。谭嗣同年谱，目前有杨廷福编撰的和谭训聪编撰的两种，杨谱出版于50年代末，在史实的叙述方面有一些不足，已经被一些研究者先后指出；谭谱在台湾撰写，虽然作为亲属，在撰写上有便利条件，但在史料的运用和解释上，也存在着值得改进的部分。近年来，随着皮锡瑞《师伏堂日记》的出版，《时务报》《湘报》《知新报》的影印出版，加上对戊戌维新研究的进一步深入，以及对谭嗣同研究领域的拓展[①]，使撰写一部新的年谱显得十分必要，因此，本书将撰写年谱作为内容的一部分，采用新材料，运用新观点，通过对史料的疏证，具体展现谭嗣同的生命历程和思想发展脉络，揭示谭嗣同在晚清社会中面临的问题，和他的思想及行动的发展过程，以期通过谭嗣同这个个案研究，对晚清社会有进一步的了解和深入的研究。该年谱源于拙著《戊戌军机四章京合谱》，当时撰写四人合谱，是希望通过对四位军机章京生平活动细节的梳理，从比较中多角度、多层面地反映维新思潮的发展、变迁过程，但由此也造成了一个缺失，即不能集中反映谱主的生平事迹和

① 如学者对谭嗣同人际交往的研究，除了上述贾维和丁平一的著作外，还有多篇学术论文对谭嗣同与梁启超、盛宣怀、宋恕、陈三立、傅兰雅的交往进行了深入研究。

思想变迁，因此，本书特意将该书中关于谭嗣同的资料抽离出来，并加以修订、整理，作为附录，以便为读者提供谭嗣同与晚清社会具体细节的参考。

第一章

谭嗣同维新思想源流

在维新运动中，谭嗣同是一个后来者。他接触西学的时间较晚。他早年生活在北京，其父谭继洵到甘肃任职后，他随任甘肃，甘肃地处内陆，接触西学的途径极端狭窄。10年间，为了参加乡试，他多次回湖南或到京师。这段时间，他主要致力于传统学术的学习和科举考试的准备，学习的重点主要为诗词歌赋和王夫之、张载的思想。在其父到湖北巡抚任上之前，他的交往圈主要限于浏阳士人和部分甘肃士人内。

随任湖北后，谭嗣同的视野开始拓展，有更多机会接触西学知识，并与一些重视西学的人士，或者西方人（传教士及官员）交往，使他能够在以往的中学基础上，来理解西学，并进而构建其"不中不西"、"亦中亦西"的维新思想体系，"别开一种冲决网罗之学"①。

1895年的甲午战争，是促使谭嗣同思想转变的关键时期，"三十以后，新学洒然一变，前后判若两人。三十之年，适在甲午，地球全势忽变，嗣同学术更大变"②，他不仅密切关注战争进程，而且在积极思考中国的变革之路。在给友人的书信中，他叙述了自己思想变迁的历程，"平日于中外事虽稍稍留心，终不能得其要领。经此创巨痛深，乃始屏弃一切，专精致思。当馈而忘食，既寝而复兴，绕室彷徨，未知所出。……详考数十年之世变，而切究其事理，远征之故籍，近访之深识之士。不敢专己而非人，不敢讳短而疾长，不敢徇一孔之见而封于旧说，不敢不舍己从人，取于人以为善。……因有见于大化之所趋，风气之所积，非

① 谭嗣同：《报唐才常书》，载《谭嗣同全集》，第528页。

② 谭嗣同：《与唐绂丞书》，载《谭嗣同全集》，第259页。

守文因旧所能挽回，而必变法始能复古，不恤首发大难，画此尽变西法之策”[①]。

《马关条约》的签订，让他义愤填膺，他斥责《马关条约》“直合四百兆人民之身家性命而亡之，此约不毁，圣人无能为矣”[②]。乙未割台[③]一事，促使他思考满汉关系，并考虑到“亡后之图”，“台湾者，东海之孤岛，于中原非有害也。郑始据之，亦足存前明之空号，乃无故贪其土地，攘为己有，犹之可也，乃既竭其二百余年之民力，一旦苟以自救，则举而赠之于人。其视华人之身家，曾弄具之不若”[④]。

自甲午年始，他开始遍访名人，博览群书，从事各项维新活动，形成自己的维新思想。

如果以文献的形成来界定谭嗣同维新思想形成的时段的话，则《报贝元徵》[⑤]和《浏阳兴算记》可代表其维新思想形成的第一阶段，《北游访学记》[⑥]可代表其维新思想形成的第二阶段，《仁学》的撰写可代表其维新思想形成的第三阶段，而《治事》十篇[⑦]，则可代表其维新思想形成的第四阶段。

谭嗣同的维新思想来自多源，既包括传统文化中的儒学、佛学，也

---

① 谭嗣同：《报贝元徵》，载《谭嗣同全集》，第226—227页。

② 同上书，第211页。

③ 他在《上欧阳中鹄书》中，讲到台湾民众在乙未割台后的悲愤心情，“台湾之民，闻见弃之信，腐心切齿，以为恩断义绝，开辟以来，无忍心如此者”。（《谭嗣同全集》，第153页）

④ 谭嗣同：《仁学》三十三，载《谭嗣同全集》，第342页。

⑤ 杨际开指出，在《报贝元徵》中，可以看到谭嗣同日后在《仁学》中展开的某些思想主题，如对尊君卑臣以及伦理政治等的批判，提出了变法复古、学习西法以及变衣冠、迁都中原的主张。[参见杨际开《谭嗣同与宋恕：以〈仁学〉为中心》，《杭州师范大学学报》（社会科学版）2014年第2期]

⑥ 张锡勤则指出，《仁学》与《北游访学记》是一脉相承、一气相连的。《仁学》中有几处大段摘引《北游访学记》的文字，集中阐发了《北游访学记》“以心度一切苦恼众生”的思想。可以这样说，《仁学》是对《北游访学记》的系统发挥。对照《北游访学记》来读《仁学》，将能更准确地把握《仁学》的主题。我们可以把《北游访学记》看作是了解《仁学》的钥匙。（张锡勤：《中国近代思想史》，黑龙江人民出版社1988年版，第279页）在他之前，张德钧先生就提出完全可以把《北游访学记》当作《仁学》的导言或绪论来读。（参见张德钧《谭嗣同思想述评》，《历史研究》1962年第3期）

⑦ 《治事篇》提出一系列的改革主张，都是重在“程其功，责其效，求其无变法之名而有变法之实”。

包括西方自然科学和政治学、社会学。他对中国文化进行了全面的抨击，不仅将矛头对准三纲五伦，认为其束缚人的自由，而且从中国人的体貌上进行剖析，“观中国人之体貌，亦有劫象焉。试以拟诸西人，则见其萎靡，见其猥鄙，见其粗俗，见其野悍。或瘠而黄，或肥而弛，或萎而佝偻，其光明秀伟而有威仪者，千万不得一二”①。他主张“托古改制”，认为西学源于中国。西法虽然博大精深，周密微妙，但往往与《周礼》暗合。②“周公之法而在也，谁敢正目视中国，而蒙此普天之羞辱，至率九州含生之类以殉之也哉！”③ 中国学习西方，就是要将已经被废弃的圣人之道，加以恢复和保存。“变法图治，正所以不忍尽弃圣人之道，思以卫而存之也。”他主张“尽变西法”，全面学习西方，从政治、经济、文化等领域进行变革。

谭嗣同认为中国之所以不变法的原因，是因为官员认为变法会使民智，使民富，使民强，会对统治造成不利的影响，因此他们千方百计地阻碍变法。“无如外患深矣，海军熸矣，要害扼矣，堂奥入矣，财源竭矣，分割兆矣。民倒悬矣，国与教与种将偕亡矣。唯变法可以救之，而卒坚持不变，岂不以方将愚民，变法则民智；方将贫民，变法则民富；方将弱民，变法则民强；方将死民，变法则民生。方将私其智其富其强其生于一己，而以愚贫弱死归诸民，变法则与己争智争富争强争生，故坚持不变也。”④ 如果不变法，即使偏安一隅也办不到。“故不变法，即偏安割据亦万万无望，即令不乏揭竿斩木之辈，终必被洋人之枪炮一击而空。”⑤

在变法措施上，他认为改变科举制度是变法的关键，“故夫变科举，诚为旋乾斡坤转移风会之大权，而根本之尤要者也”⑥。要早变科举，依

---

① 谭嗣同：《仁学》四十二，参见《谭嗣同全集》，第356页。

② 参见谭嗣同《报贝元徵》，参见《谭嗣同全集》，第202页。

③ 谭嗣同：《报贝元徵》，参见《谭嗣同全集》，第200页。谭嗣同认为古法可考者，莫详于《周礼》，“《周礼》，周公以之致太平而宾服四夷者也。朱子谓：‘《周官》如一桶水，点滴不漏，盖几经历代圣君贤相创述因革，衷诸至善，而后有此郁郁乎文之治。’”周公之法，在秦时已经荡然无存。（参见《谭嗣同全集》，第200页）

④ 谭嗣同：《仁学》三十四，参见《谭嗣同全集》，第343页。

⑤ 谭嗣同：《上欧阳中鹄书》，参见《谭嗣同全集》，第156页。

⑥ 谭嗣同：《报贝元徵》，参见《谭嗣同全集》，第209页。

于实事，将学校与科举合二为一。“若不变科举，直不如不变。”① 他也认为变衣冠，即改变衣服制度，可以一新观瞻，亦为变法的重要方面。“变衣冠可以神其鼓舞之妙用，而昭其大信，一新士民观听，俾晓然共喻于法之决于一变。”② 他也认识到伦理变革在维新运动中的重要性：“今中外侈谈变法，而五伦不变，则举凡至理要道，悉无从起点，又况于三纲哉!”③

同时，他认为“保国莫捷于学”，民间兴学，亦是自保的一种方式。因为根据万国公法，“两国开战之时，于学堂、学会、书院、藏书楼、博物院、天文台、医院等，皆视同局外，为炮弹枪子所不到，且应妥为保护”。朝廷再横暴，也不可能禁止民众兴学。如果兴学之权可以自主，即可以之为起点，借此扩充已经失去的各项权利。④

在湖南从事实际维新运动时，他又以南学会为基点，提出将其设计为群策群力的机构，可以通官民上下之情，可以给予绅士议事权，可以培养候补官，可以简化法律，使之便于实施，可以在理财上有所作为，可以设立各种专门学会，达到变法的目的。不在其名，而求其实，“无变法之名，而有变法之实”，“无议院之名，而有议院之实”，“无变官制之名，而有变官制之实”，“无变科举之名，而有变科举之实”，“无变法律之名，而有变法律之实”，“无变制度之名，而有变制度之实”。

他认为中国多次错过变法时机，甲午战争后再也不能错过变法时机了。“吾独惜夫前此数十年宽闲之岁月，不计此，不为此。见日本之变法而兴，可谓虽无老成人，尚有典型矣。犹不思效法，反议之诋之笑之咒之。初通商之不变，尚曰不识中外情形也；庚申可变矣，庚辰可变矣，乙酉可变矣，而决不变。迄乎今日，奄奄一息，自救不遑，顾不度德，不量力，张脉偾兴，忽起而与能变法之日本战。如泰山压鸡子，如腐肉齿利剑，岂有一幸乎?”⑤

他认为中国自强的责任在自身而不在外人，因此对于西方的侵略欺

① 谭嗣同：《上欧阳中鹄书》，载《谭嗣同全集》，第160页。

② 谭嗣同：《报贝元徵》，载《谭嗣同全集》，第206页。

③ 谭嗣同：《仁学》三十八，载《谭嗣同全集》，第351页。

④ 参见谭嗣同《仁学》四十一，载《谭嗣同全集》，第355页。

⑤ 谭嗣同：《报贝元徵》，载《谭嗣同全集》，第210页。

凌，不必计较，不要为复仇雪耻之说，而应将之作为变革的动力。“名之曰‘自强’，则其责在己而不在人，故慎毋为复仇雪耻之说，以自乱其本图也。任彼之轻贱我，欺陵我，我当视为兼弱攻昧，取乱侮亡，彼分内可应为，我不变法，即不应不受。反躬自责，发愤为雄，事在人为，怨尤胥泯，然后乃得一意督责，合并其心力，专求自强于一己。则诋毁我者，金玉我也；干戈我者，药石我也。”① 他认为有西方的蓝本可以借鉴，中国的改革要容易一些。“言治于今日，又实易于前人，则以格致之理，西人均已发明，吾第取而用之，其大经大法，吾又得亲炙目验于西人而效法之也。”②

谭嗣同重视自由，重视民权。他引用《庄子》的“闻在宥天下，不闻治天下”，认为“在宥”为“自由”之转音，借此来描绘自己心目中的理想世界，即“人人能自由，是必为无国之民。无国则畛域化，战争息，猜忌绝，权谋弃，彼我亡，平等出；且虽有天下，若无天下矣。君主废，则贵贱平；公理明，则贫富均。千里万里，一家一人。视其家，逆旅也；视其人，同胞也。父无所用其慈，子无所用其孝，兄弟忘其友恭，夫妇忘其倡随。若西书中《百年一觉》③ 者，殆仿佛《礼运》大同之象焉”④。在民权方面，他指出：“眼光注定民身上，如何可以救民，即以如何为是，则头头是道，众说皆通矣。”⑤“中国所以不可为者，由上权太重，民权尽失。”⑥

对于西人促进中国自改革的言行，他有理想化的解释，甚至认为西方的侵略是西人哀悯中国静止不动，安于现状，为了使中国不至于灭亡，所采取的行动，“为危词以怵之，为巽语以诱之，为大声疾呼以警之，为通商以招之，为传教以聒之，为报馆为译书以诲之，为学堂为医院以拯

---

① 谭嗣同：《仁学》四十四，载《谭嗣同全集》，第 361 页。

② 谭嗣同：《上欧阳中鹄》，载《谭嗣同全集》，第 165 页。

③ 该书为美国作家爱德华·贝拉米（Edward Bellamy）所著，原名 *Looking Backward*（2000—1887），《万国公报》曾以《回头看纪略》为题将该书翻译，译者署名析津，刊载于《万国公报》第三十五至三十九册，后由李提摩太再次节译，题名《百年一觉》，1894 年由上海广学会出版。

④ 谭嗣同：《仁学》四十七，载《谭嗣同全集》，第 367 页。

⑤ 谭嗣同：《南学会问答》，载《谭嗣同全集》，第 406 页。

⑥ 谭嗣同：《报唐才常书》，载《谭嗣同全集》，第 248 页。

之”，甚至通过军事威胁的手段使中国改变现状。但是中国社会依然故我，没有丝毫的变动。“冥然而罔觉，悍然而不顾，自始至终未尝一动也。”[①]“西人虽日为枪炮杀人之具，而其心实别有所注，初不在此数十年之梦幻。所谓顾諟天之明命，众惑尽祛而事业乃以勃兴焉。”[②]

同时，他对西方的本质认识不足，对国际政治关系缺乏必要的了解，致使一些变革设想过于天真。他认为面对西方侵略，应该反省自身，而不是怨恨。“至于取人之国，专尚阴谋狡险，此兵家之道，所谓‘兼弱攻昧，取乱侮亡’，因可施而施之，所当自反，岂得怨人哉!”[③] 他还认为各国不以信义待中国，原因在于中国本身，“各国之强盛，罔不由于信义，天下既共闻而共见之矣，不幸独遇所谓病夫者，以信义待之，彼反冥然罔觉，悍然不顾。于是不得已而胁之以威，诈之以术”[④]。针对用夷变夏的观点，他感慨中国不仅没有一丝所谓夏的特点，而且连夷狄也比不上，“人心、风俗、政治、法度，无一可比数于夷狄，何尝有一毫所谓夏者”[⑤]。

第一节 谭嗣同对传统文化的认知与改造

在传统文化中，谭嗣同对辞章之学，曾经下了很大的功夫。同时对思想家王夫之、张载、叶适、陈亮等的著作，也进行过仔细的研读。对于儒、墨、道、佛的经典，也能够以批判的眼光，加以融合，以构建他自己独特的维新思想体系。

他继承了孔子的仁学观点，并加以发挥、改造。主张排荀学，复孔教。他阐述“道器体用观”，为维新变法提供理论根据。对片面强调“变法先正天下之人心”的论调提出批评，认为如果一定要正人心的话，则首先应“正在上位之人心”，正人心之始基为变学校，此为“根本之根

① 谭嗣同:《仁学》十九，载《谭嗣同全集》，第 321 页。
② 谭嗣同:《仁学》十三，载《谭嗣同全集》，第 309 页。
③ 谭嗣同:《报贝元徵》，载《谭嗣同全集》，第 198 页。
④ 谭嗣同:《仁学》四十四，载《谭嗣同全集》，第 359 页。
⑤ 谭嗣同:《报贝元徵》，载《谭嗣同全集》，第 225 页。

本"[1]。他认为变法所以复古，西法博大精深，周密微至，"按之《周礼》[2]，往往而合，盖不图工艺一端，足补《考工》而已"[3]。"就令如说者所言，西法皆原于中国，而中国尤亟宜效法之，以收回吾所固有而复于古矣。"[4]"凡所谓西法，要皆我之固有，我不能有而西人有之，我是以弱焉，则变法者亦复古焉耳。"[5]

一　荀学为专制之源[6]

谭嗣同认为孔子立教之初，具有平等思想。"黜古学，改今制，废君统，倡民主，变不平等为平等"，自从荀学出现后，尽亡其精意，荀学授予君主以莫大无限的权力，使其能够挟持所谓"孔教"来控制天下。荀学将伦常视为孔教的精华，"以伦常二字，诬为孔教之精诣"。其实并未领会所谓伦常，仅是据乱世的统治方法。荀学不仅重视伦常，而且加上三纲，创立不平等之法，致使君权太重，父权太重。"二千年来君臣一伦，尤为黑暗否塞，无复人理，沿及今兹，方愈剧矣。"[7]

荀学给予君主莫大之权力，任其愚弄民众，其罪甚大。"彼为荀学而授君主以权，而愚黔首于死，虽万被戮，岂能赎其卖孔之罪哉？孔为所卖，在天之灵，宜如何太息痛恨；凡为孔徒者，又宜如何太息痛恨，而慭不一扫荡廓清之耶！"[8]孔教灭亡，是由于出现了君主以及言君统的伪学所导致的，谭嗣同希望孔教能够出现马丁·路德那样的人物，对之加以改造，以恢复孔教倡导平等的本来面目。[9]

---

① 谭嗣同：《报贝元徵》，载《谭嗣同全集》，第208页。

② 对于《周礼》中的一些制度，谭嗣同也曾加以谴责，认为有悖公理，乖于平等。（参见《谭嗣同全集》，第265页）

③ 谭嗣同：《报贝元徵》，载《谭嗣同全集》，第202页。

④ 同上。

⑤ 谭嗣同：《上欧阳中鹄》，载《谭嗣同全集》，第157页。

⑥ 关于晚清士人对"荀学"的认识，可参见朱维铮先生所著《晚清汉学："排荀"与"尊荀"》，载《求索真文明——晚清学术史论》，上海古籍出版社1996年版。

⑦ 谭嗣同：《仁学》三十，载《谭嗣同全集》，第337页。

⑧ 同上书，第338页。

⑨ 同上书，第337—338页。

他从荀学的发展历程，来批判荀学的危害。首先，他指出荀学宣传“法后王，尊君统”，以倾陷孔学。其次，荀学称“有治人，无治法”，暗中防范后人改变其法。再次，荀学，又喜言礼乐政刑，以之作为加强钳制束缚的工具。荀学一传而至李斯，为祸甚著。尊君抑民的荀学，被在下的人所利用，为取得富贵，公然谄媚奴颜婢膝，认为无伤于臣节，反而将助纣为虐的行为视为“忠义”。荀学被统治者所利用，则尊君卑臣以愚黔首，君主自己放纵横暴，却要禁锢天下的人心。

秦亡后汉高祖利用荀学于上，暗地对臣子施加功名利禄的诱饵，叔孙通则运用于下，让皇帝知道自身的尊贵，导君于恶。汉衰后，王莽利用荀学于上，以经学行篡弑。刘歆运用于下，改窜古经以迎合王莽的篡位。王莽建立的新朝衰落后，光武帝利用荀学于上，使臣子驯服，君主倨傲。桓荣运用于下，挟持《尚书》来干进，不顾廉耻，导致三国虎争，南北割据。唐代为小康之世，但唐太宗则将这种权术运用于上，运用科举制度将天下英雄纳入其控制范围，反映出其对士人的猜忌之心十分严重。韩愈则运用于下，其著名的观点为“君者出令者也，臣者行君之令而致之民者也，民者出粟米麻丝作器皿通货财以事其上者也”，竟然不懂得设立君主的原因，显然违背了民贵君轻的道理，而谄媚君主一人，轻视天下人，认为如犬马土芥。至于“臣罪当诛，天王圣明”，则是倡邪说以诬往圣，逞一时之谀悦，而坏万世之心术，罪不可恕。至宋代，宋太宗利用荀学于上，借助修《太平御览》，以消磨当时豪杰的锐气。孙复则运用于下，创立“春秋尊王发微”的观点，“割绝上下之分，严立中外之防”，开两宋南北诸大儒之学派，诸大儒均无法脱离此牢笼，对民众的压制更加残酷严厉，因此说，“自生民以来，迄宋而中国乃真亡矣！”至明代则更不堪问。

他总结二千年统治思想的发展，认为是秦政，是荀学，并非真正的孔学：“二千年来之政，秦政也，皆大盗也；二千年来之学，荀学也，皆乡愿也。惟大盗利用乡愿；惟乡愿工媚大盗。二者交相资，而罔不托之于孔。被托者之大盗乡愿，而则所托之孔，又乌能知孔哉？”①

谭嗣同后来对荀子的评价有一定改变，肯定了荀子的历史地位。他

---

①　谭嗣同：《仁学》三十，载《谭嗣同全集》，第337页。

说："荀卿生孟子后，倡法后王而尊君统，务反孟子民主之说，嗣同尝斥为乡愿矣。然荀卿究天人之际，多发前人所未发，上可补孟子之阙，下则衍为王仲任之一派，此其可非乎？"①

二　孔教亟宜复兴

侯外庐先生指出："维新运动，在思想上颇似宗教改革，嗣同更忠实于这个理想。"②

首先，谭嗣同认为孔子创立的学派包罗万象，是先秦学派的源头。但后世儒者日益缩小孔教的范围，致使孔教仅仅限于儒家学派。

他指出，"绝大素王之学术，开于孔子，而战国之诸儒，各衍其一派，著书立说，遂使后来无论何种新学，何种新理，俱不能出其范围"，也就是说，先秦时期，儒家只是孔教中之一门，"中国之所谓儒，不过孔教之一端而已"③。后世专以儒家定义儒者，将其他有用的学问，全摈弃于儒家之外，将其视为异端，使儒家范围狭窄，这种做法曲解了儒学，是一种诬圣行为。"太史公序六家要旨，无所不包，的是我孔子立教本原。后世专以儒家为儒，其余有用之学，俱摈诸儒外，遂使吾儒之量反形狭隘，而周秦诸子之蓬蓬勃勃，为孔门支派者，一概视为异端，以自诬其教主。"但当时各学派极盛，几乎涵盖了以后所有各种新学新理的萌芽，如商学、兵学、农学、工学、刑名学、任侠而兼格致、性理、交涉、法律、辨学，都可以在先秦诸子学说中找到其踪迹。④

他认为孔教创立之初，虽然处于乱世，但黜古学，改今制，于升平世、太平世十分关注。孔子知非变法不可，"于是发愤作《春秋》，悉废古学而改今制"⑤。孔子逝世后孔学衍为两大派，一为曾子传子思而至孟子，畅宣民主之理。一由子夏传田子方而至庄子，痛诋君主。⑥ 但这两派

---

① 谭嗣同：《致唐才常》二，载《谭嗣同全集》，第529页。
② 侯外庐：《近代中国思想学说史》下册，生活书店1947年版，第743页。
③ 谭嗣同：《仁学》四十，载《谭嗣同全集》，第353页。
④ 参见谭嗣同《论今日西学与中国古学》，载《谭嗣同全集》，第399页。
⑤ 谭嗣同：《仁学》十八，载《谭嗣同全集》，第319页。
⑥ 参见谭嗣同《上欧阳中鹄》十，载《谭嗣同全集》，第464页。

均绝而未传，而荀学则乘机冒孔之名，以败孔之道。荀学一传至于李斯，其祸暴著于世。其后败坏孔子之道的有汉高祖、叔孙通、王莽、刘歆、光武帝、桓荣、唐太宗、韩愈、宋太宗、孙复。[①]

其次，他用自己的方式，对儒家经典进行了独特的诠释。

谭嗣同自称“少受《易》，因及《三礼》，于《春秋》独不喜言例，以为例者史臣之通法，非圣人褒贬之精意所存”[②]。

他认为《春秋》三传中，《公羊》《谷梁》传为传经，《左传》为记史。[③]《公羊传》虽然得孔门真传，“兴民权之说，不一而足，且其战例，亦往往与今之《万国公法》合”[④]，但言词隐晦，即使有何休的《解诂》，但仍然难以完全了解其含义。至于《左传》，虽然不尽与经相符合，其部分内容可能为后人增益，但是其叙事详细，而且均可稽查。如果说经不用此书，那么就不能了解经中所述的本事，如果不了解事情的本来面目，那么便难以考察孔子施行褒贬的深意，因为道不可凭空诠解。

谭嗣同认为当时信奉《公羊传》的人，其本意并不在于解经，而是在于撷取其中的言论，来阐发政治理念，这种方法，远远高于借训诂解经以沽名钓誉者。“今之鸿生硕彦，争趋于此而腾空言者，其意不在稽古，盖取传中之片言只字而引申为说，欲假之以行其道也。此固经义孳萌而冀有以辅时及物，则贤于世之抱残守缺而翦翦沽名者远矣。”[⑤] 当时的学者看重《公羊传》，是希望借助阐发《公羊传》的经学见解来表达政治主张，但以意逆志，即按照自己的意愿来诠释经书，难免会造成肆意表达或凿空说经，应对此有所警惕，并反其本。《公羊传》和《左传》的区别，如同诸子百家的不一致，其言道有不一致之处，也有道理相同而表达方式不同的情况，关键是在解经时善于择取。

对于《论语》，他对《论语·述而篇》提出质疑，认为是刘歆伪窜，

① 参见谭嗣同《仁学》二十九，载《谭嗣同全集》，第335—336页。

② 谭嗣同：《史例》自叙，载《谭嗣同全集》，第16页。

③ 参见谭嗣同《与唐绂丞书》，载《谭嗣同全集》，第264页。

④ 谭嗣同：《上欧阳中鹄》十，载《谭嗣同全集》，第463页。

⑤ 谭嗣同：《致唐才常》二，载《谭嗣同全集》，第528页。

窜入"述而不作，信而好古，窃比于我老彭"[①]。谭嗣同把《论语》的言论分为八类，即微言、雅言、大义、小学、大同、小康、阙疑、伪窜，分标于每章之下，如有新的意义，也略加疏通其隐晦处，这样就可以使孔教复明于世。研究《论语》后，进一步研究儒家的其他经典，用于鉴别的标准，是公理，"公理者，放之东海而准，放之西海而准，放之南海而准，放之北海而准。东海有圣人，西海有圣人，此心同，此理同也。犹万国公法，不知创于何人，而万国遵而守之，非能遵守之也，乃不能不遵守之也，是之谓公理"[②]。

再次，他探讨了孔教不能在中国广泛传播的原因，并提出了传播孔教的设想。

他认为孔教之所以没有广泛传播，在于孔教自身没有办法解决多神崇拜的问题。其他各教，将教主视为能够解决一切问题的神，"无论何等教，无不严事其教主，俾定于一尊，而牢笼万有，故求智者往焉，求财者往焉，求子者往焉，求寿者往焉，求医者往焉。由日用饮食之身，而成家人父子之天下，寤寐寝兴，靡纤靡巨，人人悬一教主于心目之前，而不敢纷驰于无定"，这样的结果是使道德统一，风俗大同。[③]

而孔教在中国，并非为普通民众所设，而是官中学中之教，只有官员和生员方可以参加祭祀孔子的活动，普通民众却无缘参加，农夫野老，徘徊于门墙之外，"既不睹礼乐之声容，复不识何所为而祭之"。导致民众信仰别的宗教及神灵，"小民无所归命，心好一事祀一神，甚且一人祀一神"[④]。其次，孔教没有灵魂观念，也影响了孔教的传播。他指出，灵魂与慈悲是宗教构成的重要因素，"不言慈悲灵魂，不得有教。第言慈悲，不言灵魂，教而不足以行。言灵魂不极荒诞，又不足行于愚冥顽梗之域。且荒诞云者，自世俗名之云尔，佛眼观之，何荒诞之非精微也！"[⑤]

另外，孔教不能传播的原因，还在于统治者的压制，他抨击清政府

---

① 谭嗣同：《仁学》十八，载《谭嗣同全集》，第319页。

② 谭嗣同：《与唐绂丞书》，载《谭嗣同全集》，第264页。

③ 参见谭嗣同《仁学》四十，《谭嗣同全集》，第352—353页。

④ 同上。

⑤ 谭嗣同：《仁学》十三，载《谭嗣同全集》，第309页。

“传耶稣教则保护之，传孔子之教则封禁之，自虐其人以供外人鱼肉，中国人士何其驯也”①。“孔教之亡，君主及言君统之伪学亡之也。复之者尚无其人也，吾甚祝孔教之有路德也。”②

他力图拓展孔教的内容，将之改造成包罗一切学问的学派。他用仁学及平等观包装孔教。“以仁学之理治儒家之经。”他将儒家经典与基督教经典相比附，认为《论语》如《新约》之福音，《诗》《书》《仪礼》《周礼》为《旧约》，《春秋》《王制》为《新约》之类，《周易》为默示录，《礼记》为使徒行传。其中《论语》最为重要，“为孔教之真源，群经之秘钥”③，信仰基督教的，皆知笃信福音，但在中国，《论语》却被作为弋取科名的工具，这是孔教最大的不幸。

三教虽然有差别，但也有相通之处，如儒学六经和佛经，就有许多相合之处。“夫惟好学深思，六经未有不与佛经合者也，即未有能外佛经者也。”④ 孔、佛、耶在变不平等为平等的宗旨方面是相同的。如孔子对儒学进行了改造，将其理想寄托在《春秋》上。“中国自绝地天通，惟天子始得祭天。天子既挟一天以压制天下，天下遂望天子俨然一天，虽胥天下而残贱之，犹以为天之所命，不敢不受。民至此乃愚入膏肓，至不平等矣。孔子出而变之，删《诗》《书》，订《礼》《乐》，考文字，改制度，而一寓其权于《春秋》。《春秋》恶君之专也，称天以治之，故天子诸侯，皆得施其褒贬，而自立为素王。又恶天之专也，称元以治之，故《易》《春秋》皆以元统天。《春秋》以授公羊，故《公羊传》多微旨，然旨微犹或弗彰也。”⑤

三 佛教本旨在救世

梁启超曾经提到谭嗣同“自从杨文会佛法，其学又一变。治佛教之唯识宗、华严宗，用以为思想之基础，而通之以科学”。实际上，在接触

---

① 谭嗣同：《上欧阳中鹄》七，载《谭嗣同全集》，第455页。
② 谭嗣同：《仁学》三十，载《谭嗣同全集》，第338页。
③ 谭嗣同：《与唐绂丞书》，载《谭嗣同全集》，第263页。
④ 谭嗣同：《仁学》二十七，载《谭嗣同全集》，第333页。
⑤ 同上。

杨文会以前，谭嗣同在北游访学期间，甚至在此以前，已经开始接触佛教[①]，与讲佛学者游，“在京晤诸讲佛学者，如吴雁舟、如夏穗卿、如吴小村父子，与语辄有微契”[②]。他昼夜精持佛咒，不少间断，并发愿三条：“一愿老亲康健，家人平安；二愿师友平安；三知大劫将临，愿众生咸免杀戮死亡。”[③] 但谭嗣同重视法相宗和华严宗[④]，当是受到杨文会的影响。“幸有流寓杨文会者，佛学、西学，海内有名，时相往还。”[⑤]

梁启超在《谭嗣同传》中讲述了谭嗣同接受的佛教理论，及在行动上的变化。

> 又闻《华严》性海之说，而悟世界无量，现身无量，无人无我，无去无往，无垢无净，舍救人外更无他事之理；闻相宗识浪之说，而悟众生根器无量，故说法无量，种种差别，与圆性无碍之理，则益大服。自是豁然贯通，能汇万法为一，能衍一法为万，无所罣碍，而任事之勇猛亦益加。[⑥]

佛教本旨当为出世，但谭嗣同将之视为一种救世学说[⑦]，他看重的是佛教的救世功能。他将佛教的“无畏”学说，视为一种献身殉道的思想

---

① 谭嗣同在北游访学前，已经接触过佛教，他在乙未春致刘善涵的信中，谈及对禅宗的看法，如“‘平生期许空依傍，到此沉冥一椀灯。’静趋空灵，天机充盎，此为入禅学之方便法门”。（载《谭嗣同全集》，第483页）

② 谭嗣同：《上欧阳中鹄》十，载《谭嗣同全集》，第461页。

③ 同上。

④ 据谭嗣同本人记述，他对华严、唯识宗有感悟，以之探究天人之间的奥妙，但尤其服膺禅宗，因为禅宗与孟子性善说、庄子的学说，以及陆九渊、王阳明的思想有许多相合处，如能探其奥秘，则所成就者匪夷所思。“远羁金陵，孤寂无俚，每摒挡繁剧，辄取梵夹而泛观之，虽有悟于华严唯识，假以探天人之奥，而尤服膺大鉴。盖其宗旨岂亶，无异孟子性善之说，亦与庄子于道之宏大而辟，深闳而肆者相合。至于陆子静、王阳明，其有所发，尤章章也。嗣同以为苟于此探其赜，则其所以去尔蔽，祛尔惑，濬尔智，成尔功者，诚匪夷所思矣。”（《谭嗣同全集》，第529页）他在《金陵听说法诗》叙中，称吴嘉瑞为其学佛第一导师，杨文会为第二导师。（参见《谭嗣同全集》，第246页）与谭嗣同说法不同的是，梁启超认为谭嗣同不喜禅宗。

⑤ 谭嗣同：《上欧阳中鹄》十，载《谭嗣同全集》，第468页。

⑥ 梁启超：《谭嗣同传》，载《谭嗣同全集》，第557页。

⑦ 甲午战争期间友朋间曾有谭嗣同有出世想法的传闻，他对此加以否认，“至于披剃为缁流，了不记有是语，转述之失实欤？抑无意偶说而旋忘之欤”。（载《谭嗣同全集》，第153页）

观念。“佛说以无畏为主，已成德者名大无畏，教人也名施无畏，而无畏之源出于慈悲，为度一切众生故，无不活畏，无恶名畏，无死畏，无地狱恶道畏，乃至无大众威德畏，盖仁之至矣。”① 他认为基督教、孔教、佛教均有救世之念，但以佛教为甚。“西人之喜动，其坚忍不挠，以救世为心之耶教使然也。又岂惟耶教，孔教固然矣，佛教尤甚。”②

他认为佛教囊括众学众教，博大精深，包罗万象，可以治理地球及其以外的世界。

> 佛教纯者极纯，广者极广，不可为典要。惟教所适，极地球上所有群教群经诸子百家，虚如名理，实如格致，以及希夷不可闻见，为人思力所仅能到，乃至思力所必不能到，无不异量而兼容，殊条而共贯。……佛教能治无量无边不可说不可说之日球星球，尽虚空无量无边不可说不可说之微尘世界。尽虚空界，何况此区区一地球？③

他认为佛教与道教不同，并非山林习静。山林习静，不关世事，曾被佛斥为顽空、断灭及九十六种外道。佛教则提倡“威力”、“奋迅”、“勇猛”、“大无畏”、“大雄”，是要遍度一切众生的宗教，因此善于学佛者，“未有不震动奋厉而雄强刚猛者也”④。佛法以救度众生为本根，与孔、孟救世之心同，但后人不能体会，所为与立教之本心背道而驰。“佛法以救度众生为本根，以檀波罗密为首义，即吾孔、孟救世之深心也。学者堕落小乘，不离我相，于是为孔、孟者独善其身，为佛者遁于断灭。揆之立教之初心，不啻背驰于燕、越，甚无谓也。”⑤

梁启超将谭嗣同对佛学的认识称作“应用佛学”，他引用谭嗣同《仁学》中有关生死的言论加以说明。“好生而恶死，可谓大惑不解者矣。盖于不生不灭瞢焉，瞢而惑，故明知是义，特不胜其死亡之惧，缩朒而不

---

① 谭嗣同：《上欧阳中鹄》十一，载《谭嗣同全集》，第469页。
② 谭嗣同：《仁学》十九，载《谭嗣同全集》，第321页。
③ 谭嗣同：《仁学》三十九，载《谭嗣同全集》，第351—352页。
④ 谭嗣同：《仁学》十九，载《谭嗣同全集》，第321页。
⑤ 谭嗣同：《壮飞楼治事十篇》第九群学，载《谭嗣同全集》，第443页。

敢为。方更于人祸之所不及，益以纵肆于恶，而顾景汲汲，而四方蹙蹙，惟取自心快已尔。天下岂复有可治也……今使灵魂之说明，虽至闇者犹知死后有莫大之事及无穷之苦乐，必不于生前之暂苦暂乐，而生贪著厌离之想。知天堂地狱森列于心目，必不敢欺饰放纵，将日迁善以自竞惕。知身为不死之物，虽杀之亦不死，则成仁取义，必无怛怖于其衷，且此生未及竟者，来生固可以补之，复何所惮而不亹亹。"① 他指出自己崇拜谭嗣同、追随谭嗣同的原因即在于此。② 谭嗣同的好友孙宝瑄也认为真佛教不空，可以救世。"我国向来治佛学者，大抵穷愁抑郁不得志之徒，以此为排遣之计，故堕于空也。若真能治佛学者，其慈悲热力，不知增长若干度，救世之心愈切矣。救世之心切，则一切有益于群之事，无不慷慨担任，且能看破生死一关，如谭浏阳其人者，谁谓佛学之空哉！"③

四　墨学兼爱最合公理

谭嗣同认为墨学可以沟通耶、孔，是实现仁的途径。"能调燮联融于孔与耶之间，即曰墨。周秦学者必曰孔、墨，孔、墨诚仁之一宗也。"④ 他把墨家分为两派，一派为任侠，在汉代有被禁锢的党人，在宋代有永嘉学派，均能体现其任侠的特点。另一派为格致，在秦代有《吕览》，在汉代有《淮南子》。⑤

墨子学说中，兼爱具有重要的价值。"兼爱一语，为能超出体魄之上，而独任灵魂，墨学中最合以太者也。"⑥ 针对攻击墨家"兼爱"一说乱亲疏的说法，谭嗣同进行了辩护，他说："呜呼，墨子何尝乱亲疏哉！

---

① 梁启超所引为《仁学》十三，字句微异。"好生而恶死，可谓大惑不解者矣。盖于不生不灭瞢焉，瞢而惑，故明知是义，特不胜其死亡之惧，缩朒而不敢为。方更于人祸之所不及，益以纵肆于恶，而顾景汲汲，而四方蹙蹙，惟取自快慰焉已尔，天下岂复有可治也……今使灵魂之说明，虽至闇者犹知死后有莫大之事及无穷之苦乐，必不于生前之暂苦暂乐，而生贪著厌离之想。知天堂地狱，森列于心目，必不敢欺饰放纵，将日迁善以自竞惕。知身为不死之物，虽杀之亦不死，则成仁取义，必无怛怖于其衷，且此生未及竟者，来生固可以补之，复何所惮而不亹亹。"（载《谭嗣同全集》，第308—309页）

② 梁启超：《论佛教与群治之关系》，载《饮冰室文集》之十，第49页。

③ 孙宝瑄：《忘山庐日记》，上海古籍出版社1983年版，第392—393页。

④ 参见谭嗣同《仁学》自叙，载《谭嗣同全集》，第289页。

⑤ 同上。

⑥ 参见谭嗣同《仁学》十四，载《谭嗣同全集》，第312页。

亲疏者，体魄乃有之。从而有之，则从而乱之。若夫不生不灭之以太，通天地万物人我为一身，复何亲疏之有？亲疏且无，何况于乱？不达乎此，反诋墨学，彼乌知惟兼爱一语，为能超出体魄之上，而独任灵魂，墨学中最合以太者也。”①

如果不能超越体魄的形式而独任灵魂，则会有亲疏，有亲疏就会有分别，要区分亲疏，势必要用礼来制约。用礼制约的结果反而使亲者不亲，而疏者反而冒此以亲，浪费了时间和精力，来从事所谓虚文琐礼。“自礼明亲疏，而亲疏于是乎大乱。心所不乐而强之，身所不便而缚之。缚则升降拜跪之文繁，强则至诚恻怛之意汩。亲者反缘此而疏，疏者亦可冒此而亲。日糜其有用之精力，有限之光阴，以从事无谓之虚礼。”②

尚俭非乐，是墨学的缺点，致使其无法发展到大同之世，但兼爱可以抵消其缺失，“盖兼爱则人我如一，初非如世之专以尚俭非乐苦人也。故墨之尚俭非乐，自足与其兼爱相消，犹天元代数之正负相消，无所于爱焉”③。

谭嗣同还发挥了墨子选贤任能的思想，以之作为变革政治制度的根据。他认为像中国这样不讲信义的病夫之国，不肯主动变革，只有让各国代其革政，“为各国计，莫若明目张胆，代其革政，废其所谓君主，而择其国之贤明者，为之民主，如墨子所谓‘选天下之贤者，立为天子’，俾人人自主，有以图存，斯信义可复也”④。

在学术思想上，谭嗣同深受墨学的影响，诚如侯外庐先生所说：“嗣同的平等说是《墨子·兼爱篇》的演绎，他的国家论，又是《尚同篇》的演绎，后者连文字亦大体相似。”⑤

五　李耳之术可乱中国

谭嗣同对老子的思想进行了激烈的批评，他认为其术能乱中国，一在于柔静，一在于俭朴。言静戒动，言柔毁刚，致使民族毫无生机，陷

① 谭嗣同：《仁学》十四，载《谭嗣同全集》，第312页。

② 同上。

③ 谭嗣同：《仁学》自叙，载《谭嗣同全集》，第289页。

④ 谭嗣同：《仁学》四十四，载《谭嗣同全集》，第359页。

⑤ 侯外庐著，黄宣民校订：《中国近代启蒙思想史》，人民出版社1993年版，第112页。

入懒惰愚蠢的境地。由于主张静，言学术则求宁静，言治术则求安静。治事不问是非，首禁更张，并采取多种措施加以限制，多方遏抑，“财则惮辟利源，兵则不贵朝气”，政府各级官员孜孜以求者，不过为制约四万万人，不使之有活力，“系其手足，涂塞其耳目，尽驱以入契乎一定不移之乡愿格式”，如此，教安得不亡，种类安能保存！[①]

他认为柔静能够乱中国的道理易知，但俭能够杀尽地球上所有生物，陷天地鬼神于不仁的道理，却少有人知道。俭阻碍了商品流通，妨碍了小民生计。“历代圣君贤相，贵之重之，何哉？以其为生民之大命也。持筹握算，铢积寸累，力遏生民之大命，而不使之流通。今日节一食，天下必有受其饥者；明日缩一衣，天下必有受其寒者。”[②] 俭朴会造成人人安于简陋，造成民智不兴，物产凋敝，人人俭而人人贫。相对而言，奢侈虽然也会造成一些危害，但利大于弊。奢侈也有危害，但其害仅仅止于一身一家，而其利则百倍于此，奢侈生活可以提供较多的就业机会。“锦绣珠玉栋宇车马歌舞宴会之所集，是固农工商贾从而取赢，而转移执事者所奔走而趋附也。”[③] 富裕者如果能够设立工厂，则会造福无穷，“穷民赖以养，物产赖以盈，钱币赖以流通”[④]。

他总结柔静和俭朴的危害说，“静故惰，惰则愚，惟俭故陋，陋又愚。兼此二愚，固将杀尽含生之类，而无不足。故静与俭，皆愚黔首之惨术，而挤之于死也”[⑤]。

第二节　谭嗣同维新思想中的西学成分

谭嗣同在其早期，对西学也曾加以排斥，他回忆说：“嗣同少时，何尝不随波逐流，弹抵西学，与友人争辩，常至失欢。”[⑥] 梁启超也称谭嗣

① 参见谭嗣同《仁学》十九，载《谭嗣同全集》，第320页。

② 谭嗣同：《仁学》二十，载《谭嗣同全集》，第322页。

③ 同上书，第323页。

④ 谭嗣同：《仁学》二十一，载《谭嗣同全集》，第324页。

⑤ 谭嗣同：《仁学》二十二，载《谭嗣同全集》，第325页。

⑥ 谭嗣同：《报贝元徵》，载《谭嗣同全集》，第228页。

同“少年曾为考据笺注金石刻镂诗古文辞之学，亦好谈中国兵法”①。后来谭改变看法，开始对西学抱持了浓厚的兴趣，他自述研究西学曾废寝忘食，不少去诸怀。“睹西书，独酷嗜若性成，求通算术亦未尝去诸怀。”② 以至于1896年梁启超与谭嗣同在北京初次会面时，竟然称其佞西学太甚。③“究心泰西天算、格致、政治、历史之学，皆有心得。又究心教宗，当君之与余初相见也。极推崇耶氏兼爱之教，而不知有佛，不知有孔子。”④

谭嗣同获取西学的途径极为有限，他不通英文，无法获得并阅读第一手的外文资料，了解西学的一个途径就是阅读《万国公报》《时务报》《湘学报》和一些译作，这些渠道，使他对西学有了一定的了解，如对西方自然科学发展历程、西方历史知识、西方政治制度，均有一定的认识。如对国家起源的认识，对法国革命的了解，对西方议会制度的认知。他在《仁学·界说》中指出要理解仁学思想，“于西书当通《新约》及算学、格致、社会学之书”⑤。对于这些书籍的阅读，虽然不系统，但对他维新思想的形成具有催生作用。

谭嗣同了解西学的另一个途径就是与西方人士交往。据现有资料来看，谭嗣同至少与傅兰雅、马尚德、李提摩太、美国人李佳白等传教士有过交往。通过与他们的交往，他对西方文化有了比较真实的感受。如他批驳认为西方人没有伦理纲常的观点时，就用自己的切身感受指出西方也有纲常，也存在亲情，只不过其特点与中国不同而已。⑥“嗣同所识西人，有英医士某，能孝其母，言及其母，则肫肫然有孺慕之色，三数日一寄书，言琐屑事甚备，下至日所食之蔬果，无不奉告惟谨，又不时

① 梁启超：《谭嗣同传》，载《谭嗣同全集》，第556页。

② 谭嗣同：《浏阳兴算记》，载《谭嗣同全集》，第174页。

③ 梁启超在致康有为的信中说谭嗣同“才识明达，魄力绝伦，所见未有其比。惜佞西学太甚，伯里玺之选也。因铁樵相称来拜，公子之中，此为最也”。（《梁启超年谱长编》，第47页）

④ 梁启超：《戊戌政变记·谭嗣同传》，载《饮冰室合集》，专集之一，第109页。

⑤ 谭嗣同：《仁学·界说》，载《谭嗣同全集》，第293页。

⑥ 在《上欧阳中鹄》中，他又对认为西人无伦常的观点进行了批驳，他说：“昧者辄诋西人无伦常，无伦常则不相爱相育，彼吞此噬，人类灭久矣，安能至今日转富强乎？夫伦常不自天降，不自地出，人人性分中所自有者也。……彼此有见为异者，特风俗所囿节文之有详略耳。”（载《谭嗣同全集》，第161页）

电问安否。”[①]

对于西方思想学说，他认为易者极易，难者极难。算学如果仅求致用，原非极难，但如果要钩微索隐，辨析毫毛，“则非尽舍去书策，终身尽力于此，不能殚尽其术”，《几何原本》读至第五、六卷以后，就会莫辨途径。至于测量，则为西法中最简易的，只是苦于没有仪器，不知道从哪里下手而已。“有天下之至难令人望而却步者”，则为舆地学。但有用之学无过于舆地学，当时谈论舆地学者，并非真懂，“率皆为挟策之计，习口头语以欺人耳，其能中外山川形势了然者，未尝见也”[②]。

谭嗣同未出国门，对于西方社会政治的实况无法进行直接深入的了解，加之当时传教士所翻译的作品，出于传教和促进中国改革的目的，对西方文明的褒扬，使谭嗣同对西方社会政治制度的认识，充满了美化的成分，如“所谓民主者，尤为大公至正，彬彬唐、虞揖让之风，视中国秦以后尊君卑臣，以隔绝不通气为握固之愚计，相去奚止霄壤”[③]。而对其弊病，则了解甚少。即使了解一些，也常作理想化的解释，如他说：“动援西国民党之不靖，而谓不当学西法，不知正其治化日进之凭据也。”[④] 他竟然认为“西人之压制中国者，实上天仁爱之心使之也”[⑤]。

一　谭嗣同对西方自然科学的了解

谭嗣同通过阅读西方自然科学书籍的译本及《万国公报》《时务报》等报刊对西方自然科学、社会经济及政治制度的介绍，开阔了视野，增长了知识，并在思维方式上受到了一定影响，“将当时所能有之科学知识，尽量应用”[⑥]。在他的著作中，涉及算学、物理学、光学、力学、化学、生物学等多方面的知识。

在光学方面，谭嗣同曾阅读英国人傅兰雅所编《格致汇编》，对其光绪三年卷中的问答进行思考。以不同质地的金属合作一镜，在日光照射

---

① 谭嗣同：《报贝元徵》，载《谭嗣同全集》，第 198 页。

② 谭嗣同《致刘淞芙》十，载《谭嗣同全集》，第 487 页。

③ 谭嗣同：《报贝元徵》，载《谭嗣同全集》，第 197—198 页。

④ 谭嗣同：《仁学》四十三，载《谭嗣同全集》，第 357 页。

⑤ 谭嗣同：《上欧阳中鹄》十，载《谭嗣同全集》，第 466 页。

⑥ 梁启超撰，朱维铮导读：《清代学术概论》，上海古籍出版社 1998 年版，第 92 页。

下，会呈现肉眼未能看到的景象，曾有华人问其原因，该刊回答称各种金属回光不同，有浓淡之别，如果将两种金属合成一镜，其主体以一种金属制造，其花纹由另一种金属制造，肉眼不能辨别，但在阳光下，可以看见背面的花纹。所照的花纹，与镜子背面并无联系。谭嗣同发现这种说法在中国古代文献中就有记载，他感慨西人思考问题的周到，中国人不但没有学问，还将古人已经明白的道理丧失了，应该向西人请教。①

在力学方面，在《与沈小沂书》中，他提出“奇理”二件。一为依靠吸引力原理，借助气球到外星球，可以免除争端。“纵横如志，惟所使之。欲自占一国，则自取一星，人满之患以息，争城争野以息，华、夷各有所骛，而陵杂之患以息”，一为按照热胀冷缩的原理来沟通幽冥。另外，他还从方玻璃瓶成真空后便碎，而圆瓶则否，提出对日月星球初始状态的揣测，并指出当时所谓的修齐治平，几乎都是苟且取容的。“盖方者受外气，挤力独多，圆即自相旋转，无所用其挤也。西人识此理，因论日月星地所以必为圆体。愚谓日月星地，古未必无方者，特皆被挤碎，今不见耳。是以知十日并出，其九不存，必皆为方体。惟今之日月星地，悉毁圭角，苟圆取容而已。嗟乎！凡今之所谓已修已齐已治已平者，其不为苟容几何矣。”②

在算学方面，从现存文献中，我们可以看出他读过不少数学书籍，内容涉及古今中外。如《算经十书》《数理经蕴》《中西算学大成》《几何原本》《决疑数学》等，他还托汪康年购买《格致质学》《决疑数学》。代购英文八线表、英文对数表、英文八线对数表、英文开方表。《仁学》的结构几乎就是徐光启、李善兰所译《几何原本》的翻版。首先列举全书所用到的主要定义，如仁学界说，这种形式直接来源于《几何原本》，在“具体论述的过程中，按界说依演绎方式展开，使人有如读数学概念定义之感”③。他在维新实践中首先倡导举办算学社，说明他对算学的高度重视。

在医学方面，他用西方研究性学的事例来反驳“断淫”的说法。“若

① 参见谭嗣同《石菊影庐笔识》六十三，载《谭嗣同全集》，第118页。

② 谭嗣同：《与沈小沂书》，载《谭嗣同全集》，第7页。

③ 张祖贵：《谭嗣同与数学》，《中国科技史料》1991年第1期。

更得西医之精化学者，详考交媾时筋络肌肉如何动法，涎液质点如何情状，绘图列说，毕尽无余，兼范蜡肖人形体，可拆卸谛辨，多开考察淫学之馆，广布阐明淫理之书，使人人皆悉其所以然，徒费一生嗜好，其事乃不过如此如此，机器焉已耳。”①

另外，他还用化学元素来解释物质的构成，用能量守恒原理来解释“不生不灭”。如“质点不出乎六十四种之原质，某原质与某原质化合则成一某物之性，析而与他原质化合，或增某原质，减某原质，则又成一某物之性”②。“本为不生不灭，乌从生之灭之？譬于水加热则渐涸，非水灭也，化为轻气养气也。使收其轻气养气，重与原水等，且热去而仍化为水，无少减也。譬于烛久爇则尽跋，非烛灭也，化为气质流质定质也。使收其所发之炭气，所流之蜡泪，所余之蜡煤，重与原烛等。且诸质散而滋育他物，无少弃也。”③

二　谭嗣同对西方社会科学的认知

在宗教方面，谭嗣同通过阅读英国人韦廉臣的《古教汇参》，总结出宗教的规律，认为“不论何教，皆有相同之公理二，一曰慈悲④，吾儒所谓‘仁’也。一曰灵魂，《易》所谓‘精气为物，游魂为变’也”。他对灵魂和体魄进行了界定：“灵魂，智慧之属也；体魄，业识之属也。”灵魂与慈悲是宗教构成的重要因素，“不言慈悲灵魂，不得有教。第言慈悲，不言灵魂，教而不足以行。言灵魂不极荒诞，又不足行于愚冥顽梗之域。且荒诞云者，自世俗名之云尔，佛眼观之，何荒诞之非精微也！”⑤

他认为万物皆有灵魂，并非西方人所认为的只有人才有灵魂，“西人言灵魂，亦有不尽然也。同一大圆性海，各得一小分，禀之以为人、为动物、为植物、为金石、为砂砾水土、为屎溺。乃谓惟人有灵魂，物皆无之，此固不然矣”。他进而批评“原罪论”，“抑彼更有大谬不然者，既知灵魂之后，果为天堂地狱，或永苦，或永乐，独不明灵魂之前因为何，

---

① 谭嗣同：《仁学》十，载《谭嗣同全集》，第305页。

② 谭嗣同：《仁学》十一，载《谭嗣同全集》，第306页。

③ 谭嗣同：《仁学》十二，载《谭嗣同全集》，第307页。

④ 对于慈悲与宗教的关系，谭嗣同未能深入阐发。

⑤ 谭嗣同：《仁学》十三，载《谭嗣同全集》，第309页。

求之不得，乃强为之说曰：‘人皆有罪’似矣，罪于何起？则又强为之说曰：‘始祖亚当、夏娃，及历代祖宗所遗之罪。’夫前人之罪，前人实承之，于后人何与？罪人不孥，人法犹尔，岂天之仁爱，乃不逮人乎？且彼所重者灵魂，而原罪于前人，是又专重体魄矣”[①]。灵魂之说可以约束民众，使其不敢欺饰放纵，能够日进于善，同时，也可激励人们成仁取义。[②]

他还把新当作群教的公理。“孔曰‘改过’，佛曰‘忏悔’，耶曰‘认罪’，新之谓也。孔曰‘不已’，佛曰‘精进’，耶曰‘上帝国近尔矣’，新而又新之谓矣。”[③]

通过阅读《治心免病法》一书[④]，谭嗣同认为自己接触到了西方思想的本原。“重经上海，访傅兰雅，……获其所译《治心免病法》一卷，读之不觉奇喜。”[⑤]“得《治心免病法》一书，始窥见其本原。”[⑥]《治心免病法》一书，是宣传“心灵治病”的著作，该书认为“天父造身，所以为心也，心器身以行意，是以心为身之主”。因此，“欲治其身，必先治心”。该书强调“考各国方药，俱以为药力，能加入人身，改弱为强，不知人心即天心之一小分，如能恃天理而争阻，则自务恃天力而治病，又焉用药”。

《治心免病法》一书中的“以太”概念，则是从近代物理学中借用来的，在书中，“以太”既是可以传递思维和感情的神奇概念，也是可以传递声、光、电、磁、热的物质媒介。概述措述“以太”说：“近西国考知万物内必有一种流质，谓之以太。无论最近之恒星中间并非真空，必有此以太满之，即地上空气质点之中亦有此以太，即玻璃罩内用抽气筒尽其气，亦仍有之。盖无处无之，无法去之。如无此以太，则太阳与恒行

① 谭嗣同：《仁学》十四，载《谭嗣同全集》，第310—312页。

② 参见谭嗣同《仁学》十三，载《谭嗣同全集》，第309页。

③ 谭嗣同：《仁学》十八，载《谭嗣同全集》，第318页。

④ 该书作者乌特·亨利（Wood Henry）是一位职业心理精神病医生，该书主要是通过一些口诀达到宗教信仰的自我暗示，从而发掘自身的生理和心理的潜力来战胜疾病。（参见邹振环《〈治心免病法〉与〈仁学〉》，载《影响中国近代社会的一百种译作》，中国对外翻译出版公司1996年版，第106页）该书初版于1893年，1896年由傅兰雅译成中文，上海格致书室刊行。

⑤ 谭嗣同：《上欧阳中鹄》十，载《谭嗣同全集》，第461页。

⑥ 同上书，第459页。

星等光不能通至地面，如声无空气则不传，此可用抽气筒显其据空气传声。以太传思念同一理，不问路之远近，与五官能否知觉之事物，凡此人发一思念，则感动以太，传于别人之心，令亦有此思念。一遇同心，则彼此思念和合，如遇相反则厌之而退，人虽不觉思念有形声，然实能感通人心。此理常人皆知，而不明夫思念不可作为空虚，需视如金石之实，然以金石比，则金石犹如朝露，惟思念乃真实耐久也。"① 谭嗣同对"以太"观念进行了改造，使其成为其《仁学》中一个重要的思想概念。

他对西方教育制度有所了解，并以之为参照，提出变革科举制度的主张。他认为西方学校与科举合一，学校有择官选士之功能，可以随到随考，不拘人数，不拘时日，而且所考均重视实践，如"考算学即令运算，考船学即令驾船，考医学即令治病，考律学即令决狱，考机器即令制器，考天文测量即令运用仪器"，如果中式，即当面发以凭证，或立即择优录用。实行义务教育制度，五家连坐，一人不读书五家皆坐罪。儿童方七八岁即已经了解许多天文地理及国际关系知识。至于品行无法在考试中测验，但有警察，有议院，有奖励及惩罚的制约，不忧不得人："至于品行心术，固无法以考验，而实际寓于诸学之中，苟其不端，亦无能善其事而不败露者。况满街有警察吏以举刺之，到处有议院以评论之，又有浓赏厚刑以驱其后，复何忧其不得人哉！"② 他主张变法必先从士始，先变科举，使人人自占一门，致力于实学。

他认为万国公法为仁至义尽之书，如《公羊春秋》之律③，但中国为外洋所不齿，未能列于公法，并非公法不可恃。④ 瑞士、摩纳哥虽小，均能得到公法的保护。"欧洲百里之国甚多，如瑞士国，国势甚盛，众国公同保护，永为兵戈不到之国，享太平之福六百年矣。三代之盛何以加此？尤奇者，摩奈哥（指今之摩纳哥——引者注）止三里之国，岁入可万余

---

① 《治心免病法》，上卷，第 13 页，转引自刘振岚《戊戌维新运动专题研究》，第 212 页。

② 谭嗣同：《上欧阳中鹄》，《谭嗣同全集》，第 159 页。

③ 谭嗣同：《报贝元徵》，《谭嗣同全集》，第 225 页。

④ 谭嗣同等人当时有一种认识，即万国公法只为文明国所设，不适用于野蛮国。康有为在胶州事变后所上奏折称"按其公法均势保护诸例，只为文明之国，不为野蛮，且谓剪灭无政教之野蛮，为救民水火"。（《戊戌政变记》，第 3 页）

元，居然列于盟会，为自主之国，非公法之力能如是乎?"[①] 谭嗣同认为约章的权利是对等的，因此他在《马关条约》签订后，曾经设想中国经过变革，国力强盛后，可以改订条约，逐渐废除丧权辱国的条款，如外国进入中国腹地洋货进口税率较低，以及在中国传播基督教、贩卖鸦片等。如果列强不同意，则中国要求进入其腹地，出口到外国的商品，税率与外国在中国进口税率相同。创造一种宗教，到外国纵横骚扰，一旦遭到焚烧掠夺，则援照中国赔教堂之例请赔。通过这种方式，争取一国改订条约，其他的均可援照办理。[②]

他通过《物类宗衍》了解到进化论。"西书《物类宗衍》中有'争自存宜遗种'之说，谓万物必争，而后仅得自存以绵延其种类也。"[③]

他认为在西学中，舆地学很关键，子目虽繁，要皆从舆地入门。舆地学分文、质、政三家。文家即天文学，研究地球与日月诸行星的关系，各星球的大小轻重，其质地的松紧比例，寒暑昼夜潮汐的原理，以及测量太阳及其他星球的原理，确定经纬度，并绘制地图。质家则为地质学，"辨土石之新旧层，各种殭石（即化石）五金凝结之故，得太古以前冰山火山沧海桑田之形势，动物植物之同异，及矿苗之类别"。政家则为人文地理学，"纪风土礼俗及治忽之理，攻守之宜"[④]。

他注意到西方经济、政治、历史中特别重视图表的作用，史书中记一大事，即有一幅当时的地图附之以行。在日常政治、经济生活各方面，莫不有表。"户口登耗，百官进退，外国兴衰，及交涉事件，矿苗衰旺，出产增减，年谷丰歉，百物价值，用度奢俭，岁入多寡，兵额损益，船械精粗，工艺良楛，各种学术高下，医院治病得失，庶狱人数及罪名，皆分等级，为年月比较表，或变为方圆等图。既可省案牍之烦苦，尤能一目了然，视通国之事如数掌纹，故常以简御繁，操之有要。"[⑤]

他通过对普法战争历史的了解，认为保国莫捷于学。"法之败于普也，师熸君禽，已无存理，普之力，非不能径灭之，然卒与言和者，毕

① 谭嗣同：《上欧阳中鹄》，载《谭嗣同全集》，第 161 页。
② 同上书，第 162 页。
③ 谭嗣同：《报贝元徵》，载《谭嗣同全集》，第 217 页。
④ 同上书，第 219 页。
⑤ 同上书，第 221 页。

士马克稔知德民之学，远不逮法，各有疆域，犹可拒守，若灭之，则浑然一国，形见势绌，莫可遁逃，普其终为法奴役，若安以一女子复其国，夫固法之已事矣。故破其国而不敢有，法人之学为之也。”①

三　对西方风俗的了解

对于星期天制度，谭嗣同十分赞赏，他说：“此西国通例也。极合文武弛张之道。”② 他认识到中西由于风俗不同，造成了误解，“中国尝笑西人冠服简陋，西人即诘我之发辫有何用处”③。但中西礼仪有相通之处。“彼之免冠，吾之半跪也；彼之握手，吾之长揖也；彼之画数，吾之顶戴也；彼之宝星，吾之翎枝也。”④ 西方宗教的教义“要亦尊天明鬼以整齐齐民耳”。至于称其抉目刳心，则不可信。“诋之者谓在中国有抉目刳心为诸不道，而谁目睹之耶？果尔，何以在本国不闻有是，而天道又何在？此有识所断不信。”⑤ 西方风俗中男女可交往，反而避免了不少有伤风化的事。“西人男女相亲，了不忌避，其接生至以男医为之，故淫俗卒少于中国。”⑥ 西方有抱腰接吻的习俗⑦，但也讳言床笫，以淫为羞辱。⑧ 西方实行一夫一妻制，男女结合出于自愿，避免了许多家庭矛盾和争执。“夫妇择偶判妻，皆由两相情愿，行一夫一妻制，绝无置妾之事，故伉俪笃重，无争妒之患，其子孙亦遂无嫡庶相猜忌之虞。”

西方人喜好运动，尚体操，侈游历，这是其能够崛起的重要原因，他们之所以喜动，也和坚忍不挠、以救世为心的基督教有关。“西人以喜动而霸五大洲，驯至文士亦尚体操，妇女亦侈游历，此其崛兴为何如矣。”⑨

---

① 谭嗣同：《仁学》四十一，载《谭嗣同全集》，第 355 页。

② 谭嗣同：《上欧阳中鹄书》，载《谭嗣同全集》，第 166 页。

③ 同上书，第 165 页。

④ 谭嗣同：《报贝元徵》，载《谭嗣同全集》，第 199 页。

⑤ 同上书。

⑥ 谭嗣同：《仁学》十，载《谭嗣同全集》，第 305 页。

⑦ 参见谭嗣同《仁学》九，载《谭嗣同全集》，第 301 页。

⑧ 参见谭嗣同《仁学》十，载《谭嗣同全集》，第 303 页。

⑨ 谭嗣同：《仁学》十九，载《谭嗣同全集》，第 321 页。

四 谭嗣同著作中的西人言论

在武昌，与谭嗣同交往的一些西方人士对中国政治提出批评，这使谭嗣同对中国政治进行批评时有了参照。他们对中国政治变革的一些主张，也给了谭嗣同一定的启示。

甲午战争时期，对中国官吏贪污的讥讽。“凡中国购买外洋军械，出使大臣从而分成，及兑价时，经手人又要分成。……西人视中国官吏比于禽兽，故有‘文官三只手，武官四只脚’之谑。又以‘移、贿、讳’三字批评中国，一切吏治军政无不识破。署中偶延洋医治病，及间至汉口洋行晤西人之晓华语者，辄故作哀怜慝勉之词来相戏嬲，令人愧怍，无地自容。”①“自军兴后，其讥评中国尤不堪入耳。”②“无怪西人谓中国不虚心，不自反，不自愧，不好学，不耻不若人，至目为不痛不痒顽钝无耻之国。”③

西人对中国君权太重的批评。“西人辄诋中国君权太重，父权太重，而亟劝其称天以挽救之，至目孔教为偏畸不行之教也。”④“夫自西人视之，则早歧而为二矣，故俄报有云：‘华人苦到尽头处者，不下数兆，我当灭其朝而救其民。’凡欧美诸国，无不为是言，皆将借仗义之美名，阴以渔猎其资产。”⑤西人对中国官员不能约束民众的批评，“寓湖北之洋人，每日游洪山，令由督抚衙门派兵伺候，岂复成世界！西人犹谓中国之官曾不能约束中国之民，要此官何用？”⑥对湖南人的批评，西人评价湖南人，一则曰无教化之野蛮，再则曰“未开智识之童骙”⑦。

西人对平定太平天国的认识。“善夫《东方商埠述要》之言曰：‘英人助中国荡平洪、杨，而有识之士，佥谓当日不若纵其大乱，或有人出

① 谭嗣同：《上欧阳中鹄书》，载《谭嗣同全集》，第154页。

② 谭嗣同：《报贝元徵》，载《谭嗣同全集》，第225页。

③ 同上。

④ 谭嗣同：《仁学》三十，载《谭嗣同全集》，第337页。

⑤ 谭嗣同：《仁学》三十三，载《谭嗣同全集》，第342页。

⑥ 谭嗣同：《报贝元徵》，载《谭嗣同全集》，第206页。

⑦ 同上。

而整顿政纪，中国犹可焕然一新，不至如今日之因循不振。盖我西国维新之政，无不从民变而起。'"①

西人对中国设立强学会的认识。"往者诸君子抱亡教之忧，哀号求友，相约建孔子教堂，仿西人传教之法，遍传诸愚贱，某西人闻之曰：'信能如是，吾辈教士，皆可归国矣。'"②

西人诋毁中国士人读书无用，"黄舍人言：'昔客上海，有西人到其斋头，见书籍堆案，佯为不识而问曰：'此何物也？'曰：'书也。'又曰：'有何用处?、舍人不能答。乃徐笑曰：'此在我西国自皆有用处，汝中国何必要此'"③。西人认为中国士人志趣鄙陋，只想作状元宰相，而不谋一实在本领以济世安民。④

西人对中国富有矿产却不能开采，各国均想染指的说法。"西人亦有言：'中国譬则富室，即湖南一省之矿，足抵外洋各国之矿而有余。无如各国环而居者，则极贫困之乞儿盗贼也。虽缄縢藏固，其可终守乎?'危切之言，不啻箴规我矣！"⑤ 西人出售质量差价格低廉的商品给中国，是因为认为中国人喜欢廉价的商品。"西人售物于中国，则以其脆敝者，云中国喜贱值也。喜贱值由于国贫。"⑥

在给欧阳中鹄、贝元徵的信中均摘录了李提摩太关于中国失地失人失财的议论。"西北边地为俄国陆续侵占者可方六千里，此失地也，而知之者百无一人也。中国五十年前人民已四百二十兆口，以西法养民之政计之，每岁死生相抵外，百人中可多一人，然至今初无所增益也，此失人也，而知之者千无一人也。又以西法阜财之政计之，每岁五家可共生利一铤，然中国方日贫一日，此失财也。而知之者竟无其人也。"⑦

---

① 谭嗣同：《仁学》三十五，载《谭嗣同全集》，第345页。

② 谭嗣同：《仁学》四十，载《谭嗣同全集》，第353页。

③ 参见谭嗣同《上欧阳中鹄书》，载《谭嗣同全集》，第165页。

④ 谭嗣同：《报贝元徵》，载《谭嗣同全集》，第206页。

⑤ 谭嗣同：《上欧阳中鹄书》，载《谭嗣同全集》，第163页。

⑥ 谭嗣同：《仁学》二十二，载《谭嗣同全集》，第326页。

⑦ 谭嗣同：《上欧阳中鹄书》，载《谭嗣同全集》，第163页。李提摩太此论源于其所撰《拟广学以广利源论》，《万国公报》光绪二十年，卷六，第63期。

第三节　谭嗣同及维新派流血变法思想溯源

谭嗣同的生命虽然短暂，但他的一些言论对近代思想文化史产生了深远的影响，对此，学界已经有了大量的研究和分析。他为改革流血的话语，从他逝后一直被传颂，成为激励以后的改革者，甚至革命者的重要力量。但对于这种思想的渊源及其维新派对“流血变法”的认识，目前尚少有人探究[①]，对谭嗣同为改革流血思想的源流作一分析，很有必要。

一　流血变法思想的传播

当时的报刊及私人笔记里，均有对谭嗣同流血变法思想的叙说。最早报道谭嗣同准备为维新运动而自愿选择牺牲的，是《国闻报》，时间是1898年9月27日。

> 有西人自北京来，传述初六七日中国朝局既变，即有某国驻京公使署中人前往康氏弟子谭嗣同处，以外国使馆可以设法保护之说讽之，谭嗣同曰：“丈夫不作则已，作事则磊磊落落，一死亦何足惜！且外国变法未有不流血者，中国以变法流血者，请自谭嗣同始。”既纠数十人谋大举，事未作而被逮。[②]

《知新报》转引的《清国殉难六士传》提到谭嗣同拒绝出逃，认为变法必先流血，流血请自谭嗣同始。与《国闻报》的内容相比，添加了希望康有为解救光绪帝，继续改革事业的内容。

> 初，嗣同之未捕也，有西士重其人，请与俱奔某国使馆避祸，

---

① 王德昭先生在《从改良到革命》一书里，有专文论述谭嗣同思想在近代中国的影响。陈平原先生在《中国现代学术之建立——以章太炎、胡适之为中心》一书里，有专章来分析晚清志士的游侠心态，但对谭嗣同及其同侪着墨不多，重点放在革命志士的身上。

② 《视死如归》，《国闻报》1898年9月27日。

嗣同谢曰："不有行者，谁图将来，不有死者，谁鼓士气？自古至今，地球万国，为民变法，必先流血，我国二百年来，未有为民变法流血者，流血请自谭嗣同始，但愿康南海亡命得脱，得以将来上救皇上，下救万民，谭嗣同虽死犹生矣。"①

梁启超所撰《谭嗣同传》第4册发表于《清议报》（1899年1月22日），在记录谭嗣同拒绝出逃的言论里，除了继续提到变法流血的思想外，还加入了以死酬君恩的言论。

入日本使馆，与余相见……曰："不有行者，无以图将来，不有死者，无以酬圣主。南海之生死未可卜，程婴、杵臼，月照、西乡，吾与足下分任之。"遂相与一抱而别。……被逮之前一日，日本志士数辈劝君东游，君不听，再四强之，君曰："各国变法，无不从流血而成，今日中国未闻有因变法而流血者，此国之所以不昌也。有之，请自嗣同始。"②

此说流传甚广，在谭嗣同逝世后友朋的纪念文字中，多次提到流血变法的说法。孙宝瑄挽谭嗣同诗："慷慨悲歌气若虹，志扶赤县有陈同，可怜变法须流血，莫教先生血独红。（复生被逮时，有外国使馆人来言可以保护，复生慨然曰：'丈夫不作事则已，作事则磊磊落落，一死何足惜，且外国变法无不流血者，中国变法流血，请自谭嗣同始。'）"③ 黄遵宪在《感事八首》里亦提到"五洲变法都流血，先累维新案尽翻。"④《万国公报》报道："林旭、谭嗣同皆谓我等为挽救中国而死，毫无恐怖，且今日杀一人，后起必有千人，与我辈同心保国云云。"⑤

而湖南守旧派叶德辉亦在《觉迷要录》里攻击谭嗣同等人勇于赴义，

① 《清国殉难六士传》（译十一月二十七号日本《东京报》），《知新报》第75册，光绪二十四年十一月十一日。

② 梁启超：《谭嗣同传》第4册，《清议报》（1899年1月22日），第107页。

③ 孙宝瑄：《忘山庐日记》，上海古籍出版社1983年版，第263页。

④ 黄遵宪：《黄遵宪集》，天津人民出版社2003年版，第234页。

⑤ 《万国公报》，第117号。

自命为“侠”的行为，实为叛逆，他说：“彼之赴市曹蹈水火者，方且自命为日本意大利之义侠，不自知其为谋逆也。”①

上述言论散见于报刊及私人日记、文集，均为间接的描述，可从侧面反映谭嗣同“流血变法”的思想，这种“流血变法”思想，究竟是康、梁等人宣传的烘托编撰，抑或是谭嗣同本人及维新志士一向所具备的思想理念与共识，须从谭嗣同本人及友朋的著作及书信里，加以考察。

在《仁学》里，谭嗣同对法国革命中的杀人流血表示了极大的关注，他指出：“法人之改民主也，其言曰：‘誓杀尽天下君主，使流血满地球，以泄万民之恨。’”② 当湖南维新运动新旧矛盾处于白热化的状态时，谭嗣同在给其师欧阳中鹄的信中，将流血与改革相联系：“平日互相劝勉者，全在‘杀身灭族’四字，岂临小小利害而变其初心乎？耶稣以一匹夫而撄当世之文网，其弟子十二人皆横被诛戮，至今传教者犹以遭杀为荣，此其魄力所以横绝于五大洲，而其学且历二千年而弥盛也。呜呼！人之度量相越岂不远哉！今日中国能闹到新旧两党流血遍地，方有复兴之望，不然，则真亡种矣。佛语波旬曰：‘今日但观谁勇猛耳。’”③

1899 年，谭嗣同的老师欧阳中鹄在信中叙及谭嗣同的思想变迁，称其已经存在流血变法的思想。他说：“（谭嗣同）入京赴行，宗旨遂变。尝以书来，言誓发宏愿救四万万人，其语多释理最高明处，知已为异学所引……闻其近二年，专好非常异义，而鄙弟为老生常谈，相见寥寥数语，不甚深论。每言变法，必拼得人杀，非流血满地，流血播刀，中国断不能变法。弟谓论劫运或然，但恐杀身以成不仁，将新机一概阻塞，非徒无益，而又害之。（谭）心甚不谓然。”④

无独有偶，谭嗣同这种为改革流血的想法并非他所独有，有学者在研究中发现，不仅谭嗣同有这种观点，熊希龄也有类似观点。⑤ 熊在光绪

---

① 叶德辉：《上俞中丞书》，载《觉迷要录》，清光绪三十一年（1905 年）刻本，第 3 页。

② 蔡尚思、方行编：《谭嗣同全集》（增订本），第 342—343 页。

③ 谭嗣同：《上欧阳中鹄》二十一，载《谭嗣同全集》，第 474 页。

④ 贾维：《谭嗣同与晚清士大夫交往研究》，湖南大学出版社 2004 年版，第 359 页。

⑤ 叶昌炽在《缘督庐日记》中也持此种见解。“外国新旧相争，无不流血，中国流血自此始也。”（《缘督庐日记》卷七，第 545 页）

二十四年五月二十七日的一封信中提到，“龄观日本变法，新旧相攻，至于杀人流血，岂得已哉，不如是，则世界终无震动之一日。龄……不能以口舌与争，惟有以性命从事，杀身成仁，何不可为？”①

这种见解，后来成了攻击谭嗣同、熊希龄等人的口实，在政变后的奏折里，多次有人提及此事。八月十二日，黄桂鋆在奏折中说：“在籍绅士叶德辉，因素与熊希龄有隙，腾书相诋，希龄云，将约日本之维新党，剿灭湖南之守旧党，新旧相攻，不至杀人流血不止，似此肆无忌惮，与反叛何异？”② 八月十六日，张仲炘称熊在与叶德辉的信中，有“必率日本人来攻中国旧党，不至于血流成河不止”等语。③

熊希龄等人不但对反对他们的叶德辉有如此言论，谭、熊对曾经共同主张变革，但后来意见分歧的邹代钧也有类似说法，邹在给汪康年的书信中说：“熊仍踞此间，动辄以流血成河为言，且行同无赖，似难与计较。公以恬退责我，我不受也，苟不恬退，熊、谭必以洋枪中我矣。”④

唐才常在政变后亦对以流血促进变法进程作了阐述，他在《论戊戌政变大有益于支那》中，分析了勇士流血献身促成变革的成功，是世界公例。

> 子不见谭嗣同之慷慨就死，怡然涣然乎？彼谓自吾死后而中国始有变法之机也。不然，西乡（西乡隆盛）、大久保（大久保利通）、木户（木户孝允）诸人，一莽男子耳，此人曾何足贵，而东方至今尸祝哀慕之弗衰。昔者洪秀全僭窃金陵，盘踞东南各行省，诸将连兵鄂、皖间，亡虑十余万人，率逡巡首尾，莫敢撄其锋。独李忠武续宾，誓师奋往，致命三河，由是人人感泣，切齿刺骨，怀必死心，说者谓为中兴第一转机。由斯以谈，前仆继兴，先难后易，死机既

---

① 《湘报》，第112号，这封信是写给陈宝箴的，在政变后攻击熊希龄的奏折里，均称熊希龄对叶德辉有上述言论。

② 国家档案局明清档案馆编：《戊戌变法档案史料》，中华书局1958年版，第468页。

③ 参见国家档案局明清档案馆编《戊戌变法档案史料》，第470页。

④ 上海图书馆：《汪康年师友书札》第三册，上海古籍出版社1987年版，第2757页。

烈，生气斯萌，乃万世五洲举事之公例，毋容以病支那也。[①]

《知新报》转载《天南新报》里《志士箴言》，亦提及流血与文明的关系。

各国文明之治，无不从流血而成，有志者类能言之。今以四万万人，丧元者不过六人，流血者不及十步，乃欲翻数千年之旧根，振二十一省之新气，窃恐死者为其易，生者为其难，而难者终难耳。东南数省，热心时变者，号称数万人。若为茅焦，若为豫让，若为刘章，若为敬业，若为聂政，若为朱亥，若为铁铉，若为景清，若为朱云，若为陈东，争之抗之，摧之撼之，死之挟之，声罪而致讨之，一波未平，一波复起，前者伏诛，后者执简，缺彼菜市之刀，而再接再厉，丛叠藁街之首，而亦步亦趋，彼党虽素称极顽极固极狠极凶，而其下手愈辣者，人心愈不平，则天下莫不欲饮刀于其腹，此日本长野君所谓舍身命以作牺牲，即忠之谓也，勇之谓也。今以忠君自命，勇于变法之人，而即未尽其忠，未见其勇若此。为程婴者，既难其人，为杵臼者岂易偿其志也。昔张巡被执，谓南霁云曰南八男儿死耳，不可不为义屈。每诵斯言，未尝不凛凛有生气，谓其得死所而绝无馁心矣。今一摧败，而即群焉皆馁，莫敢再兴，天下事宁有转机乎。[②]

二　流血变法思想的渊源

谭嗣同、熊希龄等人为改革流血的想法，来源何自？

一是来自中国传统里的“任侠”，尤其是对墨子摩顶放踵的献身精神的模仿。谭嗣同服膺墨子，他说：“墨有两派，一曰‘任侠’，吾所谓仁也，在汉有党锢，在宋有永嘉。”他认为“块然躯壳，除利人之外，复何足惜。深念高望，私怀墨子摩顶放踵之志矣。”[③]

① 湖南省哲学社会科学研究所：《唐才常集》，中华书局1980年版，第181—182页。

② 《志士箴言》，《知新报》第101册。

③ 谭嗣同：《仁学》自叙，载《谭嗣同全集》，第289—290页。

从目前的资料来看，流血变革的思想，更大程度上可能来源于对日本维新变法时期武士精神的效仿。当时维新派中流行着对日本明治维新的钦佩，对日本武士的英勇无畏精神曾经做过不少的宣传，武士在国家变革事业中前仆后继的牺牲精神令当时的维新派十分钦佩，他们也希望能够在中国的变法维新事业中出现同样的现象。从日本明治维新的经验来看，可以说，日本中下层武士是明治维新的骨干力量。日本明治维新的领导人多系长州、萨摩藩的中上层武士。他们不但对西学有深入的了解，而且富于政治才干。明治维新前夕，“最热心的荷兰学者往往是浪人和下级武士”。他们的先驱者佐久间向山说：“今日为国家划长计，舍我其谁也？纵令为此殒命，他日必有从我说者。”他曾长期被监禁狱中，但丝毫不因此退缩。他的学生吉田松荫继承他的志向，作诗自警：“士当得正而毙，何以明哲保身？不能见机而行，犹当杀身成仁。”①

近代较早注意到日本民族的尚武精神的，当推黄遵宪。他在《日本杂事诗》中，对日人游侠风气进行歌咏，如“解鞘君前礼数工，出门双锷插青虹。无端一语差池怒，横溅君衣颈血红。”黄氏自注云：“士大夫以上，旧皆佩双刀，长短各一，出门横插腰间，登席则执于手，就坐置其旁。《山海经》称倭国衣冠带剑矣。然好事轻生，一语睚眦，辄拔刀杀人，亦时时自杀。今禁带刀，而刺客侠士犹纵横。《史记》称‘侠以武犯禁’，惟日本为甚。”② 但黄遵宪在此尚未涉及“尚武”精神与明治维新间的关系。在其他诗里，他对武士前仆后继热心国事加以表彰，并以之激励中国的维新志士，在《日本杂事诗》里有“叩阍哀告九天神，几个孤忠草莽臣？断尽臣头臣笔在，尊王终赖读书人。……（攘夷议起，哗然以尊王为名，一倡百和。幕府严捕之，身伏萧斧者，不可胜数，然卒赖以成功）”③ 句，在《近世爱国志士歌（十二首）》题注里则说：“唱尊王者触大忌，唱通番者犯大禁，幕府均下令逮捕。党狱横兴，株连甚众。而有志之士，前仆后

① 吴廷嘉：《戊戌思潮纵横论》，中国人民大学出版社 1998 年版，第 170—171 页。

② 《黄遵宪集》，第 48 页。

③ 同上书，第 33—34 页。

起，踵趾相接，视死如归。死于刀锯，死于囹圄，死于逃遁，死于牵连，死于刺杀者，盖不可胜数。卒以成中兴之业，维新之功，可谓盛矣。明治初年，下诏褒奖，各赠阶赏恤。今举其尤著者十数人，著于篇，以兴起吾党爱国之士。”①

谭嗣同亦注意到二者之间的关系，他将此风看作日本民气激荡、国势强盛的内在原因。“其变法自强之效，亦由其俗好带剑行游，悲歌叱咤，挟其杀人报仇之气概，出而鼓更化之机也。”

梁启超、麦孟华等人则对此进行了深入阐述。他们在报刊上宣传侠士，希望中国在变革的过程中，能够出现一批前仆后继的志士。② 在《时务报》里，就出现了两篇值得注意的文章。一是顺德麦孟华在《时务报》第 32 册发表的《尊侠篇》，一是梁启超在《时务报》第 39 册发表的《记东侠》一文。在《知新报》里，还连续登载了沈孚撰写的《侠会章程》，分载于第 38、39、40、41、42 册。戊戌变法失败后，《知新报》还登载了两篇值得注意的文章，《尊任侠》登载于第 99 册，重父撰写的《论死》登载于第 128 册。

梁启超在《记东侠》里对日本武士勇于赴义的行为表示钦佩。他提出日本之所以强大，能够“以区区三岛，县琉球，割台湾，胁高丽，逼上国”，而且使俄英法德美等国，“咸屏息重足，莫敢藐视”，其起源就在于明治时期，有许多侠客，他们不但人数多，而且遍及社会各阶层，“余读冈千仞之《尊攘纪事》，蒲生重章之《伟人传》，冥想当时侠者，言论风采，一一若在耳目。其一二定大难，立大功，赫赫于域外者不必道，乃至僧而亦侠，医而亦侠，妇女而亦侠”。梁启超还摘要介绍了这几个领域的侠客，最后发议论说，侠客是使“永静之国”走向变动的先声，“中国日本，同立国于震旦，划境而治，各成大一统之势，盖为永静之国者，千年于兹矣。日本自劫盟事起，一二侠者，激于国耻，倡大义以号召天下，机捩一动，万弩齐鸣，转圜之间，遂有今日”。而中国历经耻辱，但

① 参见《黄遵宪集》，第 137 页。

② 对此，文悌在戊戌变法时期的奏折里予以攻击，“如近来时务知新等报，尊侠力，伸民权，兴党会，改制度，甚则欲去跪拜之礼仪，废满汉之文字。平君臣之尊卑，改男女之外内，直似只需中国一变而为外洋，政教风俗，即可立致富强”。将“尊侠力”放在首位，可见影响之深。

依旧鼾声雷动，无丝毫的变革气象，“岂外加之力犹未大耶，抑内体之所以受力者，有不任也”①。政变后，梁启超在给李提摩太的信里，又提及这一命题，“每念地球各国变法之始，无不流血满地，今弟等虽遭此变，而心愈奋锐也”②。

在《去国行》里，梁启超亦表示了相同的想法。他说：“可怜志士死社稷，前仆后继形影从。一夫敢射百决拾，水户萨长之间流血成川红，尔来明治新政耀大地，驾欧凌美气葱茏，旁人闻歌岂闻哭，此乃百千志士头颅血泪回苍穹。”在日本期间，梁启超与志贺重昂进行笔谈，提到他曾经主张流血革命。“至草莽有志之士，多主革命之说，其势甚盛，仆前者亦主张斯义，因朝局无可为，不得不倡之于下也。”③

麦孟华在《尊侠篇》里指出：“侠也者，死其身以生其心，散其财以聚其力，亡其家以存其国，人而不侠，时曰不仁，国而无侠，时曰不国。昔中国以侠立国者也。”他指出：“侠士之多寡与戎祸之多寡成反比例。”他把侠分为三等，即乡侠、国侠、大侠。“乡侠侠财，国侠侠命，大侠侠心。侠财之士，破家结士，骨肉黔首，振人不赡。始于贫贱，赴人之急，如己之私。信陵平原之徒，用是道以强魏存赵，日本诸藩，多能养士，藏活豪杰，动以百数，变政之初，卒收其用，遗风余俗，至今未改，虽以中人之产，必养食客数人，俄人此风，亦复极盛，故二国强悍，横绝亚东。侠命之士，以身许人，以死任事，行志赴功，计不旋踵。陵报强暴，若挞褐夫。刀锯蹑后，悍然不眙，故曹沫要盟。”

---

① 梁启超：《记东侠》，《时务报》第39册。梁启超对意大利的爱国志士的献身行为也进行过介绍。梁启超曾为上海大同译书局1898年版《意大利兴国侠士传》作序，他说：“意大利，罗马旧都，地滨海，其势嵯岈，故其人角立而不群，一隅而有国数十。然以分散之故，见侮于强国，几不能自立。志士乃倡联邦之论，绵历岁月，卒偿其所愿，而意乃列于大邦。呜呼！昔之意乃今之中国也。中国统二十行省，合四百兆人，省与省不相连，人与人不相通，二十行省成为二十国，四百兆人成为四百兆国。强邻眈眈，亿兆瞑瞑，竟无有不爱其躯，赴国之蹶困，如电飞雷鸣，震撼山岳，以奋邦人志气，以塞敌人觊觎者，盖侠学之绝也久矣。孔子曰：志士仁人，有杀身以成仁，无求生以害仁。方今文明之运，西逝而东升。震旦之气，日摩而月荡，必有侠君侠相侠士起而雪大耻，复大仇，以开新治，御外侮者。爰取《意大利兴国侠士传》译之，以告邦人，以验吾言焉。戊戌二月，新会梁启超序。”

② 丁文江、赵丰田：《梁启超年谱长编》，上海人民出版社1983年版，第166页。

③ 梁启超：《饮冰室文集》之四十五（下），载《饮冰室合集》，中华书局1996年版，第2页。

除了《时务报》上对日本武士献身精神的宣传和介绍外，湖南学政江标在其言论里也表现了对日本武士献身精神的钦佩。唐才常在《浏阳兴算记》中引用江标的言论，就提到日本武士的卓厉敢死。

> 元和江公曰："余尝至日本，见其人民聪秀，而性强悍，乡曲豪举游侠之风，遍于八州三岛。其明治以前，杀朝臣，攻使馆，劫师船，纵横荦毂，飙忽万状。有处士十六人者，戕法兰西人，及临刑时，戮至十四人，慷慨就死，无少瑟缩，法使乃反袂掩面，泣不忍视，曰：停刑停刑。① 夫其桀悍若此，以云更变，难乎难矣。然自叠遭挫辱以来，瞿然于闭关锁港之非，而一意开通，大修学制，为亚东雄国。吾之以日本望湘人士也，久矣，今其气象，庶几近之！"②

另外，唐才常还作《侠客篇》，将侠客勇于献身的精神与明治维新相联系，认为日本侠士的英勇决绝是推幡幕府与振兴新学的重要因素。"我闻日本侠，义愤干风雷，幕府权已倾，群藩力已摧，幡然振新学，金石为之开。"

康有为的女儿康同薇还写成《日本变法由游侠义愤考》一书，该书于1898年春由上海大同译书局出版，介绍日本维新志士在明治维新中所起的作用，康有为为该书写序。他号召中国维新派勇赴国难，《日本变法由游侠义愤考》一书与康有为可能有较大的关联，从侧面反映了他在敦促清廷"自改革"外，亦有"流血变革"的主张。

---

① 麦孟华在《尊侠篇》里提及类似的情况说："日本于明治初年，藩士愤法人横恣，联众轰击，毙数人于东京，警既达欧土，法人以军舰扼海岸，索主杀者，将兴师问罪，乘机以蹦日本，而诸藩烈士上书自首二十一人，从容慷慨，同诣东市，相争先死，挥刀劙腹如流水，前者死，后者继，死至七人，而欧人观者咸不忍视，拍手流涕，瞠目结舌，请止其杀。嗫然嗒然，非直不敢有非分之索，且谢不敏，就和议以去。""国之亡者，不亡于兵弱械窳，而亡于心力之靡。国之兴也，不兴于兵强械利，而兴于心力之坚。"中国要避免灭亡的命运，就应该"自奋励众誓心，内同其戚，外致其死。上侠其权，下侠其命，智侠其才，愚侠其力。同心并命，发愤自伸，使彼知我国有人，固非波兰印土衰敝之比，而向之下心委命，特其气之郁而未申，力之蓄而未奋者也"。(《时务报》，第32册)

② 唐才常：《浏阳兴算记》，载《唐才常集》，第159—160页。

日本为将军柄政千年矣，而处士浪子发愤变政，洒热血涕泪，剖心肝肾肠，以与幕政争，玉碎连车于前，而剑击弥挺于后。大狱数起而雄心不降，卒能鼓雄藩而扶王室，去武门而变大政，桓拨奋跃，云飞龙战象，以成维新之治。遂能举三岛之众，北开虾夷，南灭琉球，右取韩辽，而左拔台湾，东海之波皆沸，与泰西大国相颉颃焉。呜呼！岂非义士游侠热血涨力发滔之所成哉！①

从谭嗣同和《时务报》的关系来看，他一定注意到麦孟华、梁启超等人的言论，他和唐才常是莫逆之交，他与湖南学政江标以及日本友人亦多相往还。虽然他是否阅读过《日本变法由游侠义愤考》一书，我们尚不清楚，但从他的社会交往中和他存留的言论里，可以看出谭嗣同流血变法的主张的日本渊源。谭嗣同指出：“与中国至近而亟当效法者，莫如日本。其变法自强之效，亦由其俗好带剑行游，悲歌叱咤，挟其杀人报仇之气概，出而鼓更化之机也。”他说：“志士仁人求为陈涉、杨玄感，以供圣人之驱除，死无憾焉。若其机无可乘，则莫若为任侠，亦足以伸民气，倡勇敢之风，是亦拨乱之具也。”西汉民情易上达，守令莫敢肆，号称一治，跟游侠有莫大关系，“彼吏士之顾忌者谁欤，未必非游侠之力也”②。

谭嗣同本人的经历，也为他提出流血变法的主张提供了土壤。在希望政府“自改革”的愿望迟迟得不到确实响应之时，其暴力革命的倾向越来越明显。如谭嗣同1896年在北京，经过和各方面的人士接触后，对政府的作为感到极度失望。③ 他认为：“时事较之未乱前，其苟且涂饰尤

---

① 康有为：《日本变法由游侠义愤考》序，光绪二十四年上海大同译书局。新编《康有为全集》未收此序。

② 谭嗣同：《仁学》三十四，载《谭嗣同全集》，第344页。

③ 这种对政府失望的心态亦见于汪康年、康有为等人，汪在1897年年底德国占领胶州湾后，指出：“今日之患，不在外侮，而在内治，不在草野，而在政府。”（《论胶州被占事》）康有为回顾自己在戊戌变法前的心态时说：“当戊戌以前，激于国势之陵夷，当时那拉揽政，圣上无权，故人人不知圣主之英明，望在上者而一无所望，度大势必骎骎割鬻至尽而后止。”（《康有为致赵曰生书》，转引自黄彰建《论康有为“保中国不保大清”的政治活动》，《大陆杂志》第三十六卷第十二期，第387页）。

为加甚，岂复有一毫可望者哉？京官在下位者，人才极多，游士中亦不乏人，三品以上，则诚无人矣。天命如此，夫复何言！"① "京朝官日以攻击为事，初尚分君子小人之党，旋并君子小人而两攻之。党之中又有党，党之党又自相攻。苟非势力绝大，亦卒不能有党。如釜中虾蟹，嚣然以哄，水益热而哄益甚，故知大劫不远矣。"②

另外，谭嗣同对日本明治维新之所以成功的原因，有多方面的考察。③ 他认为佛教在日本维新中具有重大作用。"故日本变法之易，繄惟佛教隐为助力，使变动不居，以无胶固执着之见存也。"④ 基于以上的原因，谭嗣同形成了流血变法的思想，并以自己的行动践履了这种观念，他的思想和举动对后世产生了重大的影响。

法国革命流血成功的历史，也对谭嗣同维新思想的形成具有影响。他在《仁学》中说："法国之改民主也，其言曰：'誓杀尽天下君主，使流血满地球，以泄万民之愤。'"⑤

三　流血变法思想的影响

综上所述，"流血变革"思想，是谭嗣同变革思想的重要组成部分，从思想来源上看，这种思想的形成与对日本明治维新里武士作用的宣传有极大的关联，同时也与"墨侠"密切相关。这种理念，在维新派的其他人物里亦有反映。但在变革中到底流谁的血，没有明确的交代，并有相互矛盾的地方，如谭嗣同的言论，两方面便兼而有之，其中既有重点放在改革者自己的勇于牺牲，以警醒后人，促使改革者前仆后继地完成变革的使命；又有以武力对付守旧派，以便改革顺利进行的说法。康、梁及《时务报》的宣传则更强调改革者自身的献身精神，希望能够出现

---

① 谭嗣同：《致刘淞芙》八，载《谭嗣同全集》，第484页。

② 谭嗣同：《上欧阳中鹄》十，载《谭嗣同全集》，第467页。

③ 对明治维新经验的总结，除了对武士精神的褒扬外，谭嗣同还钦佩"变服制"。"日本之强，则自变衣冠始，可谓知所先务矣"。（载《谭嗣同全集》，第362页），"欧、美二洲，以好新而兴；日本效之，至变其衣食嗜好。"（载《谭嗣同全集》，第319页）此点，同时代的宋恕亦有论列。他说："近者东方之君患国之因循，另易西服以习新学，而千年积重一旦顿移，卒能扬声于西，称雄于东，此皆易服之明效大验也。"（《上李中堂书》，载《宋恕集》，第502页）

④ 谭嗣同：《仁学》三十九，载《谭嗣同全集》，第352页。

⑤ 谭嗣同：《仁学》三十四，载《谭嗣同全集》，第342—343页。

"侠者"，承担勇于牺牲的责任，勇士被杀，后继有人，继续完成变革的事业。但无论是"杀人"，还是"被杀"，均涉及流血牺牲，二者之间存在着矛盾，如果强调前者，变革者就应该做好武力准备；如果强调后者，变革者就应该把精力更多地放在宣传鼓动上，要勇于牺牲，在变革中，怎样处理二者的矛盾？谭嗣同和康有为、梁启超等并未给予明确回答。戊戌政变后的杀人流血，使人看到了二者的联系，无论是"杀人"还是"被杀"，均对中国的变革有促进作用。戊戌变法后，《清议报》发表了李群的《杀人篇》，将二者统一起来，认为无论改革者是"杀人"还是"被杀"，只要有杀人流血，对中国的变革均是有益的。一方面，守旧者被杀，有利于改革事业，这是不言而喻的，"若夫志士之杀人，别亦有乐乎此矣。人而为我杀也，则积极之利顺也不待言矣"。但是如果改革者被杀，也不完全是坏事，因为这样固然会使维新事业受挫，但会激化新旧矛盾，并警醒世人，鼓舞士气。他指出，中国士气第一次受到震动是慈禧太后杀人促成的，第二次震动是张之洞激化的，改革的形势，随着杀人流血，日益转变，文明的进程，随着杀人流血，会一步步逼近，因此说："不幸而吾为人杀，……则仇雠愈结愈深，杀机愈酿愈烈；杀机愈酿愈烈而文明之期愈迫愈近。掷一人之头以易千万人之头，流一人之血以致千万人之血，以千万人之头之血造亿万世之文明，以度无量数之众生，何其重也！"①

① 李群：《杀人篇》，《清议报》第88册。

第二章

谭嗣同维新活动举要

甲午战争后，谭嗣同积极倡导维新变法，他对《马关条约》签订后对中国利权的损害，有清醒的认识。“和约中通商各条，将兵权、利权、商务、税务一网打尽，随地可造机器，可制土货，又将火轮、舟车、开矿、制造等利一网打尽，将来占尽小民生计，并小民之一衣一食皆当仰之以给，自古取人之国，无此酷毒者。”① 处在此危急关头，如果再不变法，中国将面临受制于人、丧失主权的困境，“直合四百兆人民之身家性命而亡之”②。

甲午战争中中国的惨败，以及战后不平等条约的形成，促使谭嗣同的思想发生了深刻变化，初步形成了维新变法的思想，他自述其维新思想的形成过程时说：“平日于中外事虽稍稍究心，终不能得其要领。经此创巨痛深，乃始屏弃一切，专精致思。当馈而忘食，既寝而累兴，绕屋彷徨，未知所出。……详考数十年之世变，而切究其事理，远验之故籍，近咨之深识之士。……因有见于大化之所趋，风气之所溺，非守文因旧所能挽回者。不恤首发大难，画此尽变西法之策。”③

第一节 谭嗣同与湖南维新变革

关于谭嗣同在湖南维新运动中的定位，以往研究者均比较注意梁启

---

① 谭嗣同：《上欧阳中鹄书》，载《谭嗣同全集》，第 155 页。

② 谭嗣同：《报贝元徵》，载《谭嗣同全集》，第 196 页。

③ 谭嗣同：《上欧阳中鹄书》，载《谭嗣同全集》，第 167—168 页。

超在《戊戌政变记》中的描写。梁启超说谭嗣同在甲午战后“首在浏阳设一学会，集同志讲求磨砺，实为湖南全省新学之起点”，在湖南维新运动期间，巡抚陈宝箴及其子陈三立“慨然以湖南开化为己任”，谭嗣同“为陈公所敦促，即弃官归，安置眷属于其浏阳之乡，而独留长沙，与群志士办新政。”他参与的湖南新政有内河小轮船、商办矿务、湘粤铁路、时务学堂、武备学堂、保卫局、南学会等，而以南学会为最盛，“君实为学长，任演说之事”，慷慨论天下事，闻者无不感动，“湖南全省风气大开，君之功居多”①。笔者拟对梁启超的说法，用史料予以疏证，以期对谭嗣同在湖南维新运动中的地位作一准确定位。

一　谭嗣同与浏阳算学社

据唐才常回忆，他与谭嗣同曾经在甲午战争前就考虑到在浏阳进行变革，他引用谭嗣同的话说：“浏阳虽蕞尔邑，而户口之繁，百万有奇，物产殷阜，矿质充牣，乃东方之小瑞士也。然而不能开通耳目，扩充智力，虚掷我人物骈罗之区于若有若亡、若存若灭之间，则乌可以为邑矣？”于是两人“谋所以变通之，激厉之”，想就一邑，为新中国之萌芽，但苦于没有下手的地方。②

光绪二十一年（1895 年）二月，湘军与日军战于牛庄，大败。谭嗣同认为这是破除湖南守旧恶习的良机，他与当时正肄业两湖书院的唐才常③、刘善涵聚议，主张要破除守旧恶习，应自兴算学始，他们计划在浏

---

① 梁启超：《戊戌政变记·谭嗣同传》，载《饮冰室合集》专集之一，第 107 页。

② 唐才常：《浏阳兴算记》，载《唐才常集》，第 158 页。唐才常将兴算学视为当时的急务，他说：“时事艰危，万非从前绥靖逆氛可比。为今日湖南计，非开矿无以裕商源，非制器无以饬军政，而开矿、制器等事，随在与算学相资，故兴算一节，非但当世之远模，抑亦湘省之亟务。”（载《唐才常集》，第 182 页）

③ 谭嗣同与唐才常商议后，唐曾上书湖北巡抚谭继洵，恳请其捐资开设算学社，谭答应捐款，但为减少阻力，希望欧阳中鹄能够负责此事。光绪二十一年五月初十日，唐才常写信给欧阳中鹄，商议此事。“受业曾具禀敬帅前，请于我邑建立格致书院，先筹二三百金，购齐上海格致书院翻译诸书，及纪限仪小机器数种，以为士人观摩。先导之以算学，徐进以舆地、兵法、制器诸学。但经费难筹。但于禀中婉请中丞捐廉以为之倡，余或将每年经课改归此处，或将南台膏火，酌拨其半。中丞深韪是言，慨然允许。惟深虑我邑未明事理，或如省城虚憍之气，动起相持，议必至于中废，且董事难得其人，在在俱形棘手。意欲吾夫子起任其责。”（载《唐才常集》，第 229 页）

阳设立算学馆。“欲就一邑，为新中国之萌芽。”[①] 将之视为“诚不忍数千年之圣教，四百兆之黄种，一旦斩焉俱尽，而无术以卫之耳”[②]。唐、刘归述于县人，但无人回应。

闰五月，谭嗣同写信给老师欧阳中鹄，请废经课，兼分南台书院膏火，以兴算学、格致。“伏望先小试于一县，邀集绅士讲明今日之时势与救败之道，设立算学格致馆，招集聪颖子弟肄业其中。”[③]

他建议先在浏阳设立算学馆，研习各种学问，尤其是算学。“设立算学格致馆，招集聪颖子弟肄业其中。……而尤要者，除购读译出诸西书外，宜广阅各种新闻纸。如《申报》《沪报》《汉报》《万国公报》等公置数分。凡谕旨、告示、奏疏与各省时事、外国政事与论说之可见施行者，与中外之民情嗜好，均令生徒分类摘抄。……严立课程，循名责实，每人止占一门，而皆从算学入手。每日工课，尽可从多，不使暇逸。七日一休沐，以节其劳，而畅其机。”[④] 之所以命名为算学格致馆，是因为算学格致的研习，如果不笃信，不专精，就不能成功，而且不以之为名，人将视为不急之图。他认为设立此馆有两大困难，一是经费难筹，一是担心没有人愿意来学。如果经费不足，可以先设立算学馆，待经费充足后，再设立格致馆，但是“若无愿学之人，直不能办”[⑤]。

对此，欧阳中鹄和涂启先均赞成，南台书院直年邹明远也力筹经费，岁可得六百千钱，谭嗣同拟定《开创章程》八条、《经常章程》五条，邮寄欧阳中鹄。欧阳中鹄将谭嗣同的书信及章程删除部分过激言论，以《兴算学议》为名，用活字版印刷，并加批于眉端。[⑥] 欧阳中鹄在《与涂舜臣明经启先论兴算学书》中称：“嗣同……前书所言，最为剀切详明，不得已为删去十分之二。再以鄙意加批加跋，用活字版刷出，俾阅者了然知其必去彼取此。”“是书未出时，陈宜都长㯓，在远有闻，未得所以

① 唐才常：《浏阳兴算记》，载《唐才常集》，第158页。

② 谭嗣同：《上欧阳中鹄书》，载《谭嗣同全集》，第160页。

③ 同上书，第165页。

④ 谭嗣同：《兴算学议》，载《谭嗣同全集》，第166页。

⑤ 同上书，第167页。

⑥ 欧阳中鹄：《书“兴算学议”后》，载湖南省志学术志编辑小组辑《“瓣姜文稿”和“蔚庐日记”中关于浏阳兴算的资料》，《湖南历史资料》1959年第3辑。

然，驰书力争，实则其探本立论处，如礼义廉耻、国之四维等说，谭生函内，皆已言之，以太直切，均从节删。”即使删除了一些语句，欧阳依然认为可能还会犯忌，他将“兴算学议”刻本寄给王铁珊，并托他转寄刘人熙。特意叮咛不可让京中大官看，因为“书中诋斥当道过甚，未便触其忌讳”①。

刘人熙则认为谭嗣同的《兴算学议》非探本之论，发展到极端，就会漠视传统。“以舍人之学，谭生之才，蒿木时艰，盱衡四海，痛哭流泪，大声疾呼，惴惴焉忧四百兆黄种之民，将为洋奴，于是得一术焉，曰变法。其心苦，其言辩，观其舌锋所至，喙长三尺，不能辟易，而吾以为仍不免于庸者，不揣其本，而齐其末，方寸之木，可使高于岑楼故也。……极舍人、谭生之旨趣，吾惧周、孔之道，不难为土苴，是为郭侍郎推波助澜也，岂不惜哉！破庸人之论，而或不免于庸，非徒庸也，妄亦随之。《传》曰：不直则道不见。又曰：惟善人能受尽言。舍人、谭生，皆磊落多节不可一世之士，岂直善人而已！仆之拙直，于二子尤非所惜，抑心所谓危，必以告也。”②

欧阳中鹄、谭嗣同等人拟将南台书院改为算学馆，遭到时任湖北宜都县知县浏阳人陈长檑的反对，谭嗣同为此事返浏阳，与唐才常、刘善涵、涂儒翯、罗棠等人商议，由刘善涵撰文，以罗棠等人的名义③上书湖南学政江标，请将南台书院永远改为算学馆，以南台书院的经费，作为算学馆的经费，“查县城有南台书院，每岁掌教修金、生童膏火及月课奖资等项，统需千余缗之谱。生等拟请将该书院永远肄算，径改为算学馆名目，其岁费千余缗之资，即改归授算经费。现在邑绅欧阳节吾中书中鹄、涂舜臣优贡启先，均不避劳怨，力主其议，并商请浏阳县知县唐令会同办理”④。

---

① 欧阳中鹄：《复王铁珊舍人》，载湖南省志学术志编辑小组辑《“瓣姜文稿”和“蔚庐日记”中关于浏阳兴算的资料》，《湖南历史资料》1959年第3辑。

② 刘人熙：《书“兴算学议”后》，载《蔚庐刘子文集》卷三，《清代诗文集汇编》第753册，第707页。

③ 在《浏阳兴算记》中，谭嗣同未言及上书的具体署名，据江标日记，此禀是以罗棠为首呈递的。（江标：《笘誃日记》）列名者分别为罗棠、唐才常、刘善涵、涂儒翯。（参见《唐才常集》，第271页）

④ 谭嗣同：《兴算学议》，载《谭嗣同全集》，第183页。

此禀获准，江标批语为："据禀，浏阳城乡五书院，旧皆专课时文，近拟将南台书院永远改为算学馆，与四书院文课相辅而行，业有专长，学求实用，振今稽古，事创功先，循览禀词，实深嘉尚！当即札饬浏阳县知县立案，准将南台书院改为算学馆。并会同公正明白绅耆，董理经费，细定章程，妥为办理。本院事事核实，乐观厥成。若有名无实，徒事更张，既失育才养士之心，必开立异矜奇之诮。尚望不避艰难，力求振作，当仁不让，后效无穷，本院有厚盼焉！"后来由于书院公款被挪用赈灾，此策未能得到实施。

同年八月，谭嗣同、欧阳中鹄、唐才常等16人，每人捐款五十缗，集资设立浏阳算学社。[①] 聘新化晏孝儒为师，社址在浏阳县奎文阁。[②] 谭嗣同别撰《算学社章程》一通。但他考虑到浏阳南台书院，学院虽允改，但并未举办，章程亦未定，阻者势将复起，"因代向者同禀诸君，撰禀及章程，上诸抚部"。于十一月上旬，上书陈宝箴，请将南台书院全部经费，均移作算学馆用，未果。在谭上书前，欧阳与南台书院直年邹明远商议，拟分课额给算学，邹禀请唐县令，以后算学与时文在南台书院并考，获准。浏阳发生灾荒后，南台生童禀请停考明年甄别，以膏火课奖提充赈款。谭希望设立算学馆事能够速行，为避免起变故，他在途经长沙时，上书巡抚、学政，并未告知欧阳，欧阳闻讯后，上书湖南巡抚陈宝箴，请勿批准。谭托邹代钧打听，得知老师从中阻拦，责备欧阳，欧阳称："恶有课已请停，忽改习算学者，吾必不用书院款，别筹立算学馆，其少安勿躁。"[③]

光绪二十二年五月初九日，欧阳中鹄在给谭嗣同的信中，提到浏阳算学馆的情况，"算学馆章程禀中丞处尚未请批。鄙人于此意怠。壬卿有教无类，极为精勤。社中十六人，质地近者青浦为最。次则次丞李养予及宋老九。然或苦体弱，勉强从事，求不为名者，尤不可得。材难一。壬卿杜门不出，可谓专矣。然授至十六人（壬卿神似受伤，将来恐不免

---

① 除了算学社外，刘善涵还成立了质学社。谭嗣同称当时在县城成立了三个社，另外一社不详。（参见《谭嗣同全集》，第185页）

② 参见唐才常《浏阳兴算记》，载《唐才常集》，第159页。

③ 谭嗣同：《兴算学议》，载《谭嗣同全集》，第174—184页。

得疾）劳苦不胜。至少须延两师。师授八人或十人而止，通计止授二十人。书院岁入不足以供之，费绌二”[①]。

光绪二十三年正月，欧阳中鹄递禀陈宝箴，请以浏阳赈务余款八千两置算学馆，为陈宝箴批准。谭嗣同等人利用公费设立算学社的想法最终实现。“次年算学社之效已大著，风气已大开。瓣姜师已筹得巨款，兼废经课，分南台书院膏火，别创一算学馆。而南台书院亦增课算学、时务。”他致书汪康年称“去年尚系私结之社，极有效验，今年风气愈开，竟动用本县公款，特设一书院，名算学馆，千回百折，始做到如此地步，任事之人，如欧阳节吾师，可谓难矣。然居此时，能成一事，亦是大奇”[②]。

谭嗣同对浏阳兴算一事评价极高[③]，他认为只要能够上下一心，变法就较容易。“其明年，浏阳果大兴算学，考算学洋务，名必在他州县上，至推为一省之冠，省会人士始自惭奋，向学风气由是大开。夫学院非有高爵大权，而上下合志，一引其端，其力遂足以转移全省，此以见中国变法之易也。”[④] 他认为中国全局断无可为，能够在一县兴办算学，“亦足以开风气，苏近困，育人才，保桑梓，即阴以存中国”[⑤]。

唐才常则将兴算学视为维新运动的萌芽。“今吾四万万人，欲刷国耻，坚国权，伸国力，则其所应讲明而扩充者，政学万绪，条理万端，万其心、万其目、万其耳、弗能究也。湘省直中国之萌芽，浏阳直湘省之萌芽，算学又萌芽之萌芽耳。”[⑥] 梁启超则将谭嗣同等人在湖南兴算学视为湖南新学的起点。“自甲午战事后，益发愤提倡新学，首在浏阳设一学会，集同志讲求磨砺，实为湖南全省新学之起点。”[⑦]

在浏阳兴算一事上，欧阳中鹄称此事“谭生发之，而余主持之”，即发起者是谭嗣同，而主持者为欧阳中鹄。谭嗣同提出设立算学馆的主张，

---

① 《谭嗣同书简》，第121页。

② 谭嗣同：《致汪康年》三，载《谭嗣同全集》，第494页。

③ 浏阳算学馆的设立具有开创性，但谭嗣同也承认算学馆虽在县城设立，但“额未宏，径途复隘”。（《谭嗣同全集》，第420页）

④ 谭嗣同：《兴算学议》，载《谭嗣同全集》，第184页。

⑤ 谭嗣同：《上欧阳中鹄》十四，载《谭嗣同全集》，第471页。

⑥ 唐才常：《浏阳兴算记》，载《唐才常集》，第160页。

⑦ 梁启超：《戊戌政变记·谭嗣同传》，载《饮冰室合集》专集之一，第106页。

为算学馆草拟章程、筹措经费。“顷嗣同复以书来，言江西由文学士廷式为之倡，已议开格致馆，并代拟县馆规条一通，近四千言，苦心结撰，无所规仿。除书籍由其设法捐助外，大旨先教十人，使转相传授，仍点经书，休沐日听做时文，岁费以六百千为率。”他还与李勉林之子李元凯拟为算学馆捐购西书。

在浏阳兴算过程中，谭嗣同有首倡之功，但在具体实施过程中，欧阳中鹄起了较大的作用。谭嗣同虽欲有所作为，但常受到其父的制约。谭继洵虽然同意浏阳兴算的建议，但不愿出面，谭嗣同迫于父命，也不便在公禀上题名。“唐生才常、刘淞芙秀才善涵，肄业两湖书院，请先试于一县，中丞允之。其子门人嗣同具函复鄙人，洋洋万数千言，乞速起专任其事。已而中丞守老氏之宝，不欲为天下先，迟回未发……昨嗣同复以书抵南台首事邹君岳生，言其尊人意非有异，但不欲首发难端……嗣同虽压于父命，不欲题名。”[①] 加上他在南京候补，不能时常回浏阳，因此他也感慨不能在故乡的维新事业上尽力。他在给刘善涵的信中说“算社则尤盼阁下始终坚持之”，他感慨自己不能为此出力，“嗣同如九天仙女，堕落尘寰，于天上事，竟无从着力，亦无颜过问矣”[②]。

二　谭嗣同与南学会

谭嗣同认为：“今之急务，端在学会。”即使上层不变法，也无法禁止在下位者的兴学之举，如果在下者能够锲而不舍，兴办学会，则可以强种，可以保教，“国存而学足以强种，国亡而学亦足以保教”，有学斯有会，“会大而天下之权力归焉”[③]。他参与成立了各种学会[④]，其中以南学会最为著名。

光绪二十三年十一月二十一日（1897 年 12 月 14 日）谭嗣同等人禀请开办南学会，获准。他认为“今日救亡保命，至急不可缓之上策，无过于

---

① 湖南省志学术志编辑小组辑：《“瓣姜文稿”和“蔚庐日记”中关于浏阳兴算的资料》，《湖南历史资料》1959 年第 3 辑。

② 谭嗣同：《致刘淞芙》七，载《谭嗣同全集》，第 483—484 页。

③ 谭嗣同：《报涂儒翯书》，载《谭嗣同全集》，第 274 页。

④ 如他曾筹划成立湖南强学会，参与金陵测量会、不缠足会、农学会、延年会、浏阳群萌学会、公法学会等。梁启超称自己还与谭嗣同成立了一夫一妻会。

学会者”[①]。梁启超认为南学会尤为全省新政之命脉。“虽然名为学会，实兼地方议会之规模。”[②] 谭嗣同等人计划将学会与地方议会相结合，并以在湖南所办之事为起点，联络南方各省。他在光绪二十三年十二月给陈宝箴的信中，就提到开南学会就是要兴民权，并隐含国会及议院的性质。“湘省请立南学会，既蒙公优许矣，国会既于是植基，而议院亦且隐寓焉。”[③]

根据《南学会总会章程二十八条》，谭嗣同等人拟将南学会作为湖南省开办学会之起点，先在省城，后推广到各州县，再推广到中国及世界。“以本学会为通省学会之总会，其各府厅州县续立之学会，皆为分会。”“学会由湖南起点，将来通之邻省，通之外国，力量益宏。”[④] 在《壮飞楼治事》十篇中，谭嗣同具体设计了南学会的功能。如设立各种各样的学会，达到群策群力的目的；由学会通情平权，使绅士具有议事权，“办事之权仍官操之，无官令，民不敢干也”，改变“官之视民如驿卒，民之视官如路人”的状况；学会通上下之情，使官绅相习，如家人父子；将学会作为造就候补官的场所；由学会自设警部，公定祀典，制订衣服、宴乐、居处、仪文简单易从的准则。[⑤]

光绪二十四年二月初一日（1898 年 2 月 21 日）南学会开讲，谭嗣同、皮锡瑞、黄遵宪、陈宝箴、乔茂萱等发表演说。南学会以长沙孝廉堂为会址，每月以房、虚、星、昂之日为讲期。谭嗣同担任南学会观察。

根据《南学会大概章程十二条》，南学会会友分为三类，一为议事会友，二为讲论会友，三为通信会友。议事会友议定南学会事务章程，交会中坐办人承办，暂以创议诸人承担。讲论会友则为担任演讲的会员。会中设立坐办二人，每月酌给薪水。[⑥] 谭嗣同参与了南学会的创办工作[⑦]，

---

① 谭嗣同：《论全体学》，载《谭嗣同全集》，第 405 页。

② 梁启超：《戊戌政变记・湖南广东情形》，载《饮冰室专集》之一，第 137 页。

③ 谭嗣同：《上陈右铭抚部书》，载《谭嗣同全集》，第 278 页。

④ 《南学会总会章程二十八条》，《湘报》第 35 号。

⑤ 参见《壮飞楼治事》十篇，载《谭嗣同全集》，第 435—446 页。

⑥ 《南学会大概章程十二条》，《湘报》第 34 号。

⑦ 南学会虽然筹办于光绪二十三年十一月，但筹办工作并未充分展开，二月初一日演讲，开讲前并未制订具体章程。（参见皮锡瑞《师伏堂日记》第 3 册，国家图书馆出版社 2009 年版，第 30 页）大概章程、总会章程、入会章程，均在三月份始在《湘报》刊发，三月十八日始举办会员入会仪式。（参见皮锡瑞《师伏堂日记》第 3 册，第 111 页）

并且担任演讲之事，谭嗣同当为议事会友和讲论会友。

梁启超称谭嗣同实为南学会会长[①]，即谭嗣同实际上相当于会长，其实不是。根据《南学会总会章程二十八条》，南学会聘请学长，“主讲学质疑”[②]，南学会学长为皮锡瑞，皮在日记中提到黄遵宪、梁启超准备留皮在南学会讲学。黄氏欲请的主讲者为：皮锡瑞、汪颂年、王世琪、乔树楠、康有为五人。[③] 皮认为黄遵宪等人开设南学会的目的不在于讲学，而在于议院，但不便明言，因此“姑以讲堂为名，以我不多事，借此坐镇”[④]。后来皮锡瑞到江西讲学，戴宣翘告诉他《湘报》已付唐才常主持，由戴主持南学会事。[⑤] 从《师伏堂日记》所记来看，皮锡瑞的主要作用就是担任主讲，《南学会入会章程十二条》中由学长随时考察会员的规定，在日记中并无记载。一些事情可能也不会提前与皮锡瑞商量，如南学会开讲后四天，二月初五日，皮锡瑞见到传单，将讲学分为四派，为学派、政教、天文、地舆，显然也未经过皮锡瑞同意，因此，他在日记中颇有微词。“见彼传单，分学派、政教、天文、地舆四门，分送官绅，与京城送戏单相似。予不谓然，彼于官绅则延请其来，于士子发单多所刁难，以拒绝其来，殊乖平等之义。”[⑥] 谭嗣同虽然不是南学会会长，但他在南学会的创办及运行过程中，从事了多项工作，梁启超称其“实为南学会会长”，当不为虚语。

南学会各项活动中最有特色的当为演讲，梁启超称他们“轮日演说中外大势政治原理行政学等，欲以激发保教爱国之热心，养成地方自治之气力”。经过半年以后，选拔会员中高等者，为省会会员，其次者则为州县之分会员。[⑦]

---

① 梁启超曾称南学会由巡抚选派本地绅士十人为总会长。（参见梁启超《戊戌政变记》，载《饮冰室合集》专集之一，第137页）此十人的具体情况，目前尚不清楚。另外，举十位总会长的规定，也未在南学会的章程条款中发现。

② 《南学会总会章程二十八条》，《湘报》第35号。

③ 参见皮锡瑞《师伏堂日记》第3册，国家图书馆出版社2009年版，第8页。

④ 同上书，第21页。

⑤ 同上书，第101页。

⑥ 同上书，第37页。

⑦ 参见梁启超《戊戌政变记·湖南广东情形》，载《饮冰室合集》专集之一，第137—138页。

南学会每逢星期天演讲，所定讲演范围，共分四门，为学术、政教、天文、舆地，并固定主讲人，皮锡瑞主学术，黄遵宪主政教，谭嗣同主天文，邹代钧主舆地。谭嗣同在南学会共发表演说六次，载入《湘报》的有四次，在《湘报》中均无明确的标题，仅题为：《谭复生观察第一次讲义》，载《湘报》第3号；《谭复生观察南学会第二次讲义》，载《湘报》第7号；《谭复生观察南学会第五次讲义》，载《湘报》第20号；《谭复生观察南学会第八次讲义》，载《湘报》第42号。开讲第一次演说的题目为《论中国情形危急》，其他几次的题目分别为：2月27日的《论今日西学与中国古学》；3月20日的《论学者不当骄人》；4月10日的《论全体学》。

谭嗣同的演说内容，有两次未载《湘报》，它们分别为4月24日的演讲（从皮锡瑞的日记中可知大致内容：复生谈治兵亦切实）和6月18日的演讲。《湘报》第92号载曾广钧的讲义，开首就说："顷谭复生言新学益处及吾人当遵谕旨力振新学等语，至为剀切。据仆所见，指出新学不满于人之故，乃愈足坚开新党之心，而启守旧者之智，试申论之。"

在南学会每次演讲前，谭嗣同都和皮锡瑞、邹代钧等人商议演讲内容。

> 伯兄言，南学会每开讲前数日，复生走访公度、鹿门、沅帆，就所以宣讲者切磋。鹿门、沅帆辄不怿，盖持中和而畏以棱厉滋物议也，复生争之益力，虽不尽纳，然亦稍循其意。伯兄又言：鹿门于二月间尚非议西学，其驳辜天祐专重西学之言，通达之士，皆啧有烦言。然鹿门于孟子称孔子圣之时者也，殊有领解，故三月及闰三月间，其宣讲多可取者。所言"君为臣纲，不尽在尊君卑臣"，又谓"尊夫卑妻与尊君卑臣，皆起于秦而盛于宋"云云，一时传布，皆为倾倒。然此实受复生之濡染，特其辞婉约，未能如复生之昭晰而激切也。

为维持南学会的听讲秩序，谭嗣同等人决定实行提前发座号的方法。谭嗣同与唐才常等十余人到皮锡瑞处，领取座号，每人分管数十号。编发座号后，南学会的听讲秩序有明显好转。

对于南学会的演讲，王先谦则不以为然[①]，当谭嗣同、熊希龄、毕永年等函请王先谦过江讲学时，王先谦断然谢绝，并在《复毕永年书》中，对南学会的讲学及《湘报》的言论提出批评，他说："南学启会，迄今月余，众口纷纭，有如矛戟。……陈中丞开讲数次，听者洒然动容，亦由居得为之位，任先觉之责，故感人如此之深也。此外会讲诸君，不免被人吹索。报馆之文，杂袭鳞萃，或侈口径情，流为犯讪，或党援推奉，自召不平。"[②]

谭嗣同还担任南学会的问答，在回答杨鳌（即杨昌济）的问题时，强调以民为主，以救民作为行为的准则。"眼光注定民身上，如何可以救民，即以如何为是，则头头是道，众说皆通矣。"在《答毕永年》中，针对毕永年所理解南学会设立的宗旨一在保种，一在保教，并对如何保教、保种提出的建议，如惕以印度之辱，镜以日本之兴，诰群士以憔悴专壹之方，示群民以人皆读书之益。如此则可绝西国之觊覦，可生西人之敬爱。如果不这样，则会适得其反，"愈厉以亲上死长之义，则客气愈深；愈激以自强卫国之功，则愤事愈甚，终以保教为奴隶基督，终以保教为割地自王，终以民权为洒耻雪愤"，谭嗣同回答因众生根器不同，故不惮烦琐，采取目前这种活动方式。针对毕永年要求揭破"所谓保种保教，非保之于今日，盖保之于将来"的宗旨，大声疾呼，认为如果不如此，则终属隔膜，适得其反，"愈欲求雪耻，将愈畏首畏尾，或以西学为沽名之具，时务为特科之阶，非互相抄袭，则仅窃皮毛"，谭嗣同回答称当前的形势使人"欲歌无声，欲哭无泪"，无法揭破此中奥妙。[③]

谭嗣同不但多次在南学会演讲，他还捐书给南学会。他捐给南学会的书，有二三千册，书目分别登在《湘报》第 14 号、第 19 号、第 23 号、第 26 号上[④]，从《湘报》公布所捐书籍目录来看，谭嗣同捐书最多。为捐书事，谭嗣同特意写信给夫人李闰，解释所捐书籍全是自己的，与父亲谭继洵的藏书无关，同时他将此举视为自己可以割舍欲望的明证。

---

① 王先谦曾经参加过南学会一次活动，他曾说："以学堂系奉旨建立，学会则中丞殷殷注意，随同前往，然皆仅到一次。"（《葵园四种》，第 863 页）

② 王先谦：《虚受堂书札》卷一。

③ 参见谭嗣同《南学会问答》，载《谭嗣同全集》，第 405—408 页。

④ 可参见本书"谭嗣同年谱"光绪二十四年相关为容。

他说："我捐的是自己的书，和父亲大人书无涉。大人的书全存在梅花巷祠堂楼上，已禀派员检点。"并对友人说："年来嗜好，自觉日有贬损，甚至所藏书籍，亦一并捐诸南学会中，我辈本倚书籍为性命，此而能忍，弟视兄于他复何如哉?"

三 创办《湘报》及《湘报》言论所引发的矛盾

光绪二十四年二月十五日（3 月 7 日）《湘报》创刊。《湘报》每日出版一份，共出一百七十七号。《湘报》是湖南最早的日报。谭嗣同任董事，为八董事之一，其他七名董事为熊希龄、蒋德钧、王铭忠、梁启超、李维格、邹代钧、唐才常。

《湘报》设撰述六人，谭嗣同为其中之一，其他五人为戴德诚、梁启超、唐才常、樊锥、何来保，唐才常为总撰述。谭嗣同在《湘报》共发表文章 16 篇，第 53 号以后再未见到他的文章。

谭嗣同在《湘报》中的言论，引起注意的主要有以下几篇：

（1）他在《湘报》第 16 号上发表《读南海康工部有为条陈胶事折书后》，对康有为勇于上书的举动表示钦佩。"先生于是奋不顾身，伏蒲而谏，敬王莫如我敬，言人所不敢言，其心为支那四万万人请命，其疏为国朝二百六十年所无也。"① 但此举引起了陈三立等人的强烈不满，称谭嗣同钻营康门，欧阳中鹄将此转告谭嗣同。

为此，三月初十日（3 月 31 日），谭嗣同和唐才常致信其师欧阳中鹄，对褒扬康有为及引起责难事进行辩解。他们解释说："今试言此事之由来，乃不止一端，虽累牍不能尽，亦自不欲言矣。言其近者，是日上午已有人来告某之丑诋，并谓先生之称谓，为嗣同等钻营康名士，自侪于门人之列，又谓湖南不应有此，意在设法阻压……归途内念，报中小引，不过就奏折论奏折，并未誉及人品学问一字，惟'其疏为二百六十年所无'一语说得太阔，然亦止就奏折论奏折，于其人品学问亦无与。且'长安布衣'、'煤山'等语，实在未经人道过，谓为'二百六十年所无'亦非过誉，康某果何罪于天下，乃不许人著一好语耶!"②

---

① 谭嗣同：《读南海康工部有为条陈胶事折书后》，载《谭嗣同全集》，第 421 页。

② 谭嗣同：《上欧阳中鹄》二十六，载《谭嗣同全集》，第 477—478 页。

三月初三后到三月初十日前，谭嗣同、唐才常又写信给老师欧阳中鹄，反驳对他们的攻击，言辞极为激烈。“接读来谕，不胜骇异！所谓詈骂者曾未吐其千一万一，何况于过？……既不许骂，又不许美，世间何必有报馆？第相率缄口为乡愿足矣。……然向之所赞，不过只就其一疏而言，于其微言大义，一字不曾赞及，既以为非，此后只好专赞其大处耳。……犹有持不通之说者，谓嗣同等非其门人，何为称先生？不知一佛出世，旷劫难逢，既克见圣，岂甘自弃，不以师礼事之，复以何礼事之？且普观世间，谁能禁嗣同等之不为其门人者。”①

（2）谭嗣同在《湘报》第25号发表《论官绅集议保卫局事》，指出设立保卫局，就是要预备“亡后之图”，说：“胡不见台湾乎？一旦割弃，所谓官者，皆相率内渡矣，又不见山东乎？虽巡抚、总兵之尊，且褫职去位矣。故世变至无常，而官者至不可恃者也……保卫局特一切政事之起点，而治地方之大权也。”

谭嗣同关于保卫局的观点，引起皮锡瑞的不安。他说：“复生论保卫局事，可谓明目张胆而言之矣。”② 黄遵宪也惊讶于谭嗣同揭破其隐衷，认为行诸笔端，阻力增大。“仆怀此意，未对人言，无端为复生窥破，仆为之一惊，恐此说明而扰阻之者多耳。”③

（3）谭嗣同的《治事篇》先后刊于《湘报》第35号、第36号、第37号。主要论述学会的作用，想通过组织学会来达到“无变法之名而有变法之实”的目的，设立学会可以通上下之情，无议院之名而有议院之实；设立学会可以平权，无变官制之名，而有变官制之实；可以通过学会使候补官学习从仕，并使“众绅士预闻选官之典”，达到无变科举之名而有变科举之实；通过学会还可达到无变制度之名而有变制度之实。皮锡瑞认为这一系列文章论述平正，但将一切归于学会，并称谭嗣同在文中说洋人佩服湖南，容易引起误解。“论极平正，然明说一切皆归入学会，人必疑学会之权太重，伊又云洋人甚佩服湖南，人闻之，又必以为

---

① 谭嗣同：《致欧阳中鹄》二十二，《谭嗣同全集》，第475页。

② 皮锡瑞：《师伏堂日记》第3册，第103页。

③ 黄遵宪：《致梁启超书》，《中国哲学》第8辑，第385页。

与洋人交通，此等语皆但可为知者道耳。”①

但总体而言，他的言论并未引起过度的干涉。当时在《湘报》言论中引起湖广总督张之洞不满的，是易鼐的观点。三月初八日（3月29日），易鼐在《湘报》第20号发表《中国宜以弱为强说》，主张“改法以同法”，即以“西法与中法相参”，“改正朔，易服色”；“通教以绵教”，即“西教与中教并行”；“屈尊以保尊”，即“民权与君权两重”；“合种以留种”，即“黄人与白人互婚”。黄遵宪认为此类言论过于激烈，陈宝箴则认为此举害道，过于偏激。

为平息此事，谭嗣同等人在三月十一日《湘报》以“湘报馆”名义发表《复欧阳节吾舍人论报书》。复书称欧阳转述陈宝箴指责易鼐的言论“过于偏激，惊世骇俗，非处士所宜言”，虽然不能为其偏激辩护，但肯定其爱国之诚心，称易鼐忠君爱国之忱不容泯灭，“其所陈皆日本明治初年之已事，彼时日本危亡迫在眉睫，乃能大改一些政学，以有今日之君尊臣乐士贵民荣，此普天所共闻见，而凡读过《日本国志》一书者，无不以为如此而后生死人而肉白骨也。故易君处处为本朝画保国保教保种之急策，而踵俄皇大彼得日皇睦仁之宏规，深望我皇上奋然兴起，以有俄、日维新之盛，此其言虽激，而其意则诚”，认为事君无欺，应该直言，即使遭遇风波，也要表达其想法，“康工部之上此疏，易秀才之为此说，宁不知斯言一出，必致物议哗然，然不容于世，甚且有杀身之祸，即在目前，而康、易不惧者，冀其尽言而死，虽死犹生也。则视之畏死不言，漠视军国而不言者，固有间矣”，表示此事以后，当劝其立言平和。②

张之洞针对易鼐的文章，特意于闰三月二十一日（5月11日）致电陈宝箴，要他注意报纸的言论，以防备言官弹劾。“近见刊有易鼐议论一篇，直是十分悖谬，见者人人骇怒……此等文字，远近煽播，必致匪人邪士，倡为乱阶，且海内哗然，有识之士，必将起而指摘弹击。”③

---

① 皮锡瑞：《师伏堂日记》第3册，第127页。

② 参见《复欧阳节吾舍人论报书》，《湘报》第23号。

③ 张之洞：《致长沙陈抚台黄臬台》（光绪二十四年闰三月二十一日午刻发），载《戊戌变法》第2册，第609页。

四　参与湖南矿务

谭嗣同认识到开矿在变革中的重要性，他曾经指出："为今之策，上焉者，奖工艺，惠商贾，速制造，蕃货物，而尤扼重于开矿。"[①] 具体到故乡浏阳，他也认识到"浏阳利源，当以矿产为大宗"[②]。他在维新运动遇到阻碍时，仍然认为办矿是可行的。"世事更无可为，似办矿较有实济，缘随在可济贫民也。"[③]

光绪二十二年，浏阳发生灾荒，谭嗣同在浏阳帮助其师欧阳中鹄办理赈灾，其时他已经注意到办理矿务。他认为矿产为"天地自然之利，亦救荒之上策"，他主张"以工代赈"，先与唐才常筹办西乡之金矿和煤矿。"令所作之工可持以易钱，还以供振，流转灌输，无有竭涸，而振之力乃不忧不继，则惟有开矿足以当之，因共唐君绂丞办西乡之金矿[④]。"[⑤] 他还与黎少谷开设南乡之煤矿，招民采运，"南乡煤矿前既开采，年饥煤不售罢工，待食者以万计，瓣姜师遂请款屯煤，招民采运，一使少谷主之，矿大开，全活无算，而所屯之煤，亦并得善价"[⑥]。

1896年春，湖南矿务总局成立。以刘镇为总办，朱彝为会办，邹代钧、张通典为提调。在办矿方针和政策方面，出现了官办、官商合办、官督商办的分歧。《湖南矿务简明章程》规定：由官督办，不招商股者，曰官办；招商入股者，曰官商合办；由商请办，官不入股者，曰官督商办。官办、官商合办者，由总局委员经理；官督商办者，由商人自行经理，总局惟派员抽税，会同地方官维持矿务。[⑦] 张通典与邹代钧被委任为矿务局提调。为发展浏阳矿务，谭嗣同与唐才常商议，"缕将浏阳产矿情形及著名矿井数处，与之熟商，并详陈浏阳办矿有八便"，转恳湖南巡抚

---

① 谭嗣同：《仁学》二十三，载《谭嗣同全集》，第328页。

② 谭嗣同：《黎少谷〈浏阳土产表〉叙》，载《谭嗣同全集》，第383页。

③ 谭嗣同：《上欧阳中鹄》十一，载《谭嗣同全集》，第469页。

④ 据唐才常称，他曾与谭嗣同合伙办理一煤矿、一钱庄，戊戌政变后倒闭。（参见《唐才常集》，第240页）

⑤ 谭嗣同：《黎少谷〈浏阳土产表〉叙》，载《谭嗣同全集》，第383页。

⑥ 同上书，第385页。

⑦ 参见《陈宝箴奏办湖南矿务简明章程》，《湖南历史资料》1958年第4期。

陈宝箴，请于浏阳设立矿务分局，并以欧阳中鹄主其事。[①] 他们认为“浏阳分局既立，则与省垣总局呼吸相通，一切矿事皆归总局控制，以上隶总局，断无棘手之理”[②]。浏阳矿务局由欧阳中鹄主持，唐才常、刘善涵协助办理。但是在办矿问题上，还是出现了分歧，刘善涵主张商办，唐才常主张官办，唐认为“硝矿锑矿概归官办，名正言顺，不得议其操切”[③]。二人为此产生意见，刘善涵甚至萌生退意。谭嗣同特意致信唐才常，讨论矿务商办、官办的利弊，劝导唐才常能在办矿上尽力。

在办矿方面，谭嗣同利用自己的人际关系，试图在外地为浏阳的锑矿和煤矿打开销路。他在武昌与英国传教士马尚德商定，将浏阳锑矿以每吨 40 元的价格，出售给英国驻汉口领事贾礼士。[④] 1896 年他赴京途中路过上海，与傅兰雅商量了浏阳锑矿的销售问题，谭写信给唐才常、刘善涵等人，让他们立即带矿石样本赴沪，与傅兰雅签订销售锑矿的合同。在《傅兰雅档案》里有几封傅兰雅为锑矿销售事所写的书信，[⑤] 他期待谭嗣同从北京回到上海，商议此事。1896 年 4 月 25 日傅兰雅致艾力斯上尉：“前几天，一位来自一处锑矿产地的中国官员到访，谈论别的事情。话题偶然转到湖南的矿藏上，这位先生对各矿的情况，都知道得很清楚，整座出产（锑）矿的小山，属于他的一个朋友所有。这朋友要他到上海时打听市场的消息。看看若将矿石采运来上海销售，是否值得。他说不久以前，有外国人对矿石进行过化验，并且愿出价每吨 8 两收购，在上海交货。这个仅属优质白煤的价钱被认为偏低，很难回本。你所提出普通质量矿石每吨 25 元 5 角的收购价，对他们来说，无疑是有利可图的了。可惜的是这位先生当晚就要离开上海，前往北京觐见皇帝，但他答应写信给矿山主人，要他提出同意贩运普通矿石前来的最低价，当收到他的答复时，我们也许可以有点作为。”

5 月 27 日傅兰雅再次给艾力斯上尉写信。“有关这桩锑矿的事，仍然

① 参见《谭嗣同书简》，第 72 页。

② 同上书，第 73 页。

③ 唐才常：《上欧阳中鹄》六，载《唐才常集》，第 234 页。

④ 参见唐才常《上欧阳中鹄》四，载《唐才常集》，第 231 页。

⑤ 《傅兰雅档案》现藏美国加州大学伯克莱分校宾哥罗夫图书馆（Bancroft Library），该书信由邝兆江翻译刊布。

有待收到进一步消息。我已尽力与有关人士取得联系。但那位去了北京而快将回来的先生，是唯一可以推动这事和跟矿山主人交涉的人……谭先生回来后，会直接跟我的儿子联络。我的儿子在这里代理我的事务，一有消息，他便会给你写信，目前我能够做到的，就只有这样而已，中国人就是这样难以相与。”

傅兰雅的儿子6月20日复信给艾力斯上尉：“自前次你接过我们的通知后，到现在还没有关于锑矿的进一步消息。那位叫我们相信可以达成某种协议的谭先生，还没有从北京回来。他一日不来，我就看不出我们在这里可以有些什么作为。”①

实际上谭嗣同曾写信给唐才常等人，让他们到上海与傅兰雅商议锑矿销售的具体事宜，此举被湖南矿务总局邹代钧等误认为是与傅兰雅私立合同，有侵利权。五月初九日，欧阳中鹄写信给谭嗣同，提道：“安得马尼矿（即锑矿）已经少谷批定开挖，淞芙想当函陈，但恐相左。中丞独重此矿，必欲归官，后乃许官四商六合办。初谓吾弟与傅兰雅立合同，甚骇怪，后知为考校，意乃释。”② 在此之前，邹代钧于四月廿九日致书汪康年，认为价格太低，不准备与傅兰雅订立销售锑矿的合同，“前谭复生与傅兰雅言之，傅允每年包销八千墩（吨），每墩（吨）给价四十元。钧等嫌价太少，未与订合同也”。

在利用浏阳煤矿方面，谭嗣同等人从浏阳运煤至武昌，请盛宣怀检验，但无下文。盛宣怀曾派谭嗣同到湖南与陈宝箴商议利用湘煤一事。盛宣怀负责汉阳铁厂，当时提供煤源的主要是江西省，盛想在利用赣煤的同时，在湖南开采湘煤。光绪二十二年五月，开平煤矿华人矿师邝荣广发现了湘潭小花石煤矿，盛宣怀拟将此作为首选目标。但在具体问题上，他与陈宝箴出现了分歧。盛认为“不用机器不得开至深处，不用西法不能安置机器”，这些问题的前提是运用洋人矿师。因为如果不用真正矿师，断难收效。但陈宝箴不同意让洋矿师到湖南，害怕引起民间不安。盛宣怀希望谭嗣同能够做通湖南方面的工作，在谭嗣同回湖南前，他曾给各方面写信，如陈宝箴、陈三立、黄遵宪等，希望能够予以支持，谭

---

①　邝兆江：《谭嗣同和傅兰雅的一次会见》，《近代史研究》1994年第6期。

②　《谭嗣同书简》，第123页。

嗣同对此也抱有信心，他在十月廿三日（11 月 17 日）的信里说："江南乞食，困乏无聊，不能不别图生食之计，遂于廿一日暂一还鄂。且将为盛杏荪太常赴湘与义宁公论说矿事，日内即行。"在办矿问题上，谭嗣同曾感慨"不能与诸君共事以成盛业，而缅怀故乡矿事不能去怀"①，于是他在光绪二十三年回湖南商谈矿事，并且劝办湘粤铁路公司。此事进展并不顺利，仅仅呈请成立湘粤铁路公司，但利用湘煤事，再无下文。

光绪二十三年十二月十九日（1898 年 1 月 11 日）谭嗣同致信唐才常，告知煤已运到湖北，但原拟带矿师赴湘考察湘煤的打算，因盛宣怀变卦而落空。他说："煤船到，俟试验兑价后，再上详函达听。嗣同与矿师已将同行矣，乃盛杏荪忽然变卦，言天寒水浅，且到明年再议，嗣同亦遂决意舍去矣……盛狡诈纤巧，不可捉摸类如此。"②

谭嗣同是想利用矿师、机器，开发浏阳煤矿，但由于盛与湖南方面无法达成协议，致使此事没有结果。盛宣怀借口天寒水浅，中止了这项合作。唐才质回忆说："伯兄言，盛杏荪接办汉阳炼铁厂，亟须焦炭，欲于毗邻之地开矿供之，以省运输之费，乃命矿师外出探寻，渠闻吾湘产矿丰衍，遂托复生回湘，与义宁筹划，适瓣姜师至省垣，复生往谒谋之，拟凭杏荪之力，运进机器，物色矿师（杏荪虽允遣矿师至湘，然恐于浏矿不能专于意而一于心），以期事半功倍。二人谈至深宵，擘画周详，咸以事之可成，若操胜券，固不虞杏荪之出尔反尔也。迨复生赴鄂，将偕矿师速回湘，讵意杏荪变卦，尼其行。复生愤然曰：'事垂成而公举棋不定，嗣同庸劣，不能复为公效驱驰矣。'复生每言及此事，常为之扼腕。"③

五　参与筹办时务学堂及时务学堂课卷事

时务学堂的筹办，至少在光绪二十三年三月初二日（4 月 3 日）前就已经开始，熊希龄在三月初二日给汪康年的信中，就提及湖南绅士议设学堂事。在时务学堂筹办过程中，谭嗣同曾协助杨葵园等人为学堂代办

① 谭嗣同：《报唐才常书》，载《谭嗣同全集》，第 251 页。

② 谭嗣同：《致唐才常》一，载《谭嗣同全集》，第 527 页。

③ 唐才质：《戊戌闻见录》摘抄（未刊稿），载《谭嗣同研究资料汇编》，第 269 页。

仪器，并寄时务学堂告示给汪康年，请在《时务报》上发表，同时还为时务学堂的经费、教员等事出力。

他建议聘请杨自超到时务学堂管理仪器。“葵园（指杨自超）仪器之学极精，现在闲居觅事，嗣同函商沅帆，即聘葵园同往湖南，作为学堂中管理仪器之人。此人万不可少，沅帆虽解仪器，亦不暇管理仪器，别处又难寻觅，何不就便请葵园同去乎？他日亦可令其造天文台，此亦千万妥当之事也。惟须伯严兄或少穆兄速作一信与沅帆，方能定计，至要至要。”①

在时务学堂筹办过程中，谭嗣同还致信欧阳中鹄，称蒋德钧、陈三立等人正为时务学堂的开办做准备，请欧阳中鹄恳请陈宝箴及邹代钧，为浏阳多分学额。“湖南绅士议创时务学堂，右帅既允助力，又于两淮盐务中筹得巨款，蒋少穆东来正为此事，陈伯严旋亦来，嗣同均晤之，议从方言、算学入手，暂招学生二三十人试办，伏恳函托右帅及沅帆诸君早为浏阳多占名额，并乞精选十五六岁聪颖而能通中文之子弟，以备送往肄业，亦功德也。”②

为了能够让梁启超、李一琴顺利到时务学堂任教，谭嗣同专门写信，督促汪康年让梁启超、李一琴离开时务报馆，到湖南时务学堂任教。“熊秉三来书，言湘中官绅决计聘请卓如、一琴两君为时务学堂总教习……而特虑公不肯兼放两位俱去，因公恳嗣同亲到上海哀吁，我公如更不肯，将不恤与公迕而豪夺以去，嗣同窃计，遽用霸道，似乎使公太难堪，今为公计，不如自劝两君往湘，而尚不失自主之权，而湘人亦铭感公之大德矣……反复思之，终乞公勿强留之之为愈也……惟公当能谅我，必不致使我往上海，又奔波一回也。”③

为时务学堂筹款事宜，谭嗣同专门致信龙绂瑞，请其从中帮忙。“湘中绅友来函，言时务学堂经费，曾由熊秉三太史、蒋少穆观察面恳刘岘帅，允于湘岸盐务中分款，每年七千金，而易实甫观察止拨五千金，岘帅将为所摇，故特函商令速转恳尊公大人致书岘帅，争回此款，以为开

① 谭嗣同：《致汪康年》九，载《谭嗣同全集》，第502—503页。

② 谭嗣同：《上欧阳中鹄》十四，载《谭嗣同全集》，第471页。

③ 谭嗣同：《致汪康年》二十一，载《谭嗣同全集》，第511—512页。

办学堂之用，嗣同念即系一省紧要之公事，非同寻常请托者比，应请转禀尊公大人，略一援手何如？毋任拜祷。”①

梁启超到湖南时务学堂，通过讲授及批阅札记等形式启发士子，一些言论比较激烈，引起守旧人士的不满，陈宝箴示意欧阳中鹄将删改札记和札记中有问题的事，通知谭嗣同，谭嗣同断然否认删改札记之事，认为熊希龄等人不会如此胆小。

> 学堂事则有传闻不确者。姑无论功课中所言如何，至谓“分教皇遽无措，问计秉三，乃尽一夜之力统加抉择，匿其极乖谬者，就正平之作临时加批”云云等语。嗣同于调札记时，虽未到省，然于秉三及分教诸君，深信其不致如此之胆小，宗旨所在，亦无不可揭以示人者，何至皇遽至此？平日互相劝勉者，全在“杀身灭族”四字，岂临小小利害而变其初心乎？②

为时务学堂札记事，谭嗣同与陈三立、邹代钧交恶，在邹代钧给汪康年的信中，多处展现了他和谭嗣同、熊希龄之间激烈的矛盾冲突。他说：“现为湘中时务学堂，鄙人已与谭、熊树敌（公度助谭、熊），能挽回与否，尚不能必”；“湘事大坏，义宁有忌器之意，鄙人力量何能胜之，言之愤甚，谭猖狓过于熊，若早去谭，事犹可挽回。”“鄙人为时务学堂事，竟与谭、熊为深仇，谭虽得保而去，熊仍踞此间……公以恬退责我，我不受也。苟不恬退，谭、熊必以洋枪中我矣。此二人者，鄙人向引为同志，本有才，从前作事，尚为公，一旦陷入康门，遂悍然不顾。”③

谭嗣同在给老师欧阳中鹄的信中，对陈三立表示不满。他说陈三立“平日诋卓如，诋绂丞（及力阻不许聘康南海来湘），则其人亦太不测矣，而又往函丈处陈诉，岂欲出死力钤束嗣同等而后快耶”④。

谭嗣同、熊希龄等人在湖南因《湘报》“赞康”事、时务学堂调阅课

---

① 谭嗣同：《致龙绂瑞书》三，载《谭嗣同全集》，第523页。

② 谭嗣同：《上欧阳中鹄》二十一，载《谭嗣同全集》，第474页。

③ 上海图书馆编：《汪康年师友书札》第三册，第2757页。

④ 谭嗣同：《上欧阳中鹄》二十六，载《谭嗣同全集》，第478页。

卷事，与倾向维新的陈三立、邹代钧、欧阳中鹄等人发生冲突，维新人士间的不和，是“湘事大坏”的关键因素，不能不令人痛心。欧阳中鹄光绪二十五年《复蔚堂》称“伯严立身有本末，学术亦复正大，视谭生通身倾入西人窠臼者迥然不同，去年切责谭、熊等，几乎药石成仇，义宁密疏所荐及保经济特科共六十人，皆与参酌，凡康学删除殆尽”①。

至于谭与时务学堂的关系，他虽未在时务学堂任职，但对时务学堂的章程、筹款等事都加以努力，并且关心时务学堂的学生。唐才质说谭嗣同虽没有在时务学堂任职，“但他对时务学堂是极力支持的，对学堂的学生，也很爱护。光绪二十四年夏，我偶患病，而他将赴北京参预新政，我持一团扇，请他留言以作纪念，忆有二句云：‘我不病，谁当病者。’”②

谭嗣同还参与了时务学堂的一些活动，如为时务学堂的章程以及经费事，与熊希龄联名上书陈宝箴，并参与时务学堂的阅卷工作。“复生、秉三共禀请书院改章程，提所加钱粮为经费”③，“到秉三处，正在检阅时务诸生卷……复生亦至，共定甲乙”④。谭嗣同还为时务学堂撰联，对学堂充满了期望：“揽湖海英雄，力维时局，勖沅湘子弟，共赞中兴。”⑤

六　倡办湘粤铁路及内河小轮

在倡办湘粤铁路方面，熊希龄、蒋德钧曾经面谒张之洞，力争使粤汉铁路途经湖南，张之洞、盛宣怀在奏折中说：“湘人素怀忠义，近来士绅尤多通晓时务，不泥故见，并据湖南在籍绅士翰林院庶吉士熊希龄、江苏候补道蒋德钧来鄂与臣之洞、宣怀面商，如取道郴、永、衡、长，由武昌以达汉口，则路较直捷。湘中风气刚健，他日练兵可供征调，矿产尤丰厚，地利亦可蔚兴，此粤汉铁路之宜折而入湘者又一也。”⑥

---

① 欧阳中鹄：《复蔚堂》，载《瓣姜函稿》，转引自邓潭洲《关于谭嗣同生平事迹的几个问题》，《求索》1988 年第 4 期。

② 唐才质：《唐才常与时务学堂》，《湖南历史资料》1958 年第 3 期。

③ 皮锡瑞：《师伏堂日记》第 3 册，第 149 页。

④ 同上书，第 147 页。

⑤ 谭嗣同：《时务学堂联》，载《谭嗣同全集》，第 549 页。

⑥ 张之洞、盛宣怀：《奏办汉粤铁路折》，《湘报》第 19 号。

谭嗣同虽然希望汉粤铁路途经湖南，但他并未面谒张之洞，而是写信给汪康年、梁启超，希望他们从中做工作。“公度到沪，请切托之，试与张香帅、陈右帅商定，会衔具奏，即可招股开办……盛京卿既与卓公有介然之知，卓公何不甘言诱之，令与香帅、右帅同奏，岂不更妙乎？”[①]谭嗣同力倡湘粤铁路途经湖南，他认为湘粤铁路途经湖南有九利：一曰径直；二曰坦易；三曰免造巨桥；四曰易招劳工；五曰产煤足以行车；六曰产木足以垫道；七曰有能任事之官；八曰有能分任之民；九曰力争形胜之地。经过湖南之后有十利，一曰复固有之利权；二曰杜觊觎之外患；三曰收百粤之海口；四曰作全湘之士气；五曰振疲顿之商务；六曰运重滞之矿砂；七曰尽耕耘之地力；八曰起组练之新兵；九曰兴精巧之工艺；十曰拯困乏之穷黎。[②]

光绪二十三年十一月七日（1897 年 11 月 30 日）谭嗣同到长沙劝陈宝箴速办铁路、轮船。“复生乃香帅遣来促办铁路、轮船者……复生云：德人已向香帅开口，法人亦有由龙州开铁路过湘过汉之议，故宜赶急自办。倭有十轮到内江开行之说，小轮亦宜赶办，今小轮初九借官轮先行，铁路亦即挂牌开局，徐议章程筹款，请黄公度总办。”[③]

谭嗣同等人呈请设立湘粤铁路公司，公举黄遵宪为总办。“顷据湘绅前山东布政使汤聘珍，翰林院编修汪诒书、赵启霖，庶吉士熊希龄、戴展诚，内阁中书黄忠浩，分部郎中曾广江，江苏候补道王澧、蒋德钧、谭嗣同，分省补用道朱恩绂，候选道左孝同，前甘肃宁夏府知府黄自元等，呈请创立湘粤铁路公司，集股开办，公举现署臬司长宝道黄道遵宪为总办，以将事权而通湘粤之气，并请转咨电奏，先行立案。”[④] 此事陈宝箴同意，并呈请张之洞上折奏请，但张认为此事困难重重，并非湖南绅士所设想的那么简单。他于十一月十五日回复陈宝箴，称“湘绅呈请创立湘粤铁路公司，集股开办，公举黄道总办，具见湘绅卓识远虑，台端提倡宏力，欣慰之甚。惟湘绅尚未悉铁路甘苦曲折，朝廷于铁路一举，

① 谭嗣同：《致汪康年梁启超》，载《谭嗣同全集》，第 516 页。

② 参见谭嗣同《论湘粤铁路之利》，载《谭嗣同全集》，第 422—426 页。

③ 皮锡瑞：《师伏堂日记》第 2 册，第 469—470 页。

④ 陈宝箴：《致张之洞》，载《陈宝箴集》下册，第 1517—1518 页。

招商、借债绝不担肩”[1]。经过陈宝箴解释后，张之洞于十一月十七日回电，赞成先立案抵制，无须现有巨款，但须由陈宝箴派熊希龄、蒋德钧赴鄂面商。“目前固为立案抵制起见，然就此即可筹办实事，事机甚急，一议定即可布置矣。大约此事甚易商，电函板滞难详，面谈活便易了。总之，只定大概主意，无须现有巨款也。熊、蒋似仍以来鄂一商为佳，请酌。此事利国利民过于小轮远矣，且小轮事亦非熊、蒋来不能商妥也。”[2]

在内河小轮航运方面，熊希龄、蒋德钧禀请湖南巡抚陈宝箴，陈批示同意，熊、蒋又联合王先谦，联衔递交了《上湖广总督请办湖南内河轮船公呈》，张之洞以湖南情况特殊，未同意。1897 年春，熊、蒋再次恳求，张之洞遂批准。[3]

但在促办铁路、轮船事上，谭嗣同进展不顺。“谭复生、汪颂年来，询谭铁路事如何，云右帅已电咨香帅，彼已可以销差，其如何办法，看右帅与公度商酌。予云事蹈空，恐情见势绌，外夷又将生心，彼云既已电奏，或可杜其觊觎，惟中国事非一时能办，湖南不筹款，惟恃粤人耳。”[4] 之所以不顺利，一是张之洞、陈宝箴对办铁路、轮船事有不同的理解，需要时间沟通。二是在与张之洞交涉过程中，张更希望与熊希龄、蒋德钧商议。

七　其他活动

另外，谭嗣同还倡办浏阳团练。谭嗣同致信欧阳中鹄，商议在浏阳举办团练的办法。“绂丞及嗣同于前七八日已函商岳生，请由县送百人至省，即令师中吉统之往泽生营中学习，面商泽生两次，大以为然，并极赏识。师中吉闰月即可率百人住其营中，渠必加意训练云云。按前所商拟请刘崐山止可为绅董，哨弁必须师中吉为之，且崐山尚不知有暇来省否，其中又多犯忌之处。依愚见既得师为哨弁，崐山可不至省矣……嗣

---

① 张之洞：《致陈宝箴》，载《张之洞全集》第九册，第 7424 页。

② 同上书，第 7433 页。

③ 参见张之洞《批湘绅王先谦等禀请办内河轮船》，载《张文襄公全集》卷十八。

④ 皮锡瑞：《师伏堂日记》第 2 册、第 472 页。

同等及师中吉所知之勇力果敢之士不下数十人，即可由师中吉一手招募百余人，而请各绅选试，可选得百人，师中吉带至省城，再由泽生选试，必易精矣。”①

他参与创办了湖南不缠足会。三月份，湖南开办了不缠足会，总会设在省城长沙小东街湘报馆内。② 湖南不缠足会董事题名录中有谭嗣同、黄遵宪、徐仁铸、熊希龄、梁启超、邹代钧、唐才常、毕永年等人。谭嗣同所撰《湖南不缠足会嫁娶章程十条》，刊于《湘报》第53号。

谭嗣同与熊希龄等人还创立了延年会。谭嗣同所作《延年会叙》，于二月十八日（3月10日），刊于《湘报》第4号。“本会现设小东门‘湘报’馆内，定于闰五月初五开会，照章以知单布劝各官绅戚友知书入会。自初五日起，凡一切应酬，谨守会规，彼此共谅为要。延年会董事熊希龄、谭嗣同白。”谭嗣同等人设立延年会的宗旨就是要充分利用时间，减免生活交际中的繁文缛节。“无故不得请客……至熟之友来拜者，均不答拜……如客有要事来商者，可先以函约定钟点聚晤……非遇紧要面商之事，彼此皆以函闻。”③

延年会的设立，与谭嗣同的惜时观念密切相关，他认为轮船铁路节省了时间，改变了人们的时间观念，无形中延长了人们的寿命。“轮船铁道，可以延年永命，无则短祚促龄。”交通方面，万里路程，轮船十日可达，铁道则仅用三四日，如果没有这两样交通工具，则需要经年累月，在这段时间里，“仕宦废其政事，工商滞其货殖，学子荒其艺文，佣走隳其生计，劳人伤于行役，思妇叹于室庭”，无形中浪费了时间，耗费了生命。加上电线邮政机器制造，使工作简易、文字传送便捷，造成运用时间的效率提高，“一世所成就，可抵数十世，一生之岁月，恍阅数十年”，使人志气发舒，才智奋起，境象宽衍，和乐充畅，可以称得上是延年永命。但在当时，一些繁文缛节，一些制度修为，不是珍惜时间，而是在

① 谭嗣同：《上欧阳中鹄》二十，载《谭嗣同全集》，第473—474页。

② 湖南曾经在1897年成立过不缠足会，在浏阳由唐才常、黎少谷主持，谭嗣同曾拟定了《不缠足会嫁娶章程》，（参见谭嗣同光绪二十三年九月初六日致汪康年函，载《谭嗣同全集》，第511页）该章程曾刊于《时务报》第45册、第47册，题为《湖南不缠足会嫁娶章程》，在《湘报》刊发时题为《湖南不缠足会嫁娶章程十条》。

③ 谭嗣同：《延年会章程》，载《谭嗣同全集》，第412页。

浪费生命，“取士则累其科目，用人则困以年资，任官则拘于轮委，治事则繁为簿书，关吏则故多留难，盐纲则抑使轮销，皆使天下惟恐时之不疾驰以去也”。缓慢迟滞，浪费时间，不仅会亡国，甚至会灭种，因此，必须珍惜时间，“极之成佛成圣而莫能外”①。

第二节 谭嗣同与报刊宣传

谭嗣同对通过报刊进行维新思想的宣传，充满热情，他曾计划创办《民听报》《矿学报》，并积极参与《时务报》的活动，撰写文章，推荐稿件，搜集并邮寄章程，关心《时务报》的发行及报馆的运行管理情况，并担任《时务报》的董事之一。他还极力支持刘善涵、唐才常创办《湘报》，1898 年《湘报》刊行后，谭嗣同担任董事，为八董事之一，并为六撰述之一。他在《湘报》共发表文章 16 篇，大力倡导维新变法，为湖南维新运动做出了卓越的贡献。他重视报章对开通风气的作用，“湘人风气果开，自《湘学》出报，读者咸仰湘才若在天上矣”②。他认为民众能够掌握的新民手段有三：一为书院学堂，二为学会，三为报纸。报刊的文体多样，不必绳于一种。报刊文章自有其写作方法，不可以时文体裁对之加以批评。③ 报刊要有评论：“既不许骂，又不许美，世间何必有报馆！”④ 报刊要以日新为目标。⑤

一 谭嗣同创设《民听报》的构想

谭嗣同认为“居今之世，吾辈力量所能为者”，为撰文登报。⑥ 他与

---

① 谭嗣同：《仁学》二十四，载《谭嗣同全集》，第 328—329 页。

② 谭嗣同：《上欧阳中鹄》十五，载《谭嗣同全集》，第 492 页。

③ 参见谭嗣同《报刊总宇宙之文说》，载《谭嗣同全集》，第 375—377 页。他在《致汪康年》三中曾说明写作《报刊总宇宙之文说》的原因是“乡党拘墟之士，辄谓报章文体，古所无有，时时以文例绳之。嗣同辨不胜辨，因为一《报章总宇宙之文说》以示人，在湘中诸捷给口辨之士，而竟无以难也”。（《谭嗣同全集》，第 494 页）

④ 谭嗣同：《上欧阳中鹄》二十二，载《谭嗣同全集》，第 475 页。

⑤ 谭嗣同在《〈湘报〉后叙（上）》中指出《湘报》的设立，就是要日新。“日一出之，其于日新之义庶有合也。”（《谭嗣同全集》，第 418 页）

⑥ 参见谭嗣同《致汪康年》二，载《谭嗣同全集》，第 492 页。

张通典、吴樵准备在汉口设立《民听报》[①] 报馆，计划用美商招牌[②]，读者范围设定为商人，每日一张。目录分为三宗十目，三宗即名、形、法，十目则分别为：名宗下有纪、志、论说、子注，形宗下分图、表、谱，法宗下分序列、章程、计。他们还撰写了集股章程。谭嗣同还准备将自己撰写的《浏阳兴算始末记》刊登在《民听报》上。

在筹划设立《民听报》的过程中，经费不足是最大的障碍。“筹款大难。顷来金陵，四处多方诱惑，竟不能招一人，集一钱，或反从而笑之……此事全仗鄂中筹款矣。”[③]

因经费无法筹集，谭嗣同等人决定缓办《民听报》，但他终不甘心，认为随着铁路的开通，武汉的地理位置将日益重要，《民听报》不宜缓办，并请汪康年考虑从《时务报》的盈余中提一专款来办《民听报》。他说：“《民听报》事，前答卓如意主缓办，今重思之，汉口他日为铁路之发端，且当展至广东，则上海之生意，皆将夺归汉口，即时务报馆亦几有迁都之势矣。拟请俟今年年底，报馆出入账目结清，如果赢余甚多，可专提一款往汉口办《民听日报》（即《民听报》），每年归息，视同放债一般，其名当各办各报，渺不相涉，即借款亦当密之，而其实乃贵报之分馆，阴为他日推广生意之地也。为贵报计，实无有工于此者，但当早物色办报之人，积之能去则大佳，请商之卓如（伯纯可任主笔，兼联络宾客）。”[④]

谭嗣同还考虑将筹办中的《民听报》与《时务报》《知新报》联为一气。张通典在给汪康年的信中提到谭嗣同的打算。“顷复生来信，言《民听报》应归时务报馆并办，联为一气，而外面却分门立户，若不相谋，将来渐推渐广，能与《知新》鼎峙而三，则《时务报》更冠绝中国

① 该报又称《汉报》，谭在《致汪康年梁启超》二中，曾感慨张通典家遭火，“顷接鄂信，张伯纯家遭火，书籍、衣服扫荡无存，伯纯踉跄而归。同志之士不幸如此，《汉报》何日能成乎？”（《谭嗣同全集》，第515页）

② 谭嗣同在信中说：“嗣同去春会议时，主请外国招牌……《民听报》若成，竟是美商矣。”（《谭嗣同全集》，第495页）

③ 谭嗣同：《致汪康年》三，载《谭嗣同全集》，第493页。

④ 参见谭嗣同《致汪康年》十，载《谭嗣同全集》，第504页。《汪康年师友书札》对此信的识读与全集略异，“《民听报》事前答卓如意在缓办”。（《汪康年师友书札》第4册，第3254页）

矣。其论甚有识，请公与卓如共斟酌之。此仍须集股，其力乃厚，拟八九月间开办，复生举龙积之经理，主笔有何人？公与卓如更物色之。”①但此事未成，《民听报》未能创办。

二　筹划中的《矿学报》

谭嗣同草拟了《创办矿学报公启》，并订立《矿学报》章程十二条，从办报宗旨、版面设计、人员配置、经费来源等方面多方筹划，筹设中的《矿学报》，准备介绍中国矿务，翻译外国有关矿务的报纸及书籍。“今将创办《矿学报》于金陵，首载中国之矿事，次译各国之矿报，使皆知其利与害，次译各国专门矿学、地学、质学、化学之书，书所不能赅者则详之于表，表所不能明者则著之于图，使皆知其法。”② 他设想由矿学报发展到矿学会，由矿学会发展到矿学堂，再由矿学堂发展到矿务公司。“报也者，矿务之起点也，报出而学会可联，则点引而线矣。学会联而学堂可立，则线合而面矣，学堂立而公司可纠，则面积而体矣，此其序不能不重赖乎报。”③

谭嗣同还为《矿学报》聘请翻译及其酬金等具体问题致信汪康年。“《矿报》（即《矿学报》，下同）若得施君翻美报，请令弟润色之，真乃《矿报》之福也，请即代为定夺，译出之美报系何名？（须写西文来，恐重复购译也。）如何寄法？若干日可到？每月可得华字若干字？月备修金及寄费共几何？翻译人润色修金并允分书各应若干？伏乞详细查明见复为叩。此非嗣同之私计，实中国之大计，千万勿疏略为祷！千万应见复！”④

由于参与此事的徐积余⑤害怕上司知道此事，责怪他不该办报，首先取消了这一打算，致使创办《矿学报》事搁浅。“《矿学报》事恐无成，因徐积余怕上司闻之，以为不应为也。此事本自彼发端，仍自彼收之，嗣同复何憾！世故深者，思虑真多，此官场所以相率为泄沓也。请知会

① 张通典：《致汪康年》，载《汪康年师友书札》第2册，第1768页。

② 谭嗣同：《创办〈矿学报〉公启》，载《谭嗣同全集》，第267页。

③ 同上。

④ 谭嗣同：《致汪康年》十六，载《谭嗣同全集》，第507页。

⑤ 徐为洋务局提调，字乃昌。（参见《谭嗣同全集》，第505页）

卓如、积之等，勿令《知新报》登报，事既不成，反以贻笑，直如初无是议可耳。”①

三　谭嗣同与《时务报》

谭嗣同时刻关注《时务报》，他多次给汪康年写信，为《时务报》撰文，推荐稿件，推荐作者，搜集资料。同时，答应担任董事，参与《时务报》的管理，并参与《时务报》馆开展的各项维新活动。

（一）为《时务报》撰稿

在光绪廿三年《时务报》第二十九、三十册发表《报章总宇宙之文说》，第四十五、四十七号上发表《湖南不缠足会嫁娶章程》。

（二）为《时务报》推荐作者及稿件

他向汪康年推荐唐才常，称其“文笔敏速，精力充满”、“学识宏通，品行卓越”②，可为《时务报》撰稿。但邹代钧对此不赞同，他认为谭嗣同虽有才，但颇不知人。③ 谭嗣同还邮寄给汪康年《浏阳土产表叙》，该文刊于《农学报》上。

（三）为《时务报》搜集资料

他随信寄去《水师学堂规条》一本，《陆师学堂章程》一本，《规条》一本，《储材学堂章程》一本。他说这些章程及规条“虽是刊本，却甚难得”④。

谭嗣同寄给汪康年《克驰马上两江总督条陈》一本，他“宛转从营务处抄得一本”，但无从觅得附图，他想请汪康年刊入《经世文编》，或者《时务报》中。⑤ 但特意叮咛不要说明是谁寄来的。“惟千万勿说是某寄来者，至要！至要！公事场中，动辄有关碍也。”⑥ 谭嗣同还为《时务报》搜集了其他资料，如《鄂厘章程》一本、《局卡清册》一本，⑦《敬

---

① 谭嗣同：《致汪康年》十七，载《谭嗣同全集》，第507页。

② 谭嗣同：《致汪康年》一，载《谭嗣同全集》，第491—492页。

③ 参见《汪康年师友书札》，第2706页。

④ 谭嗣同：《致汪康年》十九，载《谭嗣同全集》，第509—510页。

⑤ 参见谭嗣同《致汪康年》二十，载《谭嗣同全集》，第510页。

⑥ 谭嗣同：《致汪康年》十八，载《谭嗣同全集》，第508页。

⑦ 参见谭嗣同《致汪康年》二，载《谭嗣同全集》，第492页。

炮章程》一通。[①]

（四）对《时务报》的错失提出修正意见

他指出《时务报》所登《圣学会后序》，应为康有为所作，但该报误作岑春煊，显然有误，建议自行更正。[②]

《时务报》第十一册“东文报译”，第二段论英国殖民政策，末行注“未完”二字，但此后再未见续译，怀疑“未完”二字为误衍，不然则拖延得过久。[③]

（五）参与《时务报》的管理

在南京，谭嗣同为《时务报》分售处的设立操心，并撰写了《关于分售时务报章程》，对《时务报章程》及告白，提出一些修改意见。[④]

黄遵宪与谭嗣同商议，将为《时务报》馆改订章程。“公度昨来言，将为时务报馆改订章程，专为公省去许多烦劳，嗣同闻之，不胜其喜，想尊处必乐用新章也，嗣同当即画押矣。”[⑤]

谭嗣同接受《时务报》馆的聘请，担任该报馆董理。“又承赐书，使充董理，董理本应有，何则？在今日有穰卿在馆，所以千妥万善，一切尽善尽美，但日后接办者安得人人皆穰卿（指汪康年）乎？故不得不举董理，定章程矣。然嗣同却不足膺其选，此后有一知半解，无不竭忠尽言，亦不在乎董理不董理。”[⑥]

（六）参与《时务报》馆开展的维新活动

谭嗣同与汪康年、梁启超、邹凌瀚、张通典等人，在上海发起成立不缠足会。吴樵、梁启超起草了《试办不缠足会简明章程》，谭嗣同、邹代钧、龙泽厚有所增补。[⑦] 不缠足会的理事为邹凌瀚、吴樵、龙泽厚、康广仁、汪康年、张通典、谭嗣同、赖振寰、张寿波、梁启超、麦孟华等。谭嗣同致信汪康年，打听不缠足会草籍款式，请汪邮寄不缠足会草籍及

---

① 参见谭嗣同《致汪康年》二十三，载《谭嗣同全集》，第513页。

② 参见谭嗣同《致汪康年》十八，载《谭嗣同全集》，第508页。

③ 参见谭嗣同《致汪康年梁启超》一，载《谭嗣同全集》，第514—515页。

④ 参见谭嗣同《致汪康年》五，载《谭嗣同全集》，第497页。

⑤ 谭嗣同：《致汪康年》十七，《谭嗣同全集》，第508页。

⑥ 同上书，第509页。

⑦ 谭嗣同在《仁学》中曾激烈抨击缠足，认为此举充满杀机。蒙古、满洲之所以能够统治中原，仅凭不缠足一事，就能承蒙上天畀佑。（参见《谭嗣同全集》，第303页）

章程，准备加以推广。他问“不缠足草籍，是何款式？已印有印根否？乞速寄下多分，以便开办，至盼！至盼！章程有另刻之单张否？乞多寄，盖必须手中持有章程册籍等物，方好去劝人也”[①]。根据梁启超起草的《试办不缠足会简明章程》，所谓草籍，即“开会之始，由同志各持一籍，劝人入会，谓之草籍，草籍不以姓分册，岁终将草籍缴至总会，排比族姓，刊定清册，谓之正籍”[②]。

四 谭嗣同与《湘报》

《湘报》于光绪二十四年二月十五日（1898 年 3 月 7 日）创刊。[③]《湘报》每日出版一份，共出一百七十七号，是湖南省第一份日报。谭嗣同任董事，为八董事之一。《湘报》设撰述六人，谭嗣同为其中之一。

《湘报》的刊行，使谭嗣同等维新派在湖南有了新的舆论阵地，谭嗣同曾感慨地说：“吾见《湘报》之出，敢以为湘民庆，曰诸君复何忧乎？国有口矣。”[④] 谭嗣同在《湘报》中刊出文章二十五篇，包括政治、经济、法律、教育等各个方面。如《壮飞楼治事十篇》探讨变法的具体措施。《以太说》阐述他的哲学思想，延年会、不缠足会的章程，则宣传他们移风易俗的宗旨。《论湘粤铁路之益》则认为今日之世界，为铁路之世界，“有铁路则存，无则亡；多铁路则强，寡则弱”，宣传汉粤铁路南干路取道湖南有利于铁路者九，有利于湖南者十，力倡铁路经过湖南。另外，《湘报》还刊登了谭嗣同在南学会的演讲，以及宣传维新事业的文章，有力地促进了湖南维新运动。

在《湘报》发行过程中，也发表了一些言辞激烈的文章，如三月初八日（3 月 29 日），易鼐在《湘报》第 20 号发表《中国宜以弱为强说》，主张“改法以同法”，即以“西法与中法相参”，“改正朔，易服色”；“通教以绵教”，即“西教与中教并行”；“屈尊以保尊”，即“民权与君

---

① 谭嗣同：《致汪康年》十二，载《谭嗣同全集》，第 505 页。

② 梁启超：《试办不缠足会简明章程》，《饮冰室合集》文集之二，第 21 页。

③ 《时务报》馆似为《湘报》垫款。邹代钧在戊戌政变后致信汪康年说：“《湘报》已停，现改为文汇书局，主者为王莘田，昨与鄙人面晤，允还尊处所垫之款，但须得一细账矣。”（《汪康年师友书札》第 3 册，第 2767 页）

④ 谭嗣同：《湘报后叙》，载《谭嗣同全集》，第 419 页。

权两重”；“合种以留种”，即“黄人与白人互婚”。罗棠在《湘报》第30号发表《论拘禁周汉事》，两文引得物议纷然。张之洞为易鼐的文章，特意于闰三月二十一日（5月11日）致电陈宝箴，要他注意报纸的言论，以防言官弹劾。“近见刊有易鼐议论一篇，直是十分悖谬，见者人人骇怒……此等文字，远近煽播，必致匪人邪士，倡为乱阶，且海内哗然，有识之士，必将起而指摘弹击。”① 在他们的干涉下，曾对《湘报》的栏目进行了更改。《湘报》的言论，也遭到王先谦、叶德辉等人的攻击，王在《致陈右铭中丞》中说：“报馆有无，不关轻重，……众口不平，转以报馆为多事。”最后在多重压力下，《湘报》停刊。

序号	题目	刊发期数	时间
1	论中国情形危急	第3号	二月十七日（3月9日）
2	论今日西学与中国古学	第7号	二月二十二日（3月14日）
3	论学者不当骄人	第20号	三月初八日（3月29日）
4	论全体学	第42号	闰三月初三日（4月23日）
5	延年会叙	第4号	二月十八日（3月10日）
6	试行印花税条说	第9、10号	二月二十四、二十五日（3月16、17日）
7	《湘报》后叙（上）	第11号	二月二十六日（3月18日）
8	《湘报》后叙（下）	第11号	二月二十六日（3月18日）
9	改并浏阳城乡各书院公启	第11号	二月二十六日（3月18日）
10	读南海康工部有为条陈胶事折书后	第16号	三月初三日（3月24日）
11	论湘粤铁路之益	第19号	三月初七日（3月28日）
12	论官绅集议保卫局事	第25号	三月十四日（4月4日）
13	论电灯之益	第29号	三月十八日（4月8日）
14	群萌学会叙	第32号	三月二十二日（4月12日）
15	以太说	第53号	闰三月十六日（5月6日）
16	释名	第35号	三月二十五日（4月15日）
17	辨实	第35号	三月二十五日（4月15日）
18	学会	第35号	三月二十五日（4月15日）

① 张之洞：《致长沙陈抚台黄臬台》（光绪二十四年闰三月二十一日午刻发），载《戊戌变法》第2册，第609页。

续表

序号	题目	刊发期数	时间
19	通情	第35号	三月二十五日（4月15日）
20	平权	第36号	三月二十六日（4月16日）
21	仕学	第36号	三月二十六日（4月16日）
22	法律	第36号	三月二十六日（4月16日）
23	财用	第37号	三月二十八日（4月18日）
24	群学	第37号	三月二十八日（4月18日）
25	湘粤	第37号	三月二十八日（4月18日）

第三章

谭嗣同社会交往探微

谭嗣同在一生中，结交了不少朋友，并拜欧阳中鹄、涂启先、刘人熙为师。北游访学期间，又结识了吴德潇、吴樵、梁启超、夏曾佑、吴雁舟、李佳白、徐仁铸等人，在上海则结交了宋恕、傅兰雅、孙宝瑄等人，在南京则拜杨文会为师，学习佛教，并与郑孝胥、陈庆年等人探讨维新思想。关于谭嗣同的社会交往，贾维在《谭嗣同与晚清士人交往研究》，丁平一在《谭嗣同与维新派师友》，已经进行了深入的分析。本章拟在前人的研究基础上，详人之所略，略人之所详，选取在谭嗣同社会交往圈中三位有代表性的人物，一位是湖南巡抚陈宝箴，陈在湖南维新运动中，与谭嗣同有过不少交接；一位是谭嗣同的老师刘人熙，刘在谭嗣同的学术转向上具有重要作用；一位是谭嗣同的父亲谭继洵，谭是他的保护者，又对他的维新活动有种种限制，通过对谭嗣同与他们交往过程中细节的梳理，来展示谭嗣同社会交往中的有利条件及制约因素。

第一节　谭嗣同与陈宝箴：以谭嗣同戊戌年拟赴日本事为中心

湖南维新运动中，地方官陈宝箴、黄遵宪等与地方绅士熊希龄、谭嗣同、王先谦等在许多方面进行了合作，将维新运动推向了高潮。对于在合作过程中新旧的冲突，以及地方督抚与地方绅士的不同见解对维新运动的影响，已经有不少学者进行了研究。黄彰健先生在《论光绪丁酉戊戌湖南新旧党争》一文中，将重点放在了谭嗣同、唐才常的自立民权活动中，详细考订了有关湖南新旧党争的史实，黄先生特别指出，如能看到戊戌年的《湘报》以及陈宝箴的文集，将在异日加以补充修订。[①] 罗志田先生在《思想观念与社会角色的错位：戊戌前后湖南新旧之争再思》一文中，指出："一个全面的丁酉戊戌时期湖南新政及新旧之争的动态历史图像还有待于重建，这样的重建至少需要一组立足于实证的系列文章。"[②] 马勇先生在对时务学堂的探讨中，指出之所以引起冲突是由于梁启超改变了时务学堂的宗旨，将时务学堂变成宣传其个人政治主张的阵地，激起了湖南正统学者的激烈反对，并引发了所谓新旧思想的冲突。[③] 对于谭嗣同与湖南巡抚陈宝箴之间的关系，由于文献较少，研究者尚关注不多。

湖南维新运动中，谭嗣同是一个值得重视的人。笔者在研究过程中发现，在他和湖南巡抚陈宝箴之间，有一系列矛盾现象。目前表明陈宝箴对待维新派的文献较少，与谭嗣同书信中所叙陈宝箴殷殷求才之意形成反差的是，谭并未在新政机构中任要职。另外，与谭嗣同、梁启超等人将南学会设计为地方自治机构的宗旨不同的是，陈在演讲中将南学会设立的目标定为"莫打洋人"[④]，虽可将之理解为是在公开场合中的表态，与真实态度应区别看待，但毕竟透露出两者之间存在反差。期待与现实的反差是造成矛盾的潜因，其引爆点就是调阅时务学堂课卷一事。它不仅引爆了新旧矛盾，而且使趋新人士陷入龃龉。因此说，在地方督抚的眼中如何任用谭嗣同，及其对谭嗣同的态度变迁，均值得研究者重视。因为"共信不生、团结不固"，一些看似细微的事件，可能会透露出重要的信息。

在谭嗣同的书信里，有一封信提到他计划赴日，但因父亲谭继洵不允，未能成行。此信所揭示的信息，存在疑点，值得探究，因为它牵涉

---

① 参见黄彰健《论光绪丁酉戊戌湖南新旧党争》，载黄彰健《戊戌变法史研究》，上海书店出版社 2007 年版，第 379—503 页。

② 罗志田：《思想观念与社会角色的错位：戊戌前后湖南新旧之争再思——侧重王先谦与叶德辉》，《历史研究》1998 年第 5 期。

③ 参见马勇《梁启超与时务学堂再研究》，《社会科学研究》2010 年第 5 期。

④ 此为皮锡瑞对陈宝箴演讲内容的概括。陈宝箴在演讲中称立志自知耻始，为学自正志始。"诸君既有志于学，正宜及时自奋，与同志诸人共相讲习，切磋琢磨，捐弃故技，以求振国匡时，济世安人之要道。"（《陈右铭大中丞讲义》，《湘报》第 1 号）

到谭嗣同在湖南维新运动中的定位，和地方官与谭嗣同进行合作的一些微妙打算。

一 陈宝箴在选派赴日人员过程中的游移

光绪二十四年正月二十一日（1898年2月11日），谭嗣同致信刘世珩，称自己本拟在正月奉命赴日，因迟到未能成行。他说："别后风水俱逆，直至十九始行抵鄂渚……因此迟误，又误却一大事，南皮、义宁会派姚石泉及兄密赴日本（此事乞密之），定今日行，兄到迟检点不及，家严遂不允许，饬令即速还湘，失此大事因缘，明日即急装返里。"①

南皮指"湖广总督张之洞"，义宁指"湖南巡抚陈宝箴"，姚石泉指"姚锡光"，家严指"谭嗣同之父湖北巡抚谭继洵"。我们可从该信中得到如下信息：谭嗣同正月十九日到武昌；张之洞与陈宝箴联合派谭嗣同与姚锡光赴日，拟定正月二十一日出发；谭嗣同因迟到，来不及检点行李，加上其父谭继洵阻止，无法赴日。但最近出版的《陈宝箴集》所收陈的电文中，却在赴日选派人员一事上，与谭书信有较大的出入。

光绪二十四年正月十三日（1898年2月3日）张之洞致电陈宝箴，请其速派人与湖北所派的人一同赴日，"选人就学日本之举，闻湘省亦同此意，而先派一人偕宇都往察度，办法甚善，宇都本定十七日由鄂启行，鄙意恐湘人赶不及，商留三五日，彼亦允。望速派来鄂，偕敝处所派之员同往"②。同日，张之洞又致电陈宝箴，称拟与神尾光臣商议，延请日本教习，采用新法练兵，湘、鄂分练，请陈宝箴速派一人，"须晓兵事而又能知尊意者，与神尾互商，有章程再入告"；他认为日本陆军采用德、法两国兵制，并按照其本国情况予以改变，中国采纳，有许多便利，"地近、薪廉、种同，文字、语言、风俗又相近"，练兵事可与派人就学日本二者并举，以济急用。③

---

① 谭嗣同：《致刘世珩》三，载《谭嗣同全集》，第526页。

② 苑书义、孙华峰、李秉新：《张之洞全集》第9册，河北人民出版社1998年版，第7486页。

③ 参见《张之洞全集》，第7487页。

正月十四日（1898年2月4日）陈宝箴复电，称拟派蒋德钧[①]赴日，但蒋尚未答复。“此次东行，拟派蒋绅［德］钧，已属其向岘帅（两江总督刘坤一）请假一月，如不成行，即另派人偕往，顷尚未得复电，请留神尾暂住数日，定议即电闻。”[②] 正月二十日（2月10日），陈宝箴致电张之洞，称蒋德钧复电不能东行，陈拟“另派续往”[③]。从电文来看，湖南巡抚陈宝箴对赴日人选，属意于蒋德钧。正月十三日前，熊希龄曾请陈宝箴委派其赴日，而陈未允准，正月十三日，陈复信解释了熊暂时不能赴日的原因。[④] 正月二十日，在蒋复电不能东行后，陈决定“另派续往”，但续派何人，电文中未提，至少在正月二十日给张之洞的电文里，陈宝箴尚无计划派谭嗣同赴日的打算，而次日姚锡光等人将起程。[⑤]

正月十五日至正月十九间，陈、张是否就此事有来往电文，尚不清楚，现存这一时段的往来电文，未谈及此事。如果陈宝箴将谭嗣同作为赴日备选人的话，他应该会在正月二十日致张之洞的电报中，对此事予以说明，以谭继洵不同意为由，否决派谭嗣同赴日的计划，但是在正月二十日的电报中并无这些线索，在正月初到正月十九日之间，陈宝箴对谭嗣同有何承诺，在现存资料中，尚无佐证。

谭嗣同光绪二十三年十一月初七日为促办铁路、轮船事到长沙，十二月初离开长沙到湖北，十二月二十一日前后由武昌赴南京。其间张之洞和陈宝箴尚未达成派人赴日的协议。光绪二十四年正月初七日，他在南京与刘世珩道别[⑥]，次日拟“携眷归湘，将不复出”[⑦]。但未成行，正

---

① 蒋德钧曾任四川知府，捐升道员。刘坤一委任他为上海机器局总办。后在湖南，陈宝箴派充营务处，又委在省城统领新练洋操三营。百日维新后遭弹劾，被指为“新进少年，浮夸子弟，到处钻营”此时，他任上海机器局总办。能否赴日，须征得两江总督刘坤一的同意。（参见《戊戌变法档案史料》，第490页）

② 汪叔子、张求会：《陈宝箴集》下，中华书局2005年版，第1556页。

③ 《陈宝箴集》下，第1569页。

④ 参见《陈宝箴集》下，第1768页。

⑤ 参见姚锡光《东瀛学校举概》，《湘报》第122号，中华书局2006年影印，第1172页。

⑥ 参见谭嗣同《致刘世珩》一，载《谭嗣同全集》，第525页。

⑦ 谭嗣同：《致汪康年》二十五，载《谭嗣同全集》，第514页。

月初九日，他尚在南京。[①] 正月十三日，他尚未到达长沙。[②] 正月十四日，陈宝箴确定派蒋德钧赴日。[③] 正月期间，谭嗣同是从南京直接到武昌，还是从南京到长沙，再由长沙到武昌，目前尚不清楚。如果他直接到武昌，出发日期最迟在初八日，当时张、陈尚未确定赴日人选。到武昌时已经为十九日，途中“风水俱逆”，当难获取赴日信息。如果有消息，当是在十九日获取。如果他走的是第二条道路，他当在十四日或十五日到长沙，见到陈宝箴，了解到赴日情况。根据陈宝箴的书信，他正月十三日尚未抵达长沙。根据皮锡瑞所记，长沙到武昌的行期最少需要5天，若从十九日到达武昌倒推，谭嗣同最迟须在十五日从长沙出发。陈宝箴十四日确定蒋德钧为赴日人选，十五日又属意于谭嗣同，这种可能性也不大。另外，一直在长沙的皮锡瑞的日记中，从十二月初一日后未记谭的行踪，直至正月三十日，方又见其行踪。因此，综合各方面材料可以看出，谭嗣同似为直接由南京到武昌，到武昌后发现可以赴日，但因父亲谭继洵阻止，未能成行。[④]

基于以上原因，致使在赴日一事上，谭嗣同和陈宝箴的判断出现了反差，谭嗣同认为如果不是因为途中耽搁和父亲谭继洵的阻止，自己可以赴日考察。但从现有的材料来看，陈宝箴至少在正月没有明确派遣谭嗣同赴日的意图。从现存湖南巡抚陈宝箴与湖广总督张之洞的信里，可以看出陈对是否派人以及派何人赴日，态度游移，先是属意于蒋德钧，后张之洞建议派黄忠浩[⑤]，被陈宝箴否决，其间陈似有派谭嗣同赴日的打算，但被张之洞否决，最后陈确定让熊希龄带领选派的学生赴日。三月十三日（4月5日）张之洞致电陈宝箴，一方面促其速派员赴日，趁

---

① 据缪荃孙记载，正月初九日，“徐积余招饮，龙松岑、谭复生、顾石公、蒯礼卿、章曼仙、徐积余、刘聚卿、茅子贞仝席”。（缪荃孙：《艺风老人日记》第3册，北京大学出版社1986年影印版，第1019页）

② 参见《陈宝箴集》下，第1768页。

③ 同上书，第1556页。

④ 茅海建先生认为谭嗣同未能赴日，亦因张之洞的反对而未成行。（参见茅海建《戊戌变法的另面“张之洞档案”阅读笔记》，上海古籍出版社2014年版，第396—397页）

⑤ 黄忠浩，字泽生，湖南黔阳人，内阁中书，湖南统领营官，统领新练洋操三营。百日维新后被弹劾，称其不知兵，“纵勇殃民，专讲应酬营谋差缺”，（《戊戌变法档案史料》，第491页）《清史稿》有传。

“此时鄂有委员在彼，先派一两员往看，询商大略”，一方面认为谭嗣同有事不能分身，难以赴日，建议派黄忠浩前往，因为“此次派人，须即派带兵勇、管学堂之员，尤为有益。官大小不拘，窃谓黄中书忠浩最好。并须派一武官同往，不拘大小，有武官方能看营垒。谭道（指谭嗣同，因其为江苏候补道）恐有事不能分身，且不如黄，乃自己所办之事也”[①]。

三月十五日（4 月 7 日），陈宝箴致电张之洞，称黄忠浩难以分身，已电托姚锡光“一并商办，学生约五十人为度”。姚复电湖南可以不另派人赴日。[②] 其间，谭嗣同似一直盼望赴日，他在致夫人李闰的信中说：“东行须俟姚锡光（石泉）电，大约可以不去矣。”[③] 张之洞认为谭嗣同“有事不能分身”，在三月份，有什么事呢？张之洞在闰三月委任谭嗣同办理湖南茶务。称其有事要么是一种托词，不愿让谭嗣同赴日；要么就是张之洞在当时，已经打算让谭嗣同在维新中担负一定的责任。[④]

闰三月下旬，谭嗣同被张之洞委为总办湖南制茶公司，公司全称为“长江机器焙茶公司湖南省分公司”。他负责购买机器，寻找合适的厂房。《湘报》第 64 号详细记载了谭嗣同被委任事。“香帅今春在鄂创立制茶公司，业委穆和德为督办，而湖南茶务实为大宗，长沙亦须分设公司，昨香帅由驿排递公文，已札委本馆谭复生观察嗣同总办湖南焙茶公司，纠集绅商领本购办机器，建立厂基，将来茶务可望振兴也。”

二　赴日目的及使命

谭嗣同如果赴日，他的使命是什么，为什么说是秘密的，其保密性何在？谭嗣同在信中提及拟与姚锡光一同前去，根据姚锡光的书信，他是奉张之洞之命前去考察日本学校的，并计划派学生到日本去学习，可推测谭嗣同的使命与姚相同。姚的书信也证实了谭嗣同的话，即此行是秘密的，未带官方文书。姚称“初七日宇都宫来密询，此次东来有我国总署公文达伊国外部否，锡光答以无，又询有张制台公文否，锡光答以

① 《张之洞全集》第 9 册，第 7541 页。

② 《陈宝箴集》下，第 1589 页。

③ 谭训聪：《清谭复生嗣同先生年谱》，台湾商务印书馆 1980 年版，第 31 页。

④ 据皮锡瑞《师伏堂日记》，谭嗣同曾在光绪二十三年十一月受张之洞派遣赴湘“促办铁路、轮船”。

制台有公文咨我公使，必转询贵国外部”①。另外从前引电文来看，赴日使命还有考察日本军事，延请日本教习在湘、鄂练兵。张之洞派人到日本去考察一事，开始是秘密的，是湖北单方面的行动。光绪二十三年十二月二十六日（1898年1月18日），陈宝箴致电总署，称张欲派郑孝胥、乔树楠、姚锡光三人赴日本，并称可借此联英，以解决胶州湾事变所带来的危机。② 张之洞在十二月二十六日致电总署，否认此事。“顷接湘抚陈电云：‘湘省亦电奏，论及联英，有鄂省拟派郑、乔、姚三员赴日本’等语，不胜诧异……联英一说，……或借联倭以联英，不过拟议备采，既奉旨，万勿轻允，岂有径派人往东洋之理。郑孝胥一员，系因日本人力劝华人赴彼学习，明春拟派学生赴东洋入武备、农工各学堂，因郑曾到东洋，故与之谈及拟令带往，此乃从容缓著，与联英事无涉，陈电实属远道讹传误听。”③

张之洞后来与陈宝箴达成共识，计划派学生赴日本留学，光绪二十四年二月二十五日（1898年3月17日）出版的《湘报》，有题为“两湖议遣子弟出洋”的报道，称拟派学生赴日本学习工艺、武备，各遣学生一百名，每年每人约助经费一百八十元，一切伙食、书籍、笔墨皆日本学堂供给。④ 光绪二十四年三月十四日（1898年4月6日），张之洞致湖南巡抚陈宝箴，称姚锡光电询湖南是否确定派武备学生，并建议派了解军事的黄忠浩前往。“委员自东洋电询，湖南究派武备学生往否？须与彼国一实信。鄙意熟察时局，非急练兵不可，练兵非赴外洋学习不可，东洋路近费省，而彼意诚切，尤为有益。湘军，加以洋学真无敌矣，此为今日保湘省、筹大局、备援应第一策。淅省如有意遣学生往，似宜趁此时鄂有委员在彼，先派一两员往看，询商大略，诸事较便。但此次派人须即派带兵勇管学堂之员尤为有益，官大小不拘，窃谓黄中书忠浩最好，并须派一武官同往，不拘大小，有武官方能看营垒，谭道恐有事不能分身，且不如黄乃自己所办之事也。鄂拟派学生百人分两起往，湘约拟若

---

① 姚锡光：《东瀛学校举概》，《湘报》第122号．中华书局2006年影印版，第1172页。

② 参见《陈宝箴集》下，第1539—1540页。

③ 《张之洞全集》第9册，第7549页。

④ 参见《两湖议遣子弟出洋》，《湘报》第10号。

干人？并祈酌定。每人岁需费四百元，较西洋所省过半，照料委员须一两人。总之，湘自湘，鄂自鄂，分为两局，各办各事也。”[①] 陈光绪二十四年三月十五日（1898 年 4 月 7 日）回电，称黄忠浩无法脱身，拟请姚锡光代办。“湘省议送学生事，黄中书另招新勇六旗甫就，尤难派往。前已电托宪委姚锡光一并商办，学生约五十名为度。已得复电，云：‘可不另派人往日矣。’”[②] 光绪二十四年七月初九日（1898 年 8 月 25 日），张之洞致电陈宝箴，称情况有变化，日本在费用方面不是全包，在这种情况下，湖南准备如何派学生。“前接总署电，中国可派人赴日本学堂，该国政府代支经费。昨署东电：‘火食等费须自备，每人岁需三百元，日本只代出束修。’不知前后何以参差，岂前所谓代支者止束修耶？尊处派几人？所学者何门？派何人带往？何时行？”[③]

张之洞光绪二十四年八月二十二日（1898 年 10 月 7 日）亥刻发电给陈宝箴，询问湖南派五十名学生赴日学习武备，是否选定，准备派何人带往。“湖北拟派武备学生五十名，各门学生十名，又拟派弁目五十名入教导团。此项视学堂功夫较浅较速，只备充哨官之用，人数尚未选定，大约须十月方能启行。”[④] 因政变爆发后陈宝箴离职，两湖合派学生赴日的计划搁浅。

三　谭嗣同在汉口与日本人的接触

虽未赴日，谭嗣同还是与当时在汉口的日本人有所接触。他见到日本参谋部神尾光臣、梶川重太郎、宇都宫太郎等人，相互交换了对中日关系的看法。他说：“鄙人顷在湖北，晤日本政府所遣官员三人，言中日唇齿相依，中国若不能存，彼亦必亡。故甚悔从前之交战，愿与中国联络，救中国亦以自救也。并闻湖南设立学会，甚是景仰。自强之基，当从此起矣。”[⑤] 他将神尾等人的言论告诉唐才常，并倡导中国与英日联盟。唐在《论中国宜与英日联盟》中提到神尾光臣等人欲与中国以及湖南加

① 《张之洞全集》第 9 册，第 7541 页。

② 《陈宝箴集》下，第 1589 页。

③ 《张之洞全集》第 9 册，第 7646 页。

④ 同上书，第 7663 页。

⑤ 谭嗣同：《论中国情形危急》，载《谭嗣同全集》，第 398 页。

强联系的想法。“正月之杪，谭复生见三人汉口，神尾言曰：‘彼我本兄弟国，贵国遇我良厚，不意朝鲜一役，遂成仇衅。又不意贵国竟不能一战，挫衅不可收拾。嗣兹以来，启各国心，危若朝露，每一回首，悔恨何及。然贵国亡必及我，我不联贵国，将谁联？……顾君熟思，同往我国，谋定后动。凡振兴诸端，皆能相助为理’……又曰：‘侧闻湘省风气大开，钻研政学，无任钦迟，尤愿纳交，相为指臂。且振兴中国，当于湖南起点。如联盟计成，吾当为介于英，而铁轨资焉，国债资焉，兵轮资焉，一切政学资焉。吾又当与英尽收亚细亚煤块，断绝各国轮船之用，使近无可屯，远难速运。铁舰来多，则不能持久，少则尾之，轰之立碎，此不战而屈人之兵，而以悉网煤矿，制太平洋死命，便甚。君谓何如矣？君不遗我国，率众至，请馆之上宾。’”①

由于与英日联盟在当时是敏感话题，谭嗣同与唐才常将之行诸笔端，受到陈宝箴的批评，唐上书陈宝箴，表示“以后当谨守机事必密之恉”②。

四　湖南维新运动中谭嗣同的角色定位及新派之间的冲突

陈宝箴如果不打算派谭赴日，那么他对谭在湖南新政中能够起到的作用，又是如何认识的？不拟派谭嗣同赴日，也可能是希望其在湖南维新中发挥更大作用，陈宝箴正月不允熊希龄赴日，就属于这种情况。他在信中说：“东瀛之行，固无如台端之为益甚多者，第省城诸事即将停办，骤作骤辍。欲图再举，又将如轮船之事，岂非儿戏！……若台从既去，又成惝恍之局矣。”③ 谭嗣同在书信中，也多次提到陈宝箴邀请他回湖南之事。如“义宁中丞以礼为罗，已许之矣。顾刻下未遑，俟局事蒇，且得汉口书，始能定行止也”④，“沅帆在此，累述右帅之恉，敦促嗣同往湘”⑤，他还作诗对陈宝箴屡次征召的厚意表示感激，“亡命向江海，柯亭十六椽。世无马南郡，黄鹤自翛然。夜久风嬉水，天寒月吊烟。自为厨

---

① 湖南省哲学社会科学研究所：《唐才常集》，中华书局 1980 年版，第 151—152 页。

② 唐才常：《上陈宝箴》，《唐才常集》，第 240—241 页。

③ 《陈宝箴集》下，第 1761 页。

④ 谭嗣同：《致唐才常》二，载《谭嗣同全集》，第 529—530 页。

⑤ 谭嗣同：《致欧阳中鹄》九，载《谭嗣同全集》，第 456 页。

下爨，太息累名贤"[①]。谭嗣同对陈宝箴亦十分钦佩，他在给友朋的书信中说："遇事有中丞主持，如释伽无言，自为众生所皈依，湘士必无忧也。"[②]

谭嗣同受陈宝箴重视，可能与其师欧阳中鹄的推毂有关，欧阳中鹄在给陈宝箴的信中说："复生想已来谒，函丈惜天下奇男子，不使贬辱，真所谓抑扬人才，雕绘士林，令人感泣。复生才气纵横，为人所不能为，在前代近李文饶、张太岳，在国朝近李卫、田文镜。任天下事必日起有功，任乡党事或太刚则折，以辅中鹄，实为相济。"[③]

湖南巡抚陈宝箴在光绪二十四年正月十三日（2 月 3 日）致信熊希龄，称待谭嗣同回湘后商议事件。"目前亟办之事，如学堂劝捐修费……学会开办规模，及公举外县之人，章程节目，均必不可缓。武备学堂又其次也。目前筹款之策，惟粤盐尚可有望，复生来后，当与反复筹商，及与朱禹田翁详商妥议，以期必成。"[④] 可以设想，在正月，陈宝箴可能希望谭嗣同回湘为湖南新政出一把力，而不是到日本去考察。但谭嗣同回到湖南后，并未被委以重要职务，仅有要委他为即将开办的武备学堂绅提调的传闻。[⑤] 三月份，熊希龄曾请陈宝箴委谭嗣同为时务学堂总理，未获准。[⑥] 虽然如此，谭嗣同在维新运动中还是表现得比较活跃。

关于陈宝箴任用熊希龄、谭嗣同等人在湖南展开维新运动的隐衷，曾在陈幕府的欧阳中鹄如此揭示："义宁抚湘，锐于求治。……其为学宗旨，大处卓然，行事亦复有序。若畸重一边，又挟悍鸷孤行之气以求速，则实诸人之咎，而舍此别无人可用，未免有羁縻爱惜之心。"[⑦] 相比较而

---

① 谭嗣同：《江上闻笛诗奉怀陈义宁公也连辱见招竟不自拔》，载《谭嗣同全集》，第 241 页。

② 谭嗣同：《致刘淞芙》七，载《谭嗣同全集》，第 484 页。

③ 欧阳中鹄：《复上陈中丞》，载《瓣姜未刊函稿》抄本第 3 册，转引自贾维《谭嗣同与晚清士人交往研究》，湖南大学出版社 2004 年版，第 165 页。

④ 《陈宝箴集》下，第 1761 页。

⑤ 参见皮锡瑞《师伏堂日记》第 3 册，国家图书馆出版社 2009 年版，第 103 页。

⑥ 参见熊希龄《熊希龄为时务学堂事上陈宝箴书》，《湘报》第 112 号，中华书局 2006 年影印版，第 1060 页。

⑦ 欧阳中鹄：《复艮生》，载《瓣姜函稿》，转引自邓潭洲《关于谭嗣同生平事迹的几个问题》，《求索》1988 年第 4 期，第 112 页。

言，陈宝箴更加重视熊希龄、蒋德钧，皮锡瑞在日记中透露了这样的信息，他在光绪二十三年十一月廿四日日记中说：“右帅云须熊、蒋来议，轮船亦非熊、蒋不行，视二人如此其重也。”①

谭嗣同在湖南维新运动期间，曾经担任南学会观察，《湘报》主笔。后来又筹划湖南机器制茶公司。在调阅时务学堂课卷一事上，谭嗣同与陈三立、邹代钧等发生了激烈冲突。光绪二十四年闰三月十五（1898 年 5 月 5 日）谭嗣同由长沙归浏阳，至四月十五日（6 月 3 日）方回长沙。其间，发生了调阅时务学堂课卷事。陈宝箴示意欧阳中鹄将删改札记和札记中有问题的事，通知谭嗣同，谭断然否认删改札记之事，认为熊希龄等人不会如此胆小。“学堂事则有传闻不确者。姑无论功课中所言如何，至谓‘分教皇遽无措，问计秉三，乃尽一夜之力统加抉择，匿其极乖谬者，就正平之作临时加批’云云等语。嗣同于调札记时虽未到省，然于秉三及分教诸君，深信其不致如此之胆小。宗旨所在，亦无不可揭以示人者，何至皇遽至此？平日互相劝勉者，全在‘杀身灭族’四字，岂临小小利害而变其初心乎？”② 在邹代钧致汪康年的信中，也多处展现了他和谭嗣同、熊希龄之间激烈的矛盾冲突。他说：“现为湘中时务学堂，鄙人已与谭、熊树敌（公度助谭、熊），能挽回与否，尚不能必。”③“鄙人为时务学堂事，竟与谭、熊为深仇，谭虽得保而去，熊仍踞此间……公以恬退责我，我不受也。苟不恬退，谭、熊必以洋枪中我矣。此二人者，鄙人向引为同志，本有才，从前作事，尚为公，一旦陷入康门，遂悍然不顾。”④

余论

作为一位在南京候补的官员，谭嗣同期望能够在维新运动中有所作为。他一方面与《时务报》集团的维新人士多有往来，一方面特别关注故乡湖南的维新运动，努力在其中发挥作用。作为湖北巡抚谭继洵之子，

---

① 皮锡瑞：《师伏堂日记》第二册，第 481 页。

② 谭嗣同：《上欧阳中鹄》二十一，载《谭嗣同全集》，第 474 页。

③ 邹代钧：《致汪康年》，载《汪康年师友书札》第 3 册，上海古籍出版社 1987 年版，第 2754 页。

④ 《汪康年师友书札》第 3 册，第 2757 页。

湖南的地方绅士，他的个人才干和社会关系是湖南巡抚陈宝箴所重视的，因为客籍地方官与本土绅士的合作是维新运动展开的重要保证，“官绅同志，事必有成”①。在合作过程中，有融洽的一面，如谭嗣同在致刘善涵函中称“遇事有中丞主持，如释迦无言，自为众生所皈依，湘士必无忧也”②，但同时也会有不一致的地方，甚至会起冲突。对于同一事件，会有不同的理解。如对谭嗣同赴日一事，谭嗣同的理解就与陈宝箴的想法不一致。同样的事例还发生在谭嗣同和张之洞之间。据皮锡瑞日记记载，谭嗣同是张之洞派到湖南促办铁路、轮船的。为维护路权，谭嗣同等人呈请创办湘粤铁路公司，集股开办，公举黄遵宪为总办。③ 十一月初八日（1898 年 12 月 1 日），由陈宝箴禀请张之洞致总署备案。但张之洞以“湘绅尚未悉铁路甘苦曲折”拒绝上报总署，因为缺少款项、没有章程的空头公司难以立案。④ 关于湘、鄂小轮一事，张之洞和陈宝箴之间存在分歧，张称“此事以缓办为第一义；不可，则以专渡洞庭为第二义”⑤。对于此事，张之洞和谭继洵之间也存在分歧。⑥

对同一维新事业的不同认识，影响了谭嗣同与地方官员的合作，他本是抱着热望来湖南推进铁路与轮船发展的，几个回合后，已觉无力，认为“中国事非一时能办”⑦。在改革策略上，陈宝箴比较持重，他“独知时变所当为而已，不复较孰为新旧，尤无所谓新党旧党之见”⑧ 的处事方式，与谭嗣同等激进速成的期待是有距离的。同样，谭嗣同“亡后之图”的言论⑨，在陈宝箴等人看来也是惊世骇俗的。因此，对于如何在湖南开展维新运动，他们之间当存在分歧。无论是谭嗣同还是陈宝箴，在如何处理分歧方面，均存在不足。曾担任南学会主讲的皮锡瑞，被迫离开湖南前往江西后，分别给谭嗣同、熊希龄和陈宝箴写信，信中除了对

① 皮锡瑞：《师伏堂日记》第三册，第 2 页。

② 谭嗣同：《致刘淞芙》七，载《谭嗣同全集》，第 484 页。

③ 参见《陈宝箴集》下，第 1517 页。

④ 同上书，第 1518—1519 页。

⑤ 同上书，第 1524 页。

⑥ 同上书，第 1536 页。

⑦ 皮锡瑞：《师伏堂日记》第二册，第 472 页。

⑧ 《陈宝箴集》下，第 2003 页。

⑨ 参见谭嗣同《上陈右铭抚部书》，载《谭嗣同全集》，第 276—289 页。

湖南维新运动的深入开展充满期待外，还分别对二者的政治活动提出了建议，颇能切中肯綮。在给谭嗣同、熊希龄的信中，他指出变法之初，必有一番风波，建议他们待以镇静，持以坚忍，久之风气渐开，风波自息，不可因为有人搅乱，过于张皇，引起激烈的冲突。关键要集思广益、开诚布公，同时要将近期目标和长远目标分别对待，“省城新政初立，又值考试赛会，尤事机吃紧之时，所冀阴雨绸缪，保全桑梓，此一时之至计。至于将来布置，当可缓也”①。对于陈宝箴，他则建议其“宣明德意”，公开坦诚地表达见解，以免除世事纷纭，因为“新政甫举，浮言繁兴，固由浅人不知曲体深心，妄生疑阻，亦由未能宣明德意，反致纷纭”，他恳请陈宝箴能够“待以镇定，持以坚忍”②，久之风波自息，风气渐开。可惜的是，谭嗣同、熊希龄在维新运动中日益激烈，导致风波迭起，险象环生，而湖南巡抚陈宝箴也没有像皮锡瑞所期待的那样，开诚心，布公道，曾经轰轰烈烈的湖南维新运动，在内外矛盾交织中，也未能达到其预期的目标。

第二节　谭嗣同与刘人熙：以学术取向的转变为中心

谭嗣同生于北京，十三岁随父返回浏阳原籍，十四岁随父赴任甘肃巩秦阶道，从此开始了他十年游历南北的生活。在京期间，他曾向多位老师学习，对他影响最大的为欧阳中鹄。在浏阳，他曾跟随涂启先学习，奠定了他研究传统学术的基础。但南北壮游，四处奔波，迫于应试，使他在学习的过程中，练就了豪迈的性格，重视经世之略，喜欢雕文琢句，而对于心性之学，探求较少。欧阳中鹄是他终身的老师，他侍奉时间最久，经常探讨问题，欧阳重视王夫之学问的取向，对谭嗣同应当有一定影响。谭嗣同在《报刘淞芙书二》中表达了对欧阳中鹄、刘人熙的钦佩，“同县蔚庐、瓣姜两夫子，实能出《风》入《雅》，振前贤未坠之绪……刘……绝无依傍，一唱三叹，局度雍容，如离高山而履平地，如谢干戈

① 皮锡瑞：《师伏堂日记》第3册，第205—206页。

② 同上书，第206页。

而讲揖让，宽兮绰兮，适肖其胸中之所存，其《翠华》、《黄屋》、《明堂》、《重器》诸篇，非学究万卷，贯彻天人，乌能道其一字。”

浏阳三先生的教诲，对谭嗣同了解、学习中国传统学术奠定了基础，但在谭嗣同的学术取向中，根据其本人的记载，认为受到刘人熙的影响要更为深入一些。他承认自己虽受读瓣姜、大围之门，但由于童蒙无知，收获不大。自从在京师向刘人熙请教后，开始认识到永嘉学派的浅中弱植，体会到张载、王夫之学问的精华，并对乡贤朱先生的学问有所了解，并在师友的帮助下，开始了学术思想的转变。“俶睹横渠之深思果力，闻衡阳王子精义之学，缅乡贤朱先生闇然之致，又有王信余（即王揭芳）、陈曼秋（即陈长樞）、贝元征（即贝允昕）以为友。困而求亨，翻然改图，愧弄戟多少之讥，冀折节勤学之效。”①

他特意将自己写给刘人熙的信收入《石菊影庐笔识》，表明自己学术取向的转变。《石菊影庐笔识》收录多篇探讨心性修养及《易学》的文献，亦当是谭嗣同受刘人熙影响的结果。同时，刘人熙对音乐的研究，对谭嗣同在音律上的研究有所影响，刘在著作中吸收了谭嗣同关于音乐的部分见解。

但是谭嗣同在思想发展过程中并不盲从。他始终服膺墨子，尽管刘人熙认为墨子为异端邪说，“尝引其书之盭孔孟旨者诲之”，但谭嗣同并不为所动，而是坚持研读墨子，“于墨子之兼相爱交相利，终身奉行不懈”②。对于永嘉学派，尽管认识到其在修养心性方面的不足，但也认为其在经世济用方面的贡献。他说：“夫浙东诸儒，伤社稷阽危，蒸民涂炭，乃蹶然而起，不顾瞀儒曲士之訾短，极言空谈性命无补于事，而以崇功利为天下倡。……今之时势，不变法则必步宋之后尘，故嗣同于来书之盛称永嘉，深为叹服，亦见足下与我同心也。”③

一　学术思路的转向：从经世到修心

在给刘人熙的信中，谭嗣同谈到自己的学术取向，从喜谈经世略到

---

①　谭嗣同：《报刘淞芙书》一，载《谭嗣同全集》，第8—9页。

②　唐才质：《戊戌闻见录》摘抄（未刊稿），载政协长沙市委员会、政协浏阳县委员会、谭嗣同纪念馆合编《谭嗣同研究资料汇编》，第268—269页。

③　谭嗣同：《致唐才常》二，载《谭嗣同全集》，第529页。

注重内修。“迩为学专主船山遗书，辅以广览博取，又得贤师友如瓣姜师之刚健文明，王信余之笃实辉光，涂质初（即涂儒翯，涂启先次子）之质直，贝元征之温纯，而又推元征足医嗣同之偏弊。然晤语仅及粗泛，深论之日盖寡……嗣同蚤岁瞽瞀，不自揣量，喜谈经世略，乃正其不能自治喜怒哀乐之见端。苟不自治，何暇治人？苟欲自治，何暇言治人？”[①]

刘勉励谭嗣同探索尽性知天之学，而于永嘉之学[②]，则讥其浅中弱植。[③] 谭得闻永嘉学派的不足后，“由永嘉返濂洛”，开始接触张载、王夫之等人的学问，阅读《四书训义》《周易内外传》《张子正蒙传》。

在刘人熙的影响下，谭嗣同改变读书的重心，开始重视自治心性的学问，对王夫之的论著有所涉猎。“专主《船山遗书》，辅以广览博取。”[④]

谭嗣同曾上刘人熙书一通，报告学术进展。该信被谭收入《石菊影庐笔识》第三十条中，以反映自己的学术进程。他称自己当时为学专主王夫之的《船山遗书》，并辅以广览博取，又得到贤师友的帮助，能够对其学问上的缺失加以补救，其中贝远征最能“医嗣同之偏弊”。刘曾建议谭攻读《四书训义》，因为刘认为《四书训义》一书“阐邹鲁之宏旨，畅濂洛之精义，明汉唐之故训，扫末学之秕糠”。金陵版《船山史书》未收此书，刘人熙在光绪十三年于京师访得此书，嘱其妻弟王铁珊出资刊刻，他亲自作序。[⑤]

谭嗣同将《四书训义》伏读一过，对“内省不疚，夫何忧何惧”[⑥]有所心得，并对自治及治人提出了自己的见解，自己早年喜谈经世之略，正是由于不能自治自身的喜怒哀乐的表现，因为苟不自治，何暇治人？苟欲自治，又何暇言治人？

---

① 谭嗣同：《石菊影庐笔识·思篇》三十，载《谭嗣同全集》，第138—139页。

② 即南宋叶适、陈亮等人的浙东经世之学，该学派重视事功，重视“夷夏之辨”，与朱熹的道学和陆九渊的心学重视“心性”的观点存在矛盾，提出“既无功利，则道义者，乃无用之虚语耳”。

③ 谭嗣同：《致唐才常》二，载《谭嗣同全集》，第529页。

④ 谭嗣同：《石菊影庐笔识·思篇》三十，载《谭嗣同全集》，第139页。

⑤ 参见贾维《谭嗣同与晚清士人交往研究》，第22页。

⑥ 语出《论语·颜渊》第四章，原文为：司马牛问君子。子曰：“君子不忧不惧。”曰：“不忧不惧，斯谓之君子已乎？”子曰：“内省不疚，夫何忧何惧。”

针对谭嗣同的书信，刘人熙回信中指出谭嗣同在学问上日有进步，所言也是切己反躬的言论。信中所提师友之盛，足见其能够从师友处获益，即顾炎武广师的意思，与末学自满相比，其度量的广狭浅深显而易见。刘在致欧阳中鹄的信中，认为谭嗣同似南宋的陈亮，并非仅是夸赞，是希望其有所进步。

他认为谭嗣同称“往者不自揣喜谈治世之略，乃正其不能自治之见端”，说中了陈亮学问的短处，也希望谭嗣同能够自己发现这个短处，现在既然认识到此点，可知陈亮已经不足以成为其学习的目标了。

谭嗣同在信中提到“内省不疚后有不忧不惧工夫，思得用功之要，推本于戒慎恐惧，云以不忧不惧治忧惧，不如以忧惧治忧惧”，刘人熙认为此点只有真正将学问视为为己之学，而非将学问视为可向人炫耀显示的为人的学者才可达到。

谭嗣同在《治言》中还引用刘人熙的话，来说明不能因为一些人运用不当造成失败，来否定古代文明及经典的价值。他说：“闻之吾师蔚庐先生曰：‘子哙以子之亡，不得谓尧、舜不当行揖让；李密以无恒戮，不得谓汤武不当用征诛；新莽败于井田，不得删《尚书》之《禹贡》；王安石祸于青苗，不得毁文公之官礼。’”①

二　受刘人熙的影响，对音乐的研究

谭嗣同的音乐才能，也受到刘人熙的注意。在其著作中，还引用了谭嗣同的一些观点。

刘人熙撰写了《琴旨申邱》，他在该书中记载了谭嗣同的音乐才能。“谭知府嗣同自甘肃来京师，雅好音乐，善南北昆曲，能歌乐章。”②

光绪十二年，刘人熙曾呈请将监生邱之稑从祀乡贤。光绪十三年，代南学诸生撰《呈进〈律音汇考〉辞》，称“邱之稑潜心好古，积学探微，涵圣藻而启秘思，瞻天章而发神悟，殚精竭虑四十余年，寝馈周礼仪礼戴记三经，旁搜管子史汉百家言乐之说，兼综条贯，合漠通微，乃

① 谭嗣同：《治言》，载《谭嗣同全集》，第235页。

② 刘人熙：《琴旨申邱·旋宫第八》，转引自贾维《谭嗣同与晚清士人交往研究》，第112页。

能候气而气应，吹律而律谐，旋相为宫，用而不竭。人巧所诣，妙合自然，于是笺《律音汇考》八卷，传之后学”[①]。刘还撰写《琴旨申邱》，阐发邱的音乐理论。在该书中，刘采纳了谭嗣同的观点。“乐章中复衬腔，与蔚庐先生言之，因援南北九宫为证，衬腔凡乙字于昆山曲为南曲，和婉雍容，故应胜昔。后夫子著《琴旨申邱》一卷，遂采用鄙说。”[②] 但谭嗣同认为该书尚有一些缺憾，即“诸器具备，独阙比竹之管”[③]。

在阅读乐谱的过程中，谭嗣同认为刘人熙的音乐见解颇有道理。他说：“刘蔚庐师亦以为取音当取七徽以下，宽和正大之音。七徽以上，发音尖促凄厉，不宜频用。嗣同阅谱不下数十种，无不兼有此病。尤可笑者，写指法惰用全字，谬为减省，至并数字为一，此不知始自何代。”[④]

三　与刘人熙在变革思想上的分歧

谭嗣同倡导在浏阳兴算，曾上书欧阳中鹄，欧阳删除部分内容，并加以按语，以“兴算学议”为名刊行，并邮寄刘人熙，刘不赞成谭嗣同师徒此举，认为他们的主张非探本之论，发展到极端，就会漠视传统。他说：“以舍人之学，谭生之才（原作“舍人吾畏友，谭生吾高足”），蒿木时艰，盱衡四海，痛哭流泪，大声疾呼，惴惴焉忧四百兆黄种之民，将为洋奴，于是得一术焉，曰：变法。其心苦，其言辩，观其舌锋所至，喙长三尺，不能辟易，而吾以为仍不免于庸者，不揣其本，而齐其末，方寸之木，可使高于岑楼故也。……极舍人、谭生之旨趣，吾惧周、孔之道，不难为土苴，是为郭侍郎推波助澜也，岂不惜哉！破庸人之论，而或不免于庸，非徒庸也，妄亦随之。传曰：不直则道不见。又曰：惟善人能受尽言。舍人、谭生，皆磊落多节不可一世之士，岂善人而已。仆之拙直，于二子尤非所惜，抑心所谓危，必以告也。”[⑤]

---

① 刘人熙：《代南学诸生呈进〈律音汇考〉辞》，载《蔚庐刘子文集》，载《清代诗文集汇编》第753册，第716页。

② 谭嗣同：《致刘淞芙》八，载《谭嗣同全集》，第484页。

③ 谭嗣同：《石菊影庐笔识·思篇》二十二，载《谭嗣同全集》，第134—135页。

④ 谭嗣同：《石菊影庐笔识·思篇》二十五，载《谭嗣同全集》，第136页。

⑤ 参见刘人熙《书〈兴算学议〉后》，参见《蔚庐刘子文集》，参见《清代诗文集汇编》第753册，第693—694页。

谭嗣同去世后，刘人熙一方面辨析谭嗣同是坐以待捕，不愿让亲属受到牵连，应与其他人区别开来。如“谭生才气横天下，不忍逋逃累老亲。（生即谢李提摩太之招，又在县馆焚往来信札，惟留其父训诫之书，故其父得免于难）他日老、韩漫同传，董狐良史要分明”。另一方面，他对谭嗣同的人生态度提出批评，惋惜其见异思迁，变化过促，致使蒙恶声于天下，不能施展才能。①

附：刘人熙《复谭生嗣同书》癸巳

得书知为学日有新功，所言皆切己反躬之实，甚慰期望。所言师友之盛，足见取益宏多，此即亭林先生广师之意。末学詹詹自以为足，其量之广狭浅深为何如也。足下才气横溢，瞻视不凡。前与瓣姜先生书，谓似陈同甫，非徒誉也，亦所以进之耳。来书言往者不自揣喜谈治世之略，乃正其不能自治之见端，此正道著同甫病处，亦冀足下久自见之，今知之矣，则知同甫之不足为学的矣。登高行远，讵有涯涘耶。来书言内省不疚，后有不忧不惧工夫，思得用功之要，推本于戒慎恐惧，云以不忧不惧治忧惧，不如以忧惧治忧惧，非真为己者不能及此，然理虽可通，而于司马牛问君子一章本旨，则不免有牵合儱侗之弊。昔朱子说书最苦心为分明，而及门诸子多喜为牵合之说，则力辨之。盖一本万殊，格物之功不可厌其详也，如此章不忧不惧，盖指得失死生祸福而言，内省不疚，亦指一境一事而言，船山恐人不易明了，明言如司马牛兄弟之亡，岂内省有疚使然，无疚而忧惧，是庸人为利害所摇一大病，则不忧不惧，正有知言养气全副本领。至于古人所说忧盛危明，戒慎恐惧，是吾忧也。临事而惧，此忧此惧，如何少得，来书未曙乎此，故不免支蔓。贝婿书末数语，亦是此处未莹未发之旨。朱子于此极费解释，几无定论，无怪贤者之疑，亦用功人必有之疑。至于中和定说，其论始定。程子曰：“才思即是已发。”又曰：“俨若思时也。”其言简要精纯，要学者自得之。船山《读四书大全》说，未发者，喜怒哀乐之未及乎发，而有言行声容之可征耳。（此与“俨若思时”之旨相发）又云

① 参见刘人熙《生还日记》，载《谭嗣同研究资料汇编》，第432页。

方其喜则为怒哀乐之未发；方其或怒或哀或乐，则为喜之未发。（此与“才思即是已发”之旨相发）然则至动之际，固饶有静存者焉，则于程朱之奥义微言，又已揭日月而行矣。古人胸中经纬粲然，故立言无弊，要归于得邹鲁之本义而止。学者博文约礼，俟其浃洽可也。

足下英气已敛，正是由永嘉返濂洛途径，岂如曹蜍李志奄奄如泉下人哉！则非退而进也决矣。鄙人向学既晚，功力又疏，五十无闻，斯不足畏。所望后来之秀，振兴而光大之，则人心风俗之福也。秋风新凉，努力自爱。①

第三节 从违之间：谭嗣同与谭继洵

以往对谭嗣同、谭继洵父子关系的记述，对谭继洵的负面评价较多。如梁启超就记载谭嗣同南北壮游，察视风土，物色豪杰，但由于其父拘谨，不许远游，致使谭嗣同未能尽其四方之志。② 但谭氏父子关系比较复杂，从父亲谭继洵方面来看，他实际承担着谭嗣同的保护者的角色。无论是捐纳监生，还是捐纳候补知府，或是遭遇风波，谭继洵都会为谭嗣同考虑，并加以处理。作为地方大员，谭继洵的一些社会资源，也为谭嗣同开展维新活动提供了条件。从儿子谭嗣同来看，他对父亲谭继洵抱着矛盾的心态，一方面，他不满意谭继洵对其束缚，希望能够摆脱其控制。“嗣同求去湖北，如鸟兽之求出槛絷；求去中国，如败舟之求出风涛；但有一隙可乘，无所不至。”③ 另一方面，他在许多方面需要得到谭继洵的保护，要时刻征询谭继洵的意见。好友吴樵去世，他不能前去吊唁，其中一个原因便是害怕谭继洵知道，“责其游荡，此又断乎瞒不住，因时有函电往来，无人作答，即露马脚”④。

---

① 刘人熙：《复谭生嗣同书》，《蔚庐刘子文集》，《清代诗文集汇编》第753册，第693—694页。

② 参见梁启超《戊戌政变记·谭嗣同传》，载《饮冰室合集》专集之一，第106页。

③ 谭嗣同：《致汪康年》三，载《谭嗣同全集》，第492—493页。

④ 谭嗣同：《致汪康年》九，载《谭嗣同全集》，第502页。

一　父子失欢的原因

一般认为，谭嗣同父子失欢，是谭继洵如夫人卢氏离间的结果，谭父四妾中卢氏“年居长，然明慧多能，且生子，故敬帅（即谭继洵）甚宠之。泗生黠，与卢氏虚与委蛇，故见容，而复生则狷，遇卢氏辄嘿，而于其矜且横，不能恝置，常形于色。是以卢氏甚憎之，哭诉于敬帅，所以抵罅谗诋者无所不至。先是，敬帅闻卢氏言，即召复生诃之，复生不自解，益服膺恭世子也。后泗生卒，敬帅怆然不怡者久之，以是慈于复生，不复苛切矣”[①]。

同时，谭嗣同与谭继洵父子关系紧张，也与两人的性格差异有关。谭嗣同性格豪放，富有侠气，而谭继洵则老成拘谨，为礼法之士，在具体处理事情时，难免会有冲突。对于谭嗣同父子异趣的记载，充斥于文献之中。友人叶瀚致汪康年的信中，认为谭嗣同才气过人，富有热情，与谭继洵性格不类。“谭福（复）生已见过，此人乃康、夏之使徒也，天分极高，热力亦足，惜尚性情未定，涵蕴未深。然贵介得此已难，且敬老何人，而生此宁馨，可见体质传于父母之说，亦未尽是。”[②] 翁同龢在日记中，一方面记载谭嗣同“通洋务，高视阔步，世家子弟中桀骜者也”[③]。一方面记载谭继洵“此人拘谨，盖礼法之士”。龙绂瑞在《武溪杂忆录》里，指出谭氏父子性格的差异，“谭敬甫丈老成拘谨，君则发扬蹈厉，不守绳墨，故父子颇异趣”[④]。

清档中有一份谭继洵被任命为甘肃按察使后赴京觐见的资料，详细记载了谭继洵的经历，从中可以看出谭继洵在仕途上的勤谨努力。“谭继洵，现年五十四岁，系湖南浏阳县人，由附生中式道光二十九年己酉科本省乡试举人，咸丰九年报捐主事，签分户部，是年己未科会试中式进士，十年庚申恩科补行殿试引见，奉旨俟学习期满后作为候补主事，以

---

① 唐才质：《戊戌闻见录》摘抄（未刊稿），载政协长沙市委员会、政协浏阳县委委员会、谭嗣同纪念馆合编《谭嗣同研究资料汇编》，第268页。

② 叶瀚：《致汪康年》，载上海图书馆编《汪康年师友书札》第3册，第2573页。

③ 陈义杰整理：《翁同龢日记》第5册，中华书局1997年版，第2904页。

④ 龙绂瑞：《武溪杂忆录》，载《湖南文献汇编》，湖南文献委员会1948年版，《民国丛书》第五编第89册，上海书店出版社1996年影印版。

该部主事即补。同治元年七月补广西司主事，九年三月，因办理捐铜局出力奉旨赏加道衔。十一年十月升补山西司员外郎，十二年京察一等，加一级，十三年二月，升补山东司郎中，三月，捐免历俸截取奉旨记名，以繁缺知府用，十月奉旨简放坐粮厅监督。光绪元年因全漕告竣办运出力奉旨俟升四品后加三品衔。二年京察一等奉旨记名以道府用，是年因全漕告竣办运出力，奉旨专以道员用。三年八月奉旨补授甘肃巩秦阶道，是年十一月因全漕告竣办运出力，奉旨赏加二品衔。四年八月到巩秦阶道任，九年三月初一日奉旨补授甘肃按察使，当经奏请陛见，四月十六日奉旨著来见接奉批旨遵即起程，现已到京。"①

另外，谭嗣同在科举考试中，屡次失败，以及热心社会活动，也是导致父子关系紧张的原因之一。在甘肃期间，谭嗣同所作八股文不合规范，屡次往返湖南甘肃间应试，不中。其父谭继洵在日记中记载说："七儿好弄，观近作制艺文，不合式。"② 谭嗣同本人对自己所作八股文不合规范，后来也有所认识，他在《仲叔四书义》自叙中说："嗣同顾好弄，不喜书，冀盖其短，时时诡遁他途，流转滑疑其辞，与当世大人先生辩论枝柱……嗣同所为，薄小无俚，宜易识。然年自二十有一至今三十年，十年中，六赴南北省试，几获者三，卒坐斥。"③ 谭延闿也称谭嗣同在兰州时，对时文持有激烈态度。他说："复生为长沙李公篁仙婿，少从居鄂，又师瓣姜（指欧阳中鹄）、蔚庐（指刘人熙）两先生，有复古之思，用世之志，薄视时文，不屑为，敬甫公丈督教之，乃自课本签曰：'岂有此理'，吾闻此，时年十二，同在兰州事也。"④

但是，二人的关系后来似有所缓解，谭嗣同在1898年赴京前写信给妻子李闰说："父亲慈心更甚于昔，亦甚惦念我等，曾问我家眷到底在何处住好？我对云：'暂在浏阳住甚好，若浏阳不安静，即可令其来署中住。'大人深以为然，请临时自酌可也。"⑤

---

① 《清代官员履历档案全编》第4册，华东师范大学出版社1997年版，第153页。

② 《谭继洵日记》，转引自《清谭复生先生嗣同年谱》，第6页。

③ 谭嗣同：《仲叔四书义自叙》，载《谭嗣同全集》，第17页。

④ 龙伯坚藏，谭延闿跋：《近代湘贤手札》，第89页。

⑤ 谭嗣同：《致李闰》（三），载《谭嗣同全集》，第531页。

二　谭嗣同对父命的遵循

尽管父子之间性格差异较大，难免会产生矛盾，但是从现有记载来看，谭嗣同在许多重大事件上，对谭继洵都是相当尊重的，均要事先征询谭继洵的意见。

在拟随王之春赴俄一事上，谭嗣同虽然不同意出洋，但却不敢直接告诉父亲谭继洵，而是希望老师欧阳中鹄能够从中斡旋，使其免却此行。他说："此公嗣同素轻之，岂愿为所用？况为彼办事不过代笔杀枪等，尤所深耻。但既经出奏，不知有解免之法否？"[①] 欧阳特意写信给谭继洵，以赈灾需人，请其收回成命。在谭继洵未同意前，谭嗣同不得不在湖北为此作准备，"适有赞使之说，不能不暂作应酬，早出暮归及接见同事，竟无暇晷"[②]。

在浏阳赈灾赈捐办理上，在赈捐减成上，他屡次征求谭继洵的意见，请求赈捐按一成五开捐，但谭不同意擅自减成。"陈右帅寄到实收八百分，家严因李正则现办鄂捐，并交其办理，至应如何核减成数，尚未商定。嗣同急思揽生意归浏阳，拟径将实收三十分（将来设法报销）作一成五开捐，并交正则办理。正则谓鄂捐一成五犹劝不动，惟转寄上海可求速售。嗣同屡禀家严请照办，家严终以未经贵局核减成数，未便擅减，并命以此意函知大家兄。"[③]

在回湖南参加维新运动一事上，谭嗣同称邹代钧屡次转达湖南巡抚陈宝箴的意思，谭继洵虽然同意其返湘，但令其缓行，致使他不能与邹一同返湘。"沅帆在此，累述右帅之旨，敦促嗣同往湘，虽亦见许，终令缓行。故沅帆正月中旬尽室回湘，竟不克偕去。"[④]

在赴日一事上，由于谭继洵不同意，遂未能成行。[⑤] 光绪二十四年正月二十一日（1898 年 2 月 11 日），谭嗣同致信刘世珩，称自己本拟在正

① 谭嗣同：《上欧阳中鹄》五，载《谭嗣同全集》，第 452 页。

② 谭嗣同：《上欧阳中鹄》七，载《谭嗣同全集》，第 453 页。

③ 同上书，第 454 页。

④ 谭嗣同：《上欧阳中鹄》九，载《谭嗣同全集》，第 456—457 页。

⑤ 本书在本章第一节"谭嗣同与陈宝箴"中，曾对谭嗣同赴日一事搁浅原因进行了考订，认为此事搁浅与湖南巡抚陈宝箴有关联，但谭继洵的阻止，也是一个重要的原因。

月奉命赴日，因迟到后，父亲不允许，遂未能成行。他说："别后风水俱逆，直至十九始行抵鄂渚……因此迟误，又误却一大事，南皮、义宁会派姚石泉及兄密赴日本（此事乞密之），定今日行，兄到迟检点不及，家严遂不允许，饬令即速还湘，失此大事因缘，明日即急装返里。"[①]

在减漕办团练一事上，谭继洵致电谭嗣同，令其在浏阳劝官绅照办，谭嗣同发现绅士多不以为然，他拟进省禀请陈宝箴办理，并托老师欧阳中鹄在陈前尽力进言。[②]

三　谭继洵在重要事件上为谭嗣同的排解

在谭嗣同遭遇流言蜚语时，谭继洵会想法为其排解。谭嗣同在信中讲述到他屡次遭受流言攻击，"嗣同之遭流言，旋起旋止，已数年矣"，光绪二十一年冬，攻击他的流言不堪入耳，御史张仲炘已经准备上奏，由李正则托人说情，奏折未上，但都中流传颇广。此次流言牵涉到李玉成，他假冒武大员，扯署中旗号，任意撞骗，"詹知事为骗去现银一千两，票银一千两，事既不验，不肯照票兑银，李遂交于比利时国人之手，由德国驻汉领事备文索讨"，幸而谭嗣同与英国领事熟悉，极力从中排解，得以无事。并代其将起事根由详细查出，立将李玉成一干人证拿获，交县讯办，然而此案一破，又扯出其他案件，或为卖缺，或为卖厘差，或为卖营哨弁，究之不胜究，株连又太多。在谣言四起时，谭继洵令谭嗣同引见到省，以免贻累全局。[③]

四　谭继洵对维新事业的有限支持

谭继洵思想相对保守，对于谭嗣同等人从事的维新运动，他并不像谭嗣同期待的那样给予大力支持，而是有选择地予以支持。甲午战争以后，受谭嗣同影响，谭继洵曾拟奏请西迁及变法图存。[④] 谭嗣同在《上欧阳中鹄书》中说，"此间是以有西迁之请，最为曲突徙薪之法，而迂儒大

---

① 《谭嗣同全集》，第526页。

② 参见谭嗣同《上欧阳中鹄》十八，载《谭嗣同全集》，第473页。

③ 参见谭嗣同《上欧阳中鹄》九，载《谭嗣同全集》，第457页。

④ 谭嗣同在《报贝元徵》中有迁都中原的想法。他说："于是迁都中原，与天下更始，发愤为雄，决去壅蔽。"（《谭嗣同全集》，第212页）

以为非”[①]。“谭云帅来电，深以此间及七督抚之阻和为不然，且笑为好说便宜话。夫空言阻和，诚便宜矣，然不闻云帅之别筹一善策也。”[②]“此间拟上变法之奏，尚未决定，若不变科举，直不如不变。”[③]

在浏阳兴算过程中，谭继洵虽然同意谭嗣同、唐才常的建议，但不愿出面，谭嗣同迫于父命，也不便在公禀上题名。[④]“唐生才常、刘淞芙秀才善涵，肄业两湖书院，请先试于一县，中丞允之。其子门人嗣同具函复鄙人，洋洋万数千言，乞速起专任其事。已而中丞守老氏之宝，不欲为天下先，迟回未发……昨嗣同复以书抵南台首事邹君岳生，言其尊人意非有异，但不欲首发难端。”[⑤]

在农学会成立过程中，谭嗣同曾请谭继洵入农学会，谭未答应。《时务报》馆的捐款，则是谭嗣同自己捐助的。叶瀚想让谭嗣同说服谭继洵支持蒙学会，谭嗣同拟极力劝说，让其听从，但他没有把握。“鄙意极欲设法助蒙学，而力所限，有种种为力不到。”[⑥]后他说服谭继洵支持《蒙学报》，谭致汪康年信中说：“承示《蒙学报》，词明义显，足开顽智而迪蒙功，当思提挈通行，以副尊意。”[⑦]

在湖南行内河小轮船一事上，谭继洵不赞成，但也不阻止。谭嗣同说：“湘轮事，家严虽不以为然，而自愿不管，行否均任湘人，但香帅阻之甚坚耳。”[⑧]张之洞曾在致陈宝箴的信中，提到谭继洵反对内河行小轮船事，理由一为：“行湘拖货恐妨厘金，且引洋人。”理由之二为“湘非通商口岸，恐引洋人”[⑨]。两江总督刘坤一则认为谭继洵之所以犹豫不决是由于小轮利弊参半。“小轮利弊参半，亦视办理如何。敬帅慎重迟回，

---

① 谭嗣同：《上欧阳中鹄书》，载《谭嗣同全集》，第155页。

② 同上书，第158页。

③ 同上书，第160页。

④ 1896年3月11日，谭嗣同写信给欧阳中鹄，对自己在兴算学等事上未能有始有终感到不安。他说：“算社金矿等事，皆弄成有始无终，恐贻累亲友，尤觉不安。”（谭嗣同：《上欧阳中鹄》九，载《谭嗣同全集》，第457页）

⑤ 湖南省志学术志编辑小组辑：《“瓣姜文稿”和“蔚庐日记”中关于浏阳兴算的资料》，《湖南历史资料》1959年第3辑，第137—138页。

⑥ 谭嗣同：《致汪康年》二十五，载《谭嗣同全集》，第514页。

⑦ 《汪康年师友书札》，第3270页。

⑧ 谭嗣同：《上欧阳中鹄》十二，载《谭嗣同全集》，第469—470页。

⑨ 《张之洞全集》第九册，第7431—7432页。

意自在此。"[①]

维新派有促成张之洞[②]、陈宝箴、谭继洵联合举办新政的想法。邹代钧曾提及"右丈识见为当今所无，拟联络南皮、浏阳为一气，以撑东南大局。湘之富，天下之富也；湘之强，天下之强也，存亡之机在此一举，钧与伯严、伯纯三人熟商，当以破釜沉舟之势为之"[③]。唐才常也曾恳请欧阳中鹄劝说谭继洵与陈宝箴合作。他说："谭大中丞因去岁中日衅起，大蒙诟耻，遂思广储武备，奏请武昌添设枪炮局。部议以与汉阳铁厂雷同，未允。嗣又经复奏，遂奉谕旨准行。中丞以曾昭吉素精此道，欲用为总办。而曾君知其事难成，雅不愿意；又奉义宁微旨，以岳州为两湖适中地，为天然讲武之所，婉讽中丞，合于义宁同修武备，庶资易集而功易成。不意中丞闻此色颇不怿，曾君遂决然辞去。昨黄君佩豹言，此事大失机会，深为扼腕，微论另立门面，显中南皮之忌；即统筹全局，非数十万金不能蒇事，安得有此巨款？如此事果成，必贻人口实。因思夫子素为中丞敬信，而义宁又一生知己。若能于其中串合一体，以符义宁之隐念，则湖南一隅素富煤铁，取不竭而用不穷，可以屹然自立于天下。"[④] 但最终由于张之洞和谭继洵之间的矛盾，未能成功。

五　谭嗣同对谭继洵在甘肃、湖北鼓励栽桑育蚕效果的评价

谭继洵担任巩秦阶道时，曾在秦州禁种鸦片。秦州一地，在咸丰年间以后，"吸者日多，种者亦日众"。谭继洵在任期间，采取多种措施禁种鸦片。"四年，前巡道谭继洵力振宿弊，示所属府州县先禁冬种，后禁春种。又于二三月间饬各州县官率乡总历行查禁，并量给乡总口食。夏初结报，其查禁不力者，委员踏勘，即请参斥。其年秋，禁开烟馆，谕民种棉种桑，以裕本业。五年，请奖查勘出力印委各员。六年，又张四

---

① 刘坤一：《复陈右铭》（光绪二十三年正月初五日），载《刘坤一遗集》，中华书局1959年版，第2186页。

② 谭嗣同对张之洞在甲午战争期间的举动颇有好感，他说："今之衮衮诸公，尤能力顾大局，不分畛域，又能通权达变，讲求实济者，要惟张香帅一人。此次军务，赖其维持帮助，十居八九，惜其才疏而不密，又为政府及全权所压制，不能自由耳。"（《谭嗣同全集》，第158页）

③ 《汪康年师友书札》第3册，第2640页。

④ 唐才常：《上欧阳中鹄》四，载《唐才常集》，第232页。

字简明告示，五月，亲行查禁，惩抗违者。七年，制府奏请重抽土烟厘税，民以为弗禁也，复纷然起，因请制府出示，再行禁绝。”谭继洵禁绝种植鸦片，颇有成效，“此数年中，民颇畏怯，无敢偷种”①。

同时，还在秦州植桑育蚕。“光绪四年，巡道谭禁种罂粟，思所以易之者。州旧种棉，解织布而不知蚕桑，因于汉中购桑子，在道署及州署隙地试种二年，约得数万株。又在汉中历年续购桑子数千斤，桑秧十余万株，分交各州县谕民栽种。七年，出示收买民间生丝，分上中下三等，价银自一两八钱至一两二钱，茧亦分上中下，价钱自三百至二百。嗣募河南工匠缫丝及试织生绢绉，谕令民人学习。后又购浙江桑秧蚕子，雇江南人饲蚕缫丝。又于州城四乡租地栽桑，令民就近移植，谕乡绅经理，前后凡四五年，擘划约束，曲尽心力”，但效果不明显，因为“乐成易虑始难，民无知也”②。

谭嗣同分析其父在甘肃提倡蚕桑不成功的原因，一在于边地苦寒，不宜栽种；一在于民情懒惰，属官欺谩。“昔官甘肃日，以蚕桑董民，而边地苦寒，民情窳惰，利以不兴。属官复以掩饰希课最，岁殚辄买邻省丝上供，诡言土物，责之愈迫，其遁亦愈巧，膏泽卒不下究。”③

综上所述，谭嗣同虽然在《仁学》中对三纲五伦有过激烈的抨击，并对纲伦之厄感同身受，但在现实生活中，谭继洵的权威在其心目中依然具有重要的地位，他的许多活动，均以其父的命令为凭。同时，在维新事业上，他也曾试图劝说父亲能够有所作为，在劝说效果不明显的前提下，他也会超越父命，以维新事业为重，勇于作为，敢于献身。

---

① 《重纂秦州直隶州新志》卷三，食货。

② 同上。

③ 谭嗣同：《石菊影庐笔识·思篇》四十三，载《谭嗣同全集》，第147页。

第四章

谭嗣同生平事迹辨正

谭嗣同一生，面临很多困扰。其中之一，就是他在科举途中屡次失利。从档案来看，他的身份为监生，曾被保举，并捐纳知府，但在被任命为四品军机章京参与新政前，始终是一个候补官。当光绪帝再次下诏催促谭嗣同、黄遵宪进京时，他深感“天恩高厚”，因为对于一个不值钱的候补官竟然如此重视，使他感到欣慰。到京后，先是引见，次日召见，原拟仍让他回江苏，但当日晚些时候，又有一道谕旨，彻底改变了他的命运，任命他与杨锐、刘光第、林旭为四品军机章京，参预新政。目前留下的关于他们参加新政活动的材料有限，还难以建构一个完整的军机四章京与百日维新的场景。但谭嗣同八月初三夜独访袁世凯的事件和坐以待捕、为变法流血的举动，却引起世人的高度关注，其中的原因及过程，扑朔迷离，值得深入探究。

第一节　清档中的谭嗣同

在对谭嗣同的研究过程中，发现相关的材料，尤其是档案材料比较少。但这些东西弥足珍贵，因为借此，往往能够确定谭嗣同一生中的一些关键事件，并有助于对他的思想活动加以进一步的了解和把握。如收入影印出版的《清代官员履历档案全编》一书里的两件履历档案，就为我们提供了第一手关于谭嗣同科举经历以及捐纳候补官情况的材料。另外多件关于谭嗣同被引见及擢选和被杀的档案，也可以使我们对谭嗣同在“戊戌变法”过程中的作用有一个准确的定位。[①] 依据上述材料，在以往学者研究的基础上，结合谭嗣同及同时代人的记载，对相关资料进行进一步的分析，当有助于对谭嗣同的深入研究。

一　有关谭嗣同科举经历的记载

根据《清代官员履历档案全编》第五册第698页所载谭嗣同的履历，谭系监生出身。我们知道，在清代，监生的类型包括四种，即恩监、荫监、优监、例监。谭嗣同属于哪一类的监生呢?

“恩监”即皇帝恩赐入监；“荫监”即贵族官僚的子弟因为祖、父为朝廷效力或死于国事而得以入监，它分“恩荫”、“难荫”。顺治二年(1645年)规定文官京四品、外三品以上，武官二品以上，俱送一子入监”[②]，称为“恩荫”；凡任职三年期满后死于职守的（顺治九年规定三品以上）可以荫一子入监读书，称为“难荫”；由增生、附生选优入监的称为“优监”；由捐纳而获取的监生资格称“例监”。例监可在监肄业，也可在籍。

报捐监生的目的，不外有二，一为应乡试，一为求官。取得监生资格后，可以越过童生考试，直接参加乡试。而且既可以参加本省的乡试，也可以参加顺天乡试，顺天乡试为监、贡生另外设置了名额，这样无疑加大了在科举考试中获得成功的机会，这种捷径吸引着不少人通过捐纳来取得监生资格，康熙年间就出现了“监生止输纳一途，贫窭之士无由观光”的现象。清末，报捐监生的现象更加普遍，并导致监生地位的下降。商衍鎏在《清代科举考试述录》里提到晚清捐纳监生的情况说：“监生可以捐纳，始于明景泰中，至清而更盛行，末造益滥，多为捐纳以应乡试与求官之用，并不务学，为人轻视，实与往制迥不相侔矣。”[③]

而在近代名人中，严复、康有为均是通过捐纳监生，来越过科举考

① 茅海建先生在《戊戌政变的时间、过程与原委（一）》和《戊戌变法期间司员士民上书研究》两文里对谭嗣同等人被任命为军机四章京后的职掌及工作进行了深入而细致的梳理，并进行了评价，两文均收入茅海建著《戊戌变法史事考》一书。

② 赵尔巽等撰：《清史稿》，中华书局1997年版，第3107页。

③ 商衍鎏：《清代科举考试述录》，生活·读书·新知三联书店1958年版，1983年第二次印刷，第26页。

试的最低一级直接参加乡试的。只是严复虽然参加过顺天乡试和福建乡试，但均未如愿。而康有为不但中举，而且成为进士。

从谭嗣同自己及他人的描述中，可以得出谭嗣同是“例监”的结论。首先没有他在科举考试中成功的文字记载，可以排除他由增生、附生选优入监成为“优监”的可能。“恩监”是由皇帝恩赐入监的，这在当时是被当作极大的荣宠来看待的，但相关记载只字不提，说明他也不可能是“恩监”。那么会不会是“荫监”？从谭氏父祖的经历来看，不会是“难荫”。最后，来看看“恩荫”的可能性。谭嗣同父亲谭继洵在1877年就“奉旨补授甘肃巩秦阶道，加二品衔”[①]，按规定可以荫一子，入“国子监”读书，但谭嗣同的仲兄谭嗣襄，从1876年应童子试，屡试不中，在他的经历的记载里，他是“国子监生”[②] 如果谭嗣襄是“恩荫”的话，谭嗣同就几乎没有“恩荫”的可能。各种迹象表明，谭嗣同是通过捐纳获得监生资格的。捐纳监生的时间，当在1881—1885年间。因为他曾经在1887年赴长沙参加院试，报考生员，但失利不中。而1885年他已经开始参加当年的乡试。捐纳监生的费用，可能是几十两银子，具体数目不确。在《仁学》里，谭嗣同认为中国的“孔庙”是一“势利场”其中提到捐纳监生的大致价格，“虽立孔子庙，惟官中学中人，乃得祀之，至不堪，亦必纳数十金鬻一国子监生，始赖以骏奔执事于其间”[③]。

报捐监生后，谭嗣同在1885—1894年十年间，共有六次参加科举考试的机会[④]，分别是：光绪十一年乙酉（1885年）、十四年戊子（1888年）、十七年辛卯（1891年）、二十年甲午（1894年）回湖南参加四次正科乡试。其间又两次应顺天恩科乡试，一为光绪十五年（1889年，因光绪帝于正月二十五立皇后，二十七日结婚，慈禧太后于二月初三日归政），因仲兄谭嗣襄病逝，谭嗣同未参加考试，一为光绪十九年（1893年，因次年十月初十日为慈禧太后六十寿辰）。他参加了其中的五次考试，均落第。

① 谭嗣同：《先妣徐夫人逸事状》，载《谭嗣同全集》，第53页。

② 同上。

③ 谭嗣同：《仁学》四十，载《谭嗣同全集》，第353页。

④ 参见谭嗣同《〈仲叔四书义〉自叙》，载《谭嗣同全集》，第17页。

谭嗣同自己自述有三次几乎就通过了科举考试，但最终落第[①]，具体是哪几次，目前尚无确证。从目前的材料看，至少1894年的乡试是他几乎考中的其中一次，据说被称作“不中犹中”。光绪二十年，谭嗣同参加了湖南乡试，主考官对他所作的八股文的评价相当高。批云：“奇思伟论，石破天惊。”[②] 但由于正、副主考意见不一，相持不下，未予录取，谭嗣同这次考试被亲友称作“不中犹中”[③]。

二　有关谭嗣同保举及捐纳候补官的记录

谭嗣同一生，被保举的记载，有三次，一次是1884年被新疆巡抚刘锦棠保举。一次是1898年被翰林院侍读学士徐致靖保荐，一次是同年被礼部尚书李端棻所保荐，但保荐类型不详。[④] 对光绪十年（1884年）谭嗣同被保荐，履历档案里有两份不同的记载。光绪二十二年（1896年）四月十八日谭嗣同引见履历记载了保荐的年月，但未列举保荐人。“光绪十年十月因新疆边防案内出力奏保，俟补缺后以知府仍留原省，归候补班前先补用，先换顶戴。”[⑤] 而在光绪二十四年（1898年）的引见履历里，明确提出谭嗣同由刘锦棠奏保，但未提具体月份。“光绪十年，因在甘肃新疆粮台效力，经前新疆巡抚刘锦棠奏保，奉旨俟补缺后以知府仍留原省，归候补班前补用，先换顶戴。”[⑥] 上述两种记载，保荐类型不同，一为在新疆边防案内出力，一为在甘肃新疆粮台效力，而处理结果却完全相同，为什么会在履历里出现这种情况？其中原因，可能是对一种保举的两种不同说法。

通过查阅光绪十年的《上谕档》，我们发现本年十月初二日上谕对刘

---

① 谭嗣同：《〈仲叔四书义〉自叙》，载《谭嗣同全集》，第17页。

② 中国人民政治协商会议全国委员会文史资料研究委员会编：《辛亥革命回忆录》第一册，文史资料出版社1961年版，第225页。

③ 谭恒辉、谭吟瑞：《嗣同公生平事迹补遗》，载政协长沙市委员会文史资料研究委员会、政协浏阳县委员会文史资料研究委员会、谭嗣同纪念馆合编《谭嗣同研究资料汇编》，第59页。

④ 参见叶德辉《觉迷要录》卷一，1904年，第12页。

⑤ 秦国经主编：《清代官员履历档案全编》第5册，华东师范大学出版社1997年版，第698页。

⑥ 秦国经主编：《清代官员履历档案全编》第6册，华东师范大学出版社1997年版，第479页。

锦棠、谭钟麟奏保的“各省关及后路各台局筹解协饷”的人员予以奖叙，列举了在收复新疆过程中在协饷方面有贡献的督抚名单，至于予以奖叙的其他人员，则未列举具体名单。同年十月初四日上谕，又对刘锦棠奏保“关外各军出力员弁”予以奖励，列举了详细的名单，其中就有谭嗣同之兄谭嗣襄，“通判谭嗣襄，著俟补缺后以直隶州知州遇缺尽先补用”[①]。遍查名单，亦未发现谭嗣同的姓名。而从谭嗣同的记载里，刘锦棠确实保荐过他。1896 年，刘锦棠卒，谭嗣同在挽联的小注中，曾提及自己及仲兄被刘推荐的事。[②] 结合上述材料分析，刘锦棠确实于光绪十年保荐过谭嗣同。但在详细名单上并无谭嗣同，只有谭嗣襄，一种可能是在“甘肃新疆粮台”效力的保举，亦可归入到新疆边防案内，因此出现了两种不同的记载。

光绪二十四年四月二十五日（1898 年 6 月 13 日），翰林院侍读学士徐致靖保荐了谭嗣同，同时被保荐的有康有为、梁启超、黄遵宪、张元济四人。由于五人中有在京的，有在外地的，因此同日有旨令在京的梁启超等人预备召见，而对京外的谭、黄二人，则令督抚送入京引见。这次保荐，使谭嗣同赴京参与维新运动，并最终为之献身。在被推荐的五人中，谭嗣同位居第三。评语是：“天才卓荦，学识绝伦，忠于爱国，勇于任事，不避艰险，不畏谤疑，内可以为论思之官，外可以备折冲之选。”对于被保荐，谭嗣同心情很复杂，他一方面充满欣喜，认为自己绝处逢生，虽然湖南维新运动遇到很大阻力，但他可以到北京去发展。他说：“我此行真出人意外，绝处逢生，皆平日虔修之力，故得我佛慈悲也。”[③] 另一方面，他认为应召耽误了正在筹划中的机器制茶公司。“机器制茶事，方弄得有头绪，而忽被保荐，即须入京引见，横生事端，无过于此，只好暂将诸事搁起，一意收拾行李，日内起程。……他事尚不要紧，但为此增出无数‘背弓’，大为可恼。”[④]

除了被保荐外，谭嗣同还通过捐纳来谋取官职。目前能够看到的资

① 中国第一历史档案馆编：《光绪宣统上谕档》第 10 册，广西师范大学出版社 1996 年版，第 312 页。

② 参见谭嗣同《挽刘襄勤公》，载《谭嗣同全集》，第 100 页。

③ 谭嗣同：《致李闰》一，载《谭嗣同全集》，第 530 页。

④ 谭嗣同：《致邹岳生》二，载《谭嗣同全集》，第 490 页。

料里，可以知道谭嗣同曾经多次通过捐纳来提高地位。“十九年捐戴花翎，二十年报捐免补同知本班离任，以知府仍留浙江，归候补班前补用。二十一年经出使俄国大臣湖北布政使王之春奏调随使俄国，奉旨著照所请。二十二年奉旨改派出使大臣，仍赴部呈请到省，因浙江停止分发，改指江苏，是年四月十八日引见，奉旨照例发往。”① 另外，光绪十九年（1893 年）谭嗣同还托欧阳中鹄为他办加级纪录。② 但档案里未记载，可能未成功。

清制，内外官员在位有功，著吏部加级纪录，凡加级纪录者，皆可抵消降罚之处分。大清会典载：纪录一次，抵罚俸六月，四次抵降一级。乾隆中叶以后，加级纪录入常捐，银数按九品核算……咸丰以后，取值更廉……内外官莫不乐从，捐加级纪录。③

通过多种途径力求提高地位的谭嗣同，在万般失望之余，也曾经将目光转向当时传说纷纭的“外国捐纳”，光绪二十二年十一月十三日（1896 年 12 月 17 日）谭嗣同致信汪康年，探听外国人开捐贡监事④，准备买捐受外国人保护，同时想代为劝捐。“传闻英俄领事在上海开捐贡、监，捐者可得保护，借免华官妄辱冤杀，不识确实否？保护到如何地步？价值若干？有办捐章程否？嗣同甚愿自捐，兼为劝捐，此可救人不少……嗣同求去湖北，如鸟兽之求出槛縶；求去中国，如败舟之求出风涛；但有一隙可乘，无所不至。若英、俄之捐可恃，则我辈皆可免被人横诬为会匪而冤杀之矣。伏望详查见复。”⑤

---

① 秦国经主编：《清代官员履历档案全编》第 6 册，华东师范大学出版社 1997 年版，第 480 页。

② 参见谭嗣同《上欧阳中鹄》一，《谭嗣同全集》，第 449 页。

③ 参见许大龄《明清史论集》，北京大学出版社 2000 年版，第 80 页。

④ 根据《知新报》记载，当时确实出现了捐纳外国贡监的情况。“冬间上海各地，又盛传俄人有开例贡监进士之说，其价进士一百两，贡生二十两，监生十两，其名曰西伯利亚铁路捐云，捐此者，他日得受保护，闻捐者甚多，其监照则有西文数行，似法文非法文，似英文非英文，盖上海流氓借以射利之作，而甘受其欺者，吾粤亦复纷纷望想。”（《知新报》第一册，“民之讹言”）

⑤ 参见谭嗣同《致汪康年》二，载《谭嗣同全集》，第 492—493 页。

三　从存留档案里对谭嗣同在“百日维新”期间作为的判断

根据留存的档案，可以对谭嗣同在“百日维新”期间的作为有一个大致的勾勒和概括，但限于目前留存的材料不多，很难据此作出详细、精确的描述，就现有的材料，勾勒出谭嗣同从进京到被杀这一段时间活动的大致情况。

1. 任命前后

谭嗣同已被徐致靖保荐，当日有旨令他和黄遵宪预备赴京，但他们迟迟未行，六月十二日（7月30日）上谕再令黄遵宪、谭嗣同“迅速来京，勿稍迟延”。谭嗣同对此心存感激，认为圣恩高厚，如此重视他这样一个不值钱的“候补官”，于是带病赴京。[①]

七月十五日（8月21日），谭嗣同到达北京，七月二十日，他受到光绪帝召见。目前保存的档案里有两份召见后的安置意见。中国第一历史档案馆军机处录副胶卷第431卷里，第2181件内容为：“明保江苏候补知府谭嗣同旨著以知府仍发江苏，尽先即补，并交军机处存记。”（该件在军机处录副档案目录里，归在“光绪二十四年”里。）第2182件的内容为：“内阁候补侍读杨锐、刑部候补主事刘光第、内阁候补中书林旭、江苏候补道恽祖祁、江苏候补知府谭嗣同。”《上谕档》中有此名单：“内阁候补侍读杨锐、刑部主事刘光第、内阁候补中书林旭、江西候补道恽祖祁、江苏候补知府谭嗣同”，并在杨、刘、林、谭名上有朱圈。（影印出版的《上谕档》第1048号文献里收有此名单，但杨、刘、林、谭名上无朱圈。）目前存在的疑点是，光绪帝于七月二十日召见了谭嗣同，对他的任用，在短暂的一天里，发生了重大变动。原本命令“以知府仍发江苏”，后又有变动，决定任命他为参预新政的四品军机章京之一。姑且不论决策背后的因缘曲折，但这个过程至少从侧面透露了光绪帝并非特别重视谭嗣同的见解与勇气之心态。

2. 任命程序及谭嗣同等人的权限

（1）光绪帝任命谭嗣同等人原因悬揣。

七月二十日发布谕旨：“候补侍读杨锐、刑部候补主事刘光第、内阁候补中书林旭、江苏候补知府谭嗣同，均著赏给四品卿衔，在军机章京

---

① 参见谭嗣同《致李闰》二，载《谭嗣同全集》，第531页。

上行走，参预新政事宜。”未明确说明授职原因。但这份谕旨与普通的军机章京授职大不相同。从任命的时机来看，发生在罢黜礼部六堂官以后，尤其引人注意的是，罢黜与擢进均未得到慈禧太后的同意。从政变后慈禧太后不分青红皂白地将他们杀掉来看，如果光绪帝擢选他们的目的，仅仅限于帮助批阅日益增多的士民上书，似乎没有必要征得慈禧太后的同意。从四章京任命后的举措来看，确实促进了维新的进程。如七月二十二日李鸿章出总署，七月二十七日发布进一步鼓励上书的上谕，这些事件与他们是否关联，目前尚难说。

（2）谭嗣同等人在军机处工作情况考察。

谭嗣同等四位军机章京被任命后，专门负责处理司员士民的上书。这些时务条陈直接下发给新进的军机章京，由其加签语，其工作方式与内阁的“票拟”大体相同。虽然他们处理的文件在帝国的政治中不算最为重要，但他们的权力实际上要大于军机大臣，这是因为军机大臣是奉旨拟旨，是先有旨意后有谕旨，而新进四章京是先有意见，然后奏明，形成旨意。[①] 且司员士民上书中，什么样的意见都会出现，正如杨锐在私信中所称“万不可行之事”，而一旦形成旨意，在帝国的政治结构中又难以更改。

目前留下的关于他们在军机处工作的材料，主要是他们对当时的条陈所批的“签语”。孔祥吉、邝兆江、茅海建等先生先后对签语进行了研究。孔先生分析了林旭、杨锐对满人奎章上书所签拟的签条，以证明杨锐是拥护维新的，并且指出：“在清档中，杨锐和林旭类似的签署意见是比较多的。”[②] 而茅先生则指出，在所看见的档案中，军机新章京的“签拟”条并不多见，只发现了 14 件，且上面也没有注明杨锐、林旭的名字。他认为这些“签拟”条，已经提供了实证可以说明杨锐、刘光第在其私信中所谈到的他们实际工作的情形。[③] 由于他们的任职指明是“参预新政”，四人并未在原有的军机章京中排班。他们分成两班。由于他们原本是候补官员，没有实际的政治工作经验，而当时的条陈数目多，字数

① 参见茅海建《戊戌变法史事考》，生活·读书·新知三联书店 2005 年版，第 81 页。

② 孔祥吉：《晚清史探微》，巴蜀书社 2001 年版，第 115 页。

③ 参见茅海建《戊戌变法史事考》，第 78 页。

动辄数千字，而他们并不和原有的军机章京班底共同办公，二者之间存在着矛盾，他们亦不可能得到原有的人员的指点，因此他们在工作中就出现了问题：一是搞错上书的时间和代奏机构，他们经常将司员士民上书的时间与代奏的机构搞错。甚至以光绪帝名义下发的谕旨中也有此类的差错。一是军机四章京工作之后，积压了不少应该及时处理的材料。七月二十二日以后军机处给慈禧太后上报重要奏折的奏片中出现了留待处理的字样“酌议”、“核议”、“筹议”、“拟议”等。[①]

值得注意的是，光绪帝似乎并未赋予军机四章京很大的权力。他们被光绪帝任命，虽然不在原有的军机章京中排班，但归军机大臣管辖，亦没有直接上书皇帝的权力。刘光第在升军机章京谢恩折里的话值得玩味，他说：“军机为丝纶重地，如臣梼昧，惧弗克胜，惟有吁求宸训，敬谨遵循。于一切新政事宜，秉承军机大臣，妥慎办理，以冀仰答高厚鸿慈于万一。”[②] 这些话透露了他们的活动是在军机大臣的领导下的。从杨锐的书信来看，他们没有直接上书皇帝的特权，他们如有上书，需要通过军机大臣代递。光绪帝在七月二十一日颁布的朱谕里说：“尔等当思现在时务艰危，凡有所见及应行开办等事，即行据实条例，由军机大臣呈递，侯朕裁夺。”从上述材料来看，光绪帝给予他们的权力实在有限，上书都要通过军机大臣呈递，哪里谈得上替康有为转递上书？至于康有为提到谭嗣同、林旭是他与光绪帝之间的信息传递者的说法，目前尚缺乏有力的佐证。

谭嗣同等人在军机处的工作，已如上述。目前可以得到肯定的就是批阅司员士民的上书，并加签语一项。由此引发了两种结果，一是某些签语会成为上谕的来源，即所谓“票拟”。现存 14 条新任军机章京的签条里，有一条就形成了谕旨。[③] 因此说谭嗣同等人能够草拟上谕[④]，也不

① 参见茅海建《戊戌变法史事考》，第 77 页。

② 《刘光第集》编辑组：《刘光第集》，中华书局 1986 年版，插图三。

③ 参见茅海建《戊戌变法史事考》，第 244 页。

④ 林旭好友李宣龚在编辑林旭诗集《晚翠轩集》时，在序言里提到关于林旭草拟上谕的传闻，他说：“当暾谷被逮时，闻其巾笥中尚有朱书票拟。”梁启超在《林旭传》里，亦提及“上谕多由君所拟”。

能说完全就是虚构。[①] 梁启超记载七月二十七日（9月12日）谭嗣同代拟广开言路上谕一道，重申变法本意，这种可能性是存在的。二是可以借处理上书之机，对反对改革的条陈，采取措施，减少改革的阻力。如谭嗣同、刘光第反驳曾廉上书，并焚毁了奏折的部分内容。关于曾廉上书事，黄彰健先生在他的《戊戌变法史研究》里有详细的考证[②]，茅海建先生在他的著作《戊戌变法史事考》里亦有涉及，此不赘。政变后，改归知县庶吉士缪润绂上书里说他们"异己者摈之，有论及康有为罪状者匿之，而不以上告"[③]，可能亦是实情。谭嗣同等人的工作权限及性质已如上述，但是除此之外，他们和光绪帝有无别的联系渠道或沟通方式，目前尚有不同的说法，下面试对这些说法加以分析。

目前记载谭嗣同与光绪帝对话的文献里，涉及了以下几件事：（1）建议开懋勤殿。"复生、芝栋召对，亦面奏请开懋勤殿。"[④]（2）询问光绪帝病情。[⑤]（3）推荐唐才常。"早识御屏题姓字。（小注：故京卿谭、林等荐君才可大用，上方欲召见而政变旋作）"[⑥]（4）光绪帝曾口谕谭嗣同。口谕内容见《知新报》第七十三册中铁冶生《书今上口谕军机章京谭嗣同语后》一文，它转载了《天南新报》里所录的光绪帝给谭嗣同的口谕[⑦]，这个记载未提光绪帝口谕谭嗣同的时间，但从内容来看，不会是七月二十日的召见，因为从现存档案看，尚无让谭嗣同留京的意

---

① 参见梁启超《戊戌政变记》，中华书局1954年版，第52页。

② 黄彰健文见《论曾廉上书导致康党拟武装夺权》，收入《戊戌变法史研究》（"中央"研究院历史语言研究所专刊之五十四，台北，1970年），该书后由上海书店出版社在大陆出版简体字本。

③ 国家档案局明清档案馆编：《戊戌变法档案史资料》，中华书局1958年版，第464页。

④ 刘梦溪主编：《中国近代学术经典·康有为卷》，朱维铮编校，河北教育出版社1996年版，第867页。

⑤ 梁启超在《戊戌政变记》中有相关的记载；另外，他在《梁启超、王照致伊藤博文、林权助书》里提到"志士谭嗣同觐见时，曾问御躬安否，寡君告以无病"。（《乘桴新获》，第641页）

⑥ 《清议报全编》卷十六，载沈云龙主编《近代中国史料丛刊》，三编，台北文海出版社1982年版，第86页。

⑦ "我为二十三年罪人，徒苦我民耳，我何尝不想百姓富强，难道必要骂我为昏君耶？特无如太后不要变政，又满洲诸大臣总说要守祖宗之成法，我实无如之何耳……汝等所欲变者俱可随意奏来，我必依从，即我有过失，汝等当面责我，我必速改也。"（铁冶生：《书今上口谕军机章京谭嗣同语后》，载《知新报》第七十三册）

图。(5) 在光绪帝前多次保荐袁世凯。袁世凯在《戊戌日记》里提到谭嗣同告知他自己曾经在光绪帝面前推荐过袁世凯，他说："我亦在上前迭次力保，均为荣某所格，上常谓袁世凯甚明白，但有人说他不可用耳，此次超升，甚费大力。"① 而相同的说法亦见于康有为的记载。② 当时的《新闻报》的报道以及反对及赞成维新运动的人士的记载，都提及光绪帝与军机四章京有另外的召见机会。但根据现存的《谕折汇存》，在"百日维新"期间，谭嗣同被光绪帝召见过仅一次。《谕折汇存》对军机四章京在新政期间被召见的记载，分别是杨锐两次；林旭两次；刘光第一次；谭嗣同一次。杨锐被召见两次，一次是在任命前，一次是在七月二十九日，光绪帝赐其密诏，让其出主意来缓和帝后矛盾，可得到文献佐证，另外，还有他人所听到的旁证，杨锐在生命危险的时候，曾经说："我蒙皇帝召见两次，未尝一妄语。"至于其他人的召见次数，是否如《谕折汇存》所记述的那样，尚需要进一步的佐证。但是目前尚无档案材料，来透露出哪怕是一星半点的光绪帝曾经给予谭嗣同等人另外的召见机会的信息，因此上述说法至今为止，还只是难以验证的传言，而目前能够肯定的是，谭嗣同等人在任职军机章京期间，负责对司员士民上书的处理，其中他们的一些签语最终成了上谕，仅此而已。

附：谭嗣同光绪二十四年七月二十日预备召见前的履历

谭嗣同，现年三十二岁，系湖南浏阳县人，由监生报捐同知，指分浙江试用。光绪十年，因在甘肃新疆粮台效力，经前新疆巡抚刘锦棠奏保奉旨俟补缺后以知府仍留原省候补班前补用，先换顶戴。十九年捐戴花翎，二十年报捐免补同知本班离任以知府仍留浙江归候补班前补用。二十一年经出使俄国大臣湖北布政使王之春奏调随使俄国奉旨著照所请。二十二年奉旨改派出使大臣，仍赴部呈请到省，因浙江停止分发，改指江苏，是年四月十八日引见，奉旨照例

① 中国史学会编：《中国近代史资料丛刊·戊戌变法》，上海人民出版社 1957 年版，第 550 页。

② 参见《中国近代学术经典·康有为卷》，第 868 页。

发往。七月到省，二十四年五月奉两江总督刘坤一饬知奉旨翰林院侍读学士徐致靖奏保举通达时务人才一折，江苏候补知府谭嗣同著送部引见，旋复奉两江总督刘坤一饬知，承准总理各国事务衙门电开奉旨湖南盐法长宝道黄遵宪、候补知府谭嗣同前经谕令该督抚送部引见，著刘坤一张之洞陈宝箴即行饬令该二员迅速来京，毋稍迟延，遵即起程北上，于本月初五日到京，十九日吏部带领引见，奉旨著于二十日预备召见。①

第二节　谭嗣同对科举制度的认知

谭嗣同在科举考试中，是一个失败者，他曾经在十年中参加过五次乡试，但均落榜。这些失败的经历，对他的人生经历、思想发展，具有极大的影响，可以说，他屡败屡考的心理，使他常常有一种受挫感。由于不能通过科举考试，他只能通过捐纳进入仕途，但由于是“异途”出身，不受重视，科举考试失败的阴影一直笼罩了他的一生。对科举制度弊端的切身感触，是他产生变革维新主张的重要因素，

张灏先生在《烈士精神与批判意识》里，指出谭嗣同思想形成的两种重要的处境，一为“生命的处境”，即生命中不可避免的一些情况和遭遇，一种为“历史的处境”，即国家与社会所经历的重大变迁。该书剖析了谭嗣同的心路历程，是目前研究谭嗣同思想的重要著作。对于“生命的处境”，张先生重点分析了死亡的阴影及生活变故对谭嗣同思想的影响，他认为这种对生命的苍然之感，“加上前面所讨论的道德意识和宇宙感，汇成谭嗣同的‘宗教’心灵。这种‘宗教’心灵，就是他内心不断挣扎的动源。透过这种挣扎，他在追求一种真理。这种真理不但可以使他对人生寻找到一个价值指标，而且可以使他认识宇宙的底蕴，从而化解生命的悲感和存在的惶惑”②。但对科举考试屡次失利给谭嗣同带来的苦闷和惶惑及其对他的思想之影响，张先生似未涉猎，笔者

① 参见《清代官员履历档案全编》第6册，第479—480页。

② 张灏：《烈士精神与批判意识》，新星出版社2006年版，第251页。

认为有必要对此加以探讨，拟从谭嗣同的科举经历、谭嗣同变革科举制度[①]的设想、科举经历对谭嗣同的影响三方面来探讨谭嗣同与科举制度的关系。

一　谭嗣同的乡试经历

捐纳监生后，在光绪十一年到二十年（1885—1894）十年间，谭嗣同共有六次参加科举考试的机会，分别是：光绪十一年乙酉（1885 年）、十四年戊子（1888 年）、十七年辛卯（1891 年）、二十年甲午（1894 年）回湖南参加四次正科乡试。其间又两次应顺天恩科乡试，一为光绪十五年（1889 年，因光绪帝于正月二十五立皇后，二十七日结婚，慈禧太后于二月初三日归政），因仲兄谭嗣襄病逝，谭嗣同未参加考试，一为光绪十九年（1893 年，因次年十月初十日为慈禧太后六十寿辰）。他参加了其中的五次考试，均落第。谭嗣同自己曾经说有三次几乎就通过了科举考试，但最终落第，具体是哪几次，目前尚无确证。从目前的材料看，至少 1894 年的乡试是他几乎考中的其中一次。1894 年，谭嗣同参加了湖南乡试，八股文题目之一是“汤有天下至不仁者远矣”[②]。谭嗣同的小讲[③]就与众不同，他说：“以生人者杀人，不谓之功名，而谓之学问。”当年湖南乡试考官为柏锦林、蒋式芬。主考官柏锦林认为他所作的八股文“文章虽好，锋芒太露”，批云：“奇思伟论，石破天惊。”[④] 由于正、副主考意见不一，两人相持不下，未予录取，谭嗣同这次考试被亲友称作“不中犹中”[⑤]。

---

① 有关清代科举制度的研究专著，比较重要的有商衍鎏先生的《清代科举考试述录》（生活·读书·新知三联书店 1958 年第一版，1983 年第二次印刷）和王德昭先生的《清代科举制度研究》（中华书局 1984 年版），前者重点放在制度考察的层面上，后者则以清末科举制度的废除为基点，侧重于思想史的探讨。

② 法式善等：《清秘述闻三种》下，中华书局点校本 1982 年版，第 225 页。

③ 八股文的结构主要分六部分，即破题、承题、起讲、入题、分股、收结。起讲也叫“小讲”，其主要内容是进一步发挥题意的。

④ 《辛亥革命回忆录》第一册，第 225 页。

⑤ 《谭嗣同研究资料汇编》，1988 年印，第 59 页。

二　光怪陆离不切实用：谭嗣同对八股文的评析

谭嗣同南北赶考、屡败屡考的经历，促使他对自己所作八股文不合规范有所认识，他在1891年作画像赞，说："其文多恨与制违，然能独往难可非。"① 他在《仲叔四书义》自叙中说："嗣同顾好弄，不喜书，冀盖其短，时时诡遁他途，流转滑疑其辞，与当世大人先生辩论枝柱……嗣同所为，薄小无俚，宜易识。然年自二十有一至今三十年，十年中，六赴南北省试，几获者三，卒坐斥。"② 其父谭继洵也认为他所作八股文不合规范，他在日记中说："七儿好弄，观近作制艺文，不合式。"③

在多次应试失败后，谭嗣同对八股文的做法越来越没有把握④，他认为"闱中之光怪陆离，殆有十倍于去年者，即欲诡遇，已不胜轮毂添溢"，"遂决计不读一文，不立一义，我行我法，成功则天"⑤。好友刘善涵和他讨论八股文的做法，谭嗣同提出了自己的感受，"科举之文，古今所苦，事会如斯，未得而废，承不弃菲薄，与之商量，以此益思自奋。……拟出各题，切实广大，亦有旧曾做过者，缓即把笔从事，并呈正之。去年败鳞残甲，略存片段，附上一笑"⑥。

谭嗣同在亲身经历的基础上，开始对八股文进行批评。认为王安石提出以经义文章取士，对后世造成了极坏的影响。⑦ 我们知道，八股文作为科举考试的一种文体，其源头始于宋朝王安石推行的"经义取士"。王

---

① 谭嗣同：《画像赞》，载《谭嗣同全集》，第99页。

② 谭嗣同：《〈仲叔四书义〉自叙》，载《谭嗣同全集》，第17页。

③ 谭继洵：《谭继洵日记》，转引自谭训聪《清谭复生先生嗣同年谱》，台湾商务印书馆1980年版，第6页。

④ 八股文虽有一定格式和衡量标准，但在实际"衡文"过程中并不易操作，清人笔记小说里，常见科名的得失高下，每决定于偶然的因素，不全关乎才学高下的记载。薛福成曾慨叹科举之文"工拙不甚相远，而黜陟益以难凭"。处于此情境下，谭嗣同必然会随着屡次失利，对八股文的轨范屡无把握。

⑤ 谭嗣同：《致刘淞芙》五，载《谭嗣同全集》，第482页。

⑥ 同上。

⑦ 关于王安石和八股文的关系，谭嗣同的认识并不准确，参见朱瑞熙先生的论文《宋元的时文——八股文的雏形》（《历史研究》1990年第3期，收入朱瑞熙著《疁城集》，华东师范大学出版社2001年版）

在执政初期，在政府中设置经义局，选择《诗》《书》《周礼》三书重定官方诠释，并作为考选官员的范本。在考试形式上，王安石向宋神宗建议，改诗赋取士为经义文章取士，即用文章解释儒家经典义理，以文章优劣决定去取。这种考试形式，具有固定的程式，限制了士人才能的发挥，扼杀了人才的创造性，谭嗣同对此深有体会。他说："孔冲远作《正义》，间效经传声口，反覆申析其意。王介甫效为新学，易诗赋声病刓薄之习，凿空说经，益张其名曰义，祸七八百年未渫。"① "应试之经义，引绳披根，足以困一世之通材，使即于弇陋。"②

谭嗣同认为八股文虚耗了士人的精力。他生逢以经义取士的时代，不能不将有用的精力，消耗在写作八股文的练习中，希望能够通过科举考试，"嗣同兄弟，生用新学之时，舍之无以操业。受书以来，未尝不掊其有用之精力，钵心镂肝，昕夕从事，以蕲一当"③. 他还认识到八股文与社会现实的脱节，不能解决实际问题，在社会危机日益加剧的时代，决定抛弃"八股文"。甲午战争开始的那一年，谭嗣同又一次在科举考试中失败了。他认识到"新学"（此指应试的经义，有八股文及策论等形式）并不能对解决现实社会的危机提供任何借鉴，主张废除"新学"，并决定自己不再从事于此。日本的入侵，内政外交的危机，均非"新学"所能应付，"此其新学能任其万一者哉"！必须废弃"八股文"，因为不废新学，"无以发抒人人聪强"，无法应付现实的危机，他将自己和仲兄所撰写的八股文编为一个集子，以作为与之决绝的标志。"嗣同行与新学长辞，不复能俯首下心奉之，因纂辑所为若干，别为一通，仲兄仅乃著录其二，知不欲以此见也。"④

三　变科举以育人才：谭嗣同对变革科举制度的思考

谭嗣同在鄙视甚至主张废除八股文的同时，逐渐酝酿了变革科举制度的想法。首先他认识到变革科举制度的重要性，"夫变科举，诚为旋乾

① 谭嗣同：《〈仲叔四书义〉自叙》，载《谭嗣同全集》，第 17 页。

② 谭嗣同：《致刘淞芙》十，载《谭嗣同全集》，第 486 页。

③ 谭嗣同：《〈仲叔四书义〉自叙》，载《谭嗣同全集》，第 17 页。

④ 同上。

斡坤转移风会之大权，而根本之尤要者也”[1]。若不变科举，直不如不变[2]，只有变革科举制度，才能造就人才，才能谈得上变法。“议变法必先从士始，从士始则必先变科举。”[3] 谭嗣同认为科举制度的最大弊端，就是不实用，与人品心术无关，从实用的角度来看，不但八股文无用，策论、经学辞章均不关实用。即使新兴的算学，如果不跟实用的目的相联系，亦是无用的八股。[4] “必变科举而后可造就人才，而后可变一切之法。”

要改变这种状况，就必须学习西方，使考试内容归于实用，使士人从各门学问里自选一门，加以研习。采取这种措施后，从政府的角度来看，可以获取大量的人才。因为考试科目变为实用的内容，成为士人进身的标准和尺度，舍此更无出身之路，由于功名利禄的吸引，“父以是诏，兄以是勉”，士人“自占一门，争自奋于实学”，全社会就会形成学习西学的风气，这样可以培养大量的实用人才，而不是出现大量“坐食之游民”[5]。从士子的角度来看，士子自身擅长实用的学问，可以避免成为一无所长的废物，从社会观念的改变来看，以实学作为科举考试的科目，可以触动士人学习西方的观念，形成学习西学的风气，并避免许多无谓的争论。[6]

谭嗣同主张将学校和科举制度相结合，由学校来培养专门人才，并从学校中选拔人才，使学有所用，考理学、文学者使官礼部，考算学、理财学者使官户部，考兵学者使官兵部，考律学者使官刑部，考机器者使掌机局，考测量者使绘舆图，考轮船者使航江海，考枪炮者使备战守，考公法者使充使臣，考医学者使为医官，考农桑者使为农官，考商务者使为通商之官。只有这样，才能造就各种人才，才能谈得上变法，如果不改变科举制度，一切均是空谈。[7] 在具体制度建构上，谭嗣同提出，如

---

① 谭嗣同：《报贝元徵》，载《谭嗣同全集》，第207—208页。

② 参见谭嗣同《上欧阳中鹄书》，载《谭嗣同全集》，第160页。

③ 谭嗣同：《上欧阳中鹄书》，载《谭嗣同全集》，第159页。

④ 参见谭嗣同《上欧阳中鹄书》，载《谭嗣同全集》，第159—160页。

⑤ 同上书，第159页。

⑥ 参见谭嗣同《报贝元徵》，载《谭嗣同全集》，第207页。

⑦ 参见谭嗣同《上欧阳中鹄书》，载《谭嗣同全集》，第159页。

不能立即废除科举制度，可以采取在原有的科举考试内容的基础上，加入一门西学的内容，并将此作为是否录取的重要标准。1895 年，他代江苏学政龙湛霖草拟“请变通科举先从岁科试起”折，指出以制艺取士，在起始阶段曾经选拔了一些人才，“人才亦遂辈出其中”，但法久弊生，二三百年来，陈陈相因，雷同因袭，致使这种方式不能选拔真才实学。受形式章法所限，一些有才能的人往往被拒之门外。因为“凡瑰奇俊伟之士，往往耻袭前人唾余，思有以自别于庸流，而一逞为怪诞。由是膺衡文之任者，将语语绳于法律，则失士必多”[①]。废除制艺是大势所趋，但一旦废除，就牵涉到如何采取新的方法取士的问题。他认为人才的衰微，不完全是制艺所造成的，但是这种选拔形式，造成了一批除了会作时文外，别无所长的人。因此他建议在学政主持的岁试、科试中，可以在继续保留制艺即八股文考试的同时，加试西学一门。“必须果真精通一门，始得考取。不兼西学，虽制艺极工，概置不录。”他对西学的划分十分粗糙，各门的分类是：“以算学、重学、天文、测量为一门，外国史事及舆地为一门，万国公法及各国法律、政事、税则等为一门，海、陆兵学为一门，化学为一门，电学为一门，船学为一门，汽机学为一门，农学为一门，矿学为一门，工、商学为一门，医学为一门，水、气、声、光等学为一门，各国语言文字为一门。”[②]

甲午战争后，他联合唐才常、刘善涵等人，与老师欧阳中鹄一起，在浏阳设立了算学馆，他在《兴算学议》里，全面、系统地阐述了自己的变法主张。他指出，要变法，比较切实的办法，当为设立新式学堂，教授西学。他认为算学、格致为西学之本，倡导设立算学格致馆作为革新的起点。他的好友唐才常对算学的看法，当是他们一致的观点。唐才常在信中说：“惟算学一道，小可为日用寻常之便益，大可为机器制造之根源，……中国之所以事事见侮于外洋者，正坐全不讲求之故。”[③] 经过多方努力，浏阳算学馆终于成立，“其明年，浏阳果大兴算学，考算学洋

---

① 谭嗣同：《乙未代龙芝生侍郎奏请变通科举先从岁科试起折》，载《谭嗣同全集》，第 238 页。

② 同上。

③ 唐才常：《致唐次丞书》二，载《唐才常集》，第 243 页。

务，名必在它州县上，至推为一省之冠，省会人士始自惭奋，向学风气由是大开。夫学院非有高爵大权，而上下合志，一引其端，其力遂足以转移全省，此以见中国变法之易也”[①]。谭嗣同看到了新学对转移社会风气及促进变法的重要作用。梁启超将谭嗣同等人湖南兴算作为湖南新学兴起的标志。唐才常更是将兴算学视为维新运动的萌芽。他说“今吾四万万人，欲刷国耻，坚国权，伸国力，则其所应讲明而扩充者，政学万绪，条理万端，万其心，万其目，万其耳，弗能究也。湘省直中国之萌芽，浏阳直湘省之萌芽，算学又萌芽之萌芽耳”[②]。

对科举制度的改变，牵涉到许多问题及利益，骤然提出废除科举制度，一定会有许多阻力。在湖南维新运动高潮阶段，谭嗣同又提出了“无变科举之名，而有变科举之实”的设想。即将科举与学校教育，尤其是职官教育结合起来。他指出科举制度的弊端是与学校脱节，“科举虽名为正途，其实特采于一日之长，非如古者之必出于学也”。为改变这种弊端以及候补官员拥堵的问题，他建议在一省设立总学会，督抚入会，在总学会内设立仕学一科，使“候补官就学”，其不就学与学而惰者，停其差委。仕学一科的学习内容为“古今中外政教源流，措施大体，与现今所行之吏事”。考核之权操于绅士，“岁时会众绅士而面课之，而公评之，其及格而才行为众绅士所称者，擢用之，否则置之。使众绅士预闻选官之典，以符国会之本义”。这样就可以使官员皆出于学，“于是无变科举之名而有变科举之实”[③]。

四 科举经历对谭嗣同的影响

作为一个深受儒家思想影响，并具有经世抱负的人，谭嗣同对科举的认识比较复杂。一方面，他无法抛弃科举应试的道路。因为只有通过此途，才有可能获得政治地位，获得施展才能的机会。谭嗣同所处的时代，科举出身对士人具有重要的作用。由于就业渠道的限制，一个普通士人，如果要想有所作为，其重要途径，就是要通过科举考试这一关，成为进士，如

---

① 谭嗣同：《浏阳兴算记》，载《谭嗣同全集》，第184页。

② 唐才常：《致唐次丞书》二，载《唐才常集》，第243页。

③ 谭嗣同：《壮飞楼治事十篇》第六仕学，载《谭嗣同全集》，第440—441页。

果不能通过会试，最起码亦得通过乡试，成为举人，因为举人就已经是候补文官了，可以通过“大挑”成为知县，或者任州县官学里的教官。在晚清，做官的途径已经大大拓宽，除科举外，保举、恩荫、捐纳等形式已经多样化，但无论是社会意识，还是官吏选拔的途径上，均普遍倾向于通过科举考试获取功名者，尤其是通过会试、殿试者，认为那是“正途”①，其他的是“异途”②，《清会典》里有《分出身以正仕籍》条，综列了出身与仕籍的规则，一些职位只提供给有一定出身的人，在入仕机会上，异途颇受限制。晚清时代，捐纳泛滥，更加重了“异途”出身不受重视的程度，从晚清谴责小说对吏治的攻击里，我们会时时发现对“捐纳”出身者逢迎巴结、谄媚贿赂的情形的冷嘲热讽，这实际上亦反映了当时的一种蔑视“捐纳”者的社会心态。

与谭嗣同同时代的启蒙大师严复，从英国留学归来后，提出许多社会变革的见解，均不被采纳，他的切身体会就是由于自己是“异途出身”，因此建议不受重视，他捐纳监生，参加科举考试，但是很不幸，没有考中。在《复太夷丈》中，他说：“更买国子生，秋场期有获，谁知不量分，铅刀无一割”。“异途”出身亦限制了士人的发展，传统社会特别重视人际关系，科举出身天然地造成了士人间的联系，同年、师生关系在仕途中往往起着重要的作用。在这样的社会环境里，谭嗣同对科举制度实际上抱着一种复杂、微妙的心理，他鄙视时文，认为不足为，他所做八股文，不合绳墨。但他为了能够通过科举考试，又不得不常年奔波在赶考的路上。他在《三十自纪》里感慨自己南来北往的跋涉，“合数都八万余里，引而长之，堪绕地球一周”，又慨叹“为此仆仆，迫于试事居多”③。在当时，一个士人要想有所作为，就需要进入仕途，而进入仕途比较好的途径就是通过科举考试从谭嗣同十年间多次参加科举考试难以放弃的举动来看，他实际上迫切希望通过科举考试来进入仕途，南来北往，屡败屡考，科举考试的成功，是他的最大的渴望。当然这种持续的

① 在正途里，进士与举人和五贡的入仕机会亦有很大差别，此不赘述。

② 清代任官重视出身，正途、异途的入仕机会迥异，“凡异途出身者，不得以正印官用”，除非才能出众，并由堂官、督抚特疏保举，吏部方以正印推升。正途包括文进士、文举人、恩、拔、副、岁、优、五贡以及恩生、优监生和荫生，异途包括生员、例监、吏员等。

③ 谭嗣同：《三十自纪》，载《谭嗣同全集》，第57页。

努力，亦有外在的压力，如其中就有来自父亲湖北巡抚谭继洵的，但他始终未能如意。另一方面，在应试的过程中，他逐渐体会到科举考试的弊端，产生了变革科举制度的想法。

在屡考失利、无法以通过科举的方式进入仕途的情况下，谭嗣同不得不选择了捐纳。谭嗣同候补浙江，后来改发江苏，他进入仕途的初意，是有一番大抱负的，这从他的《丙申之春缘事以知府引见候补浙江寄别瓣姜师兼简同志诸子诗》里“莫嫌南宋小京都，勾践、钱镠有霸图”的话语里可以看出。[①] 但到南京以后，他才深刻地体会到“异途”出身者的艰难。我们知道，在晚清时代，捐纳已经泛滥，候补官过多，要得到实缺，常常要经过明争暗斗。谭嗣同作为“候补官”到南京后，就遇到了难题，首先，“异途出身”某种程度上阻滞了他与别人探讨学问。初到南京时，他就遇到了这样的尴尬。“本地知名士，曾往拜之，以求学问中之益，而人闻其候补官也，辄屏之不见，并不答拜。”其次，不受长官重视。他初到南京后，日日参谒长官，但往往见不到人，“虽首府首县，犹不能一望见颜色，又何论上官?”即使偶尔见上一次，也会引起同寅疑忌。谭嗣同对自己候补官生活的评价就是“于学无益，于道有损”[②]。与此相联系，我们就容易理解谭嗣同对光绪帝两次发布上谕催促他入京的态度了。他在赴京前给妻子的信里，就对这种召见充满感激和期待。他说：“总理衙门有文书（系奉旨，又有电报）来，催我入都引见，可见需人甚急。虽不值钱之候补官，亦珍贵如此！圣恩高厚，盖可见矣。”[③] 不受重视的候补官[④]，一旦受到重视，其感激之情溢于言表，这可能亦是他后来拒绝出亡、勇于承担的一个重要因素。

附谭嗣同参加乡试年份考官名单：光绪十四年湖南乡试考官：陈懋侯、冯煦；光绪十七年湖南乡试考官：王锡蕃、丁立钧；光绪十一

① 参见谭嗣同《丙申之春缘事以知府引见候补浙江寄别瓣姜师兼简同志诸子诗》，载《谭嗣同全集》，第241页。

② 谭嗣同：《上欧阳中鹄》十，载《谭嗣同全集》，第468页。

③ 谭嗣同：《致李闰》二，载《谭嗣同全集》，第531页。

④ 谭嗣同不受重视的原因之一是江南候补官较多，而且有不少是大家子侄，难以位置。两江总督刘坤一曾在光绪二十三年正月初五日给陈宝箴的信中说：“江南候补道员甚多，现有十数员，多系大家子侄，目前绝无位置。”（《刘坤一遗集》，第2186页）

年湖南乡试考官：陈琇莹、谢隽杭；光绪十九年顺天乡试考官：翁同龢、孙毓汶、陈学棻、裕德；光绪二十年湖南乡试考官：柏锦林、蒋式芬。

第三节 谭嗣同八月初三日独访袁世凯说质疑及补正

笔端常带感情的梁任公，在戊戌变法后逃亡日本的流亡岁月里，满含感情地写下了《戊戌政变记》，描写了谭嗣同八月初三夜冒险游说袁世凯的场面，惊心动魄，扣人心弦。但细心品读史料，发现在此事上，无论是梁任公，还是康南海，或是袁项城，均有所隐瞒或掩饰。

一 康有为、袁世凯、梁启超关于谭嗣同游说袁世凯的记载

目前记载此事的主要为梁启超、康有为、袁世凯三人。

梁启超在《谭嗣同传》中记载说："初三日夕，君径造袁所寓之法华寺，直出密诏示之曰：'……荣禄密谋，全在天津阅兵之举。保护圣主，复大权，清君侧，肃宫廷，指挥若定，不世之业。'诛荣禄如杀一狗耳。……相与言救上之条理甚详，时八月初三夜漏三下矣。"①

康有为在《我史》中说："初三日早暾谷持密诏来，跪诵痛哭激昂……二十九日交杨锐带出之密诏，杨锐震恐，不知所为计，亦至是日，由林暾谷交来，与复生跪读痛哭，乃召卓如及二徐、幼博来，经划救上之策。袁幕府徐菊人亦来，吾乃相与痛哭以感动之，徐菊人亦哭，于是大众痛哭不成声，乃嘱谭复生入袁世凯寓所，说袁勤王。率死士数百扶上登午门而杀荣禄，除旧党。袁曰：'杀荣禄乃一狗耳。然吾营官皆旧人，枪弹火药皆在荣禄处，且小站去京二百余里，隔于铁路，虑不达事泄。若天津阅兵时，上驰入吾营，则可以上命诛贼臣也。'……复生入城后，卓如至金顶庙容纯斋处候消息，吾稍发书料行李。……至子刻内城开，吾亦入城，至金顶庙候消息，知袁不能举兵扶上，清君侧，无如何，

① 梁启超：《戊戌政变记·谭嗣同传》，载《饮冰室合集》专集之一，第107—108页。

乃决行。”[1]

袁世凯在《戊戌日记》中记载说谭嗣同告诉他“上方有大难，非公莫能救”，请求袁世凯做两件事，一为诛荣禄，一为围颐和园。为增加说服力，谭嗣同出示了两份材料，一为墨录上谕，上谕为杨锐过录给谭嗣同的[2]，一为奏折草稿。奏折草稿则为谭嗣同所拟。“出一草稿，如名片式，内开……袁世凯初五请训，请面付朱谕一道，令其带本部兵赴津，见荣某，出朱谕宣读，立即正法，即以袁某代直督……即封禁电局铁路，迅速载袁某部兵入京，派一半围颐和园，一半守宫，大事可定。如不听臣策，即死在上前各等语”[3] 他建议：“九月即将巡幸天津，待至伊时，军队咸集，皇上下一寸纸条，谁敢不遵，又何事不成?”[4]

二 记载存在的疑点

谭嗣同八月初三夜，到袁世凯的住所劝其发动军事政变，是维新运动的一件大事。对于此事，有袁世凯、康有为的记载，均称对话在袁世凯和谭嗣同间进行。但梁启超的记载则提供了谭、袁对话时有第三人在场的证据，第三人是谁？并未加以说明。

> 初三日夕，君径造袁所寓之法华寺，直诘袁曰：“君谓皇上何如人也?”袁曰：“旷代之圣主也。”君曰：“天津阅兵之阴谋，君知之乎?”袁曰：“然，固有所闻。”君乃直出密诏示之曰：“今日可以救我圣主者惟在足下，足下欲救则救之。”又以手自抚其颈曰：“苟不欲救，请至颐和园首仆而杀仆，可以得富贵也。”……袁笑而不言。袁幕府某曰：“荣贼并非推心待慰帅者。昔某公欲增慰帅兵，荣曰：‘汉人未可假大兵权。’盖向来不过笼络耳。”[5]

---

① 刘梦溪主编，朱维铮编校：《中国现代学术经典·康有为卷》，第869—870页。

② 从袁世凯所述上谕内容来看，似应为七月光绪帝颁发给杨锐、谭嗣同、刘光第、林旭四章京的密谕。

③ 袁世凯：《戊戌日记》，载《戊戌变法》第1册，第550—551页。

④ 同上书，第552页。

⑤ 梁启超：《戊戌政变记·谭嗣同传》，载《饮冰室合集》专集之一，第108页。

近年来发现的毕永年的《诡谋直纪》，则提出是康有为和梁启超、谭嗣同一起到袁世凯处去密谈，而且谈话的主角是康有为。对于此点，有论者认为毕永年的记载，形成于他与康有为交恶以后，叙述中通篇对康有为持贬斥态度，“将夜说袁世凯的举动也归咎于康有为一人，而将亲自往说袁世凯的谭嗣同说成是反对康有为意见的。”[①] 但谭嗣同是一个人到袁世凯的寓所去游说袁世凯的吗？目前的大多数记载对此是予以肯定的，考察相关的记述，发现存在许多疑点，这种流行说法值得商榷。

首先从谭嗣同造访袁世凯的目的来分析，谭嗣同不是合适的人选。各种记载表明，谭嗣同与袁世凯两人的关系一般，袁世凯远非谭嗣同可托以心腹之事的人，派谭嗣同单独去游说袁世凯，作孤注一掷的军事政变，不但显得鲁莽和冒险，更让人觉得不可思议。在维新派内部，不要说康有为、梁启超与袁世凯的关系比谭嗣同与袁来得密切，就是徐仁禄与袁的关系，乃至杨锐、林旭与袁的关系，也比谭、袁间的关系密切。徐仁禄于光绪二十四年六月到小站去游说袁世凯，他的家人徐仁铸与袁世凯是口盟兄弟，杨锐与袁世凯的幕僚徐世昌的关系较好，徐随袁入京后，曾拜访过他。[②] 林旭曾在一段时间里为荣禄的幕僚，与袁世凯也有交往。相比较而言，谭嗣同与袁世凯的交往，与维新派的其他人相比较，是最浅的。他与袁世凯的相识渠道很狭窄，而且交往的时间更不会太长。从相识的渠道来看，两人的相识途径很有限。当时聚集了不少人的两大组织强学会和保国会，谭嗣同均无缘参加。强学会开办时，谭嗣同身在湖北，还没有人对他加以注意，他自称“己既不求入会，亦无人来邀”[③]。后来他想成立强学会湖南分会，但未成功。而与此同时，袁世凯加入了强学会，并参与了一些活动，两人通过强学会认识的渠道不存在。至于保国会，在三月份发起，四月份已无形中解散，谭嗣同其时正在湖南参加维新运动，因此他也无缘与闻会事。袁世凯未参加保国会，他在小站

---

① 房德邻：《维新派“围园”密谋考——兼论〈诡谋直纪〉的史料价值》，《近代史研究》2001 年第 3 期。

② 参见许姬传《许姬传七十年见闻录》，中华书局 1985 年版，第 27 页。

③ 谭嗣同：《上欧阳中鹄》七，载《谭嗣同全集》第 455 页。

练兵，两人通过保国会认识的渠道也不存在。

从时间来言，首先袁世凯平时虽也往来京津间，但毕竟不是常住北京，在京居住的时间也有限。谭嗣同也不常住北京，甲午战争后，他长期在北京居住的年份仅为1896年和1898年。他1896年逗留北京的时间，有五个多月，在此期间，所接触的人，他在《北游访学记》中曾提到一些，其中没有袁世凯。这虽然不能证明谭嗣同在此期间不可能与袁世凯交往，但至少从侧面说明两人即使相识，关系也很一般。至于甲午战争后谭嗣同第二次到北京，就是在1898年，时间极短暂，从光绪二十四年七月初五到京，至八月十三日被杀，仅有一个多月时间。而从七月初五日到北京，到八月初三访袁，还不足一个月。在这期间，谭嗣同忙于参与维新运动，而袁世凯则忙于准备九月份的阅兵大典，两个人一个在北京，一个在天津小站，见面可能不太容易，交谊可能也很难发展。同时，有关他们的交往，也未见任何记载。因此说，谭嗣同与袁世凯两人相识的可能性存在，但是否深入到可以托以心腹之事，尚无确证。各种迹象表明，二人即使相识，也仅仅是泛泛之交。让一个与袁世凯不熟悉的人去游说袁世凯，而且所说的又是关系生死存亡的大事，这种举动极为冒失和鲁莽，简直是在冒险。以常理来推断，康有为等人断不会出此下策！

三　谭嗣同能够见到光绪帝的可能性

第二种可能是谭嗣同拿着光绪帝的密诏单独前去。因为他虽然和袁世凯的交往少，但他手里有光绪帝的密诏，是奉旨前去的。当时《字林西报》就是这样报道的，“第一步行动开始了，在此犯了一个致命的错误，光绪帝签署圣旨，让袁世凯立即带兵到天津杀掉荣禄。圣旨签署时，康和谭均在场，皇帝将圣旨交给谭嗣同，让他带给袁世凯，他满怀信心地在9月18日星期一晚上去了”。这段记载是否可信，值得怀疑。从康有为的角度来说，他在逃亡途中，接受采访时，提及光绪帝最后一次接见他是在六月份，“从六月起，一直到我离开北京止，我有好些奏议呈给皇上，但他没有再给我一次觐见机会”。从前后文来看，康有为所说的六月接见，就是光绪二十四年四月二十八日的召见。谭嗣同的情况则不同，他是有可能受到光绪皇帝召见的。他于光绪二十四年七月初五日到北京。在北京，他于七月二十日，受到光绪帝的召见，同日即与杨锐、刘光第、林旭被任命为军机四章京，参预新政。

要搞清谭嗣同在当时的活动，首先要解决一个问题，谭嗣同是否可以随时见到光绪帝？一般的说法均忽略此问题，想当然地认为他可以经常见到光绪帝，这一点，在康有为、梁启超的记载以及谭嗣同后代的追忆文章中，均表现得很明显。在康有为的《我史》中，主要有以下几处："复生、芝栋召对，亦面奏请开懋勤殿"，"又交复生递密折，请抚袁以备不测。"[①] 梁启超在《谭嗣同传》中，也提及"君密奏请皇上结以恩遇"。在袁世凯的《戊戌纪略》中，也提及谭嗣同对他说："我亦在上前迭次力保，均为荣某所格。"《字林西报》也提及谭嗣同与康有为经常出入宫廷之人。谭嗣同的后人在追忆中，也把谭嗣同当作可以随意出入宫廷之人。"只要光绪帝不在早朝的时候，可随时入宫晋谒，商议朝政。"

以上种种表述，均认为谭嗣同曾多次受到光绪帝的召见，但是这符合历史事实吗？

查《谕折汇存》中光绪帝召见臣工名单，发现光绪帝仅在光绪二十四年七月二十日召见过谭嗣同一次，以后再未召见。如果没有别的证据能够证明谭嗣同可随时见到光绪帝的话，我们恐怕还得以《谕折汇存》的记载为准。也就是说，《字林西报》所说的光绪帝当着谭嗣同和康有为的面，签署让袁世凯去杀荣禄的记载是不真实的。从袁世凯的记载来看，谭嗣同是拿着密诏的过录本去的，其内容是让军机四卿帮助想办法，来缓和自己和慈禧太后间的矛盾。但即使是奉旨前去的，谭嗣同是单独一人去游说袁世凯的吗？

四　毕永年、王照回忆所展示事件的另一面

毕永年的追忆从侧面提供了证据。他转引康有为的话说："袁处有幕友徐世昌者，与吾极交好，吾将令谭、梁、徐三人往袁处明言之，成败在此一举。"而八月初三日，康有为、谭嗣同、梁启超一夜未归。（毕永年当时住在康有为的寓所南海馆，他的记载应可信。）第二天，毕永年问及初三晚的情况，谭则告诉他，康有为将密谋全部告诉了袁世凯。如果说毕永年如此说有什么政治意图——如丑化康有为，将变法失败的原因

① 刘梦溪主编，朱维铮编校：《中国现代学术经典·康有为卷》，第867—868页。

归咎于他，值得怀疑的话，我们还可以举出王照的类似追忆。“梁启超、谭嗣同于初三夜往见袁，劝其围太后，袁不允，袁之不允，非不忠于君也，力不足也。……梁、谭等书生不知兵事，反谓袁不忠。”如果我们立足毕永年和王照两人后来均与康有为交恶，因而他们的记载要大打折扣的话，那么康有为的话，尽管他极力掩饰，但还是在无意之间透露了真实的成分。

五　梁启超、康有为记载中无意中提供了与袁世凯会谈的证据

康有为在《谢奉到衣带密诏折》中透露出自己与袁世凯接触的事实。康有为承认见到朱谕后，曾在八月初三日与谭嗣同、袁世凯商讨对策，“初三日，杨锐、谭嗣同交奉到朱笔密谕，乃惊悉大变……是日与袁世凯、谭嗣同密谋，不意杨锐畏怯，意皆不宣，致为日无几，不及措手。”[①] 另外，康有为给袁世凯写的信中，也提道：“中国岌岌殆亡，横睇海内，能救者惟公耳。八月三夜之言，仆犹记之，忼慷而许朱（诛）尔朱，中间之变，殆出于不得已。盖闻尔朱已先调董、聂之军，无能为役，杀身无益，不若留以有待，此实志士之苦心也。”[②] 此信又称“武氏之寿，将七十矣”，当写于戊戌政变后四五年间（1902—1903 年）。此信为私信，非公开发表，是否邮寄，不得而知，但如果为康有为所书，当有一定事实根据。因为康有为当时写此信的目的，是想与袁世凯联合。如果凭空捏造，则会因事实不真引起袁世凯的反感，遑论联合！康有为在信中还继续说：“且以八月三夜诛荣若屠狗之言为息壤，故敢进言，必无惑于一时而忘于千载。”如果康有为没有参加密谈，他断然不会以这种语气来写信的。

梁启超的其他记载，则从侧面提供了除了谭嗣同以外，还有其他人一起接触袁世凯的线索。他在《戊戌政变记》第二章“政变之分原因十三”称“当时诸人奉诏涕泣，然意上位危险，谅其事发在九月阅兵时耳，

① 康有为：《谢奉到衣带密诏折》，载《戊戌变法史研究》，上海书店出版社 2007 年版，第 547 页。

② 台湾“中央”研究院近代史所藏康有为未刊文稿微卷，黄彰健：《戊戌变法史研究》，第 649 页。

于时袁世凯召见入京，亦共以密诏示之，冀其于阅兵时设法保护，而卒以此败事”，“共以密诏示之”，当然不会是谭嗣同独自一人将密诏给袁世凯看，因为如果是谭嗣同一人将密诏给袁世凯看，那么就谈不上“共以密诏示之”。

因此，我们基本上可以肯定，八月初三夜密访袁世凯的，除了谭嗣同以外，至少应该还有康有为。

第五章

谭嗣同研究文献整理

在研究谭嗣同的过程中，常用的材料为《谭嗣同全集》。偶然发现，《谭嗣同全集》并不全，在转录资料的过程中，也存在着一些失误，于是尽其所能，利用手头的资料，对《谭嗣同全集》所收部分文献进行了对比，把一些不同之处指出来，以供研究者参考。《谭嗣同全集》所收信札，黄彰健、徐义君等先生曾进行了编年，但他们所根据的版本，为三联版的《谭嗣同全集》，与目前通行的中华版《谭嗣同全集》有较大差异，因此，不揣浅陋，在诸位先生研究的基础上，按照中华版《谭嗣同全集》信札，进行重新编年，以为研究者提供便利。《仁学》体大思精，内容庞杂，注释校勘，尚待时日，先开展初步工作，对其所论主要命题，加以编目，以便读者阅读。

第一节 《谭嗣同全集》所收资料识读献疑

蔡尚思、方行先生编《谭嗣同全集》于1954年由三联书店出版，后经重新编校、增订，于1981年由中华书局出版，该书所辑文献，多方搜罗，是目前见到的《谭嗣同全集》最精详的文集，为谭嗣同研究奠定了坚实的基础。笔者研究过程中，发现了《谭嗣同全集》所收书札，与《汪康年师友书札》所收谭嗣同致汪康年的书信，在识读方面有不少差异，另外《全集》从《湘报》所录《延年会告白》，亦与《湘报》原文有差异。[①] 以此为线索，笔者以文操先生编《谭嗣同真

① 参见王夏刚《戊戌军机四章京合谱》，中国社会科学出版社2009年版，第168页。

迹》和中华书局影印出版的《时务报》《湘报》和《清议报》，以及澳门基金会与上海社会科学院出版社联合影印出版的《知新报》为基础，对《谭嗣同全集》从这些材料上所收录的文献予以比对，发现除了异体字外，尚存在一些误植及衍文、倒序的现象，现按《汪康年师友书札》《谭嗣同真迹》《湘报》《时务报》《知新报》《清议报》的顺序，与《谭嗣同全集》所收相关文献进行比对，不当之处，敬请方家指正。

一　《谭嗣同全集》与《汪康年师友书札》所收信札识读比对

《谭嗣同全集》所收谭嗣同致汪康年的书信，与《汪康年师友书札》所收书札，在识读方面有不少差异，列表如下。

信札名称	《汪康年师友书札》	《谭嗣同全集》
《致汪康年》一①	雁菩萨又带来造像七躯拓本，具种种庄严，种种相好，同人咸欢喜赞叹，说雁是入正定菩萨，嗣同是菩萨傍侍者，抑亦阿那含之亚也，此与嗣同平昔师事雁菩萨之恉，正尔微合，前在上海曾嘱造像之光绘楼，造像若佳，请其将原玻璃片存留勿遽揩去，以便购回随时晒印，务恳即为购出。并请其将雁菩萨与嗣同二躯另晒上一块小磁片，勿添颜色②	雁菩萨又带到造像七躯拓本，具种种庄严、种种相，同人咸喜赞叹，说雁是入正定菩萨，嗣同是菩萨旁侍者，抑亦阿那含之亚也。此与嗣同平昔师事雁菩萨之恉正尔微合。前在上海，曾嘱造像之光绘楼造像，若佳，请其将原玻璃片存留，勿遽揩去，以便购回，随时晒印，务恳即为购出。并倩其将雁菩萨与嗣同二躯另晒上一块小磁片，勿填颜色③

① 书札名称及排序，按照《谭嗣同全集》的排序及名称。

② 《汪康年师友书札》第四册，上海古籍出版社1989年版，第3235页。

③ 谭嗣同：《致汪康年》一，载《谭嗣同全集》，第491页。

续表

信札名称	《汪康年师友书札》	《谭嗣同全集》
《致汪康年》二	我公为调伏成熟一切众生……纵公勤勤编辑为书为表，卒与实迹相去甚远，毋乃疑误后学，转无由得其真，不亦可以已乎！质言之，如此黑暗地狱，无一法一政足备纪录，徒滋人愤懑而已！……岂有如斯之不平事耶？……恭讯道安！不尽①	我公为调伏，成就一切众生……纵公勤勤编辑，为书为表章，与实迹相去甚远，毋乃疑误后学，转无由得其真，不亦可以已乎！质言之，如此黑暗地狱，直无一法一政足备记录，徒滋人愤懑而已！岂有如此之不平事耶？……恭讯道不具②
《致汪康年》三	属嗣同畅演家风，敷陈古义。斯事体大，未敢率尔，且亦不暇也。近始操觚为之，孤心万端，触绪纷出。非精探性天之大原，不能写出此数千年之祸乱，与今日宜扫荡桎梏、冲决网罗之故。……在湘中诸捷给口辩之士……同县黎少谷左一生考究农学……殆于《民听报》中见之……《农学报》出时，务乞允寄③	属嗣同畅演宗风，敷陈大义。斯事体大，未敢率尔，且亦不暇也。近始操觚为之，孤心万端，触绪纷出。非精探性天之大原，不能写出此数千年之祸象，与今日宜扫荡桎梏冲决网罗之故。……在湘中诸捷给口辩之士……同县黎少谷者，一生考究农学……殆欲《民听报》中见之……《农学报》出时，务乞见寄④
《致汪康年》九	铁樵丧将至，尤近欲一哭奠，……然嗣同实有至难之处，万不能自由者，恐湖北知之责其游荡……尤有难者，国用不足，一动足即要拉债，三也⑤	铁樵丧将至，尤迫欲一哭奠，……然嗣同实有至难之处，万不能自由者：恐湖北知之，责其游荡……尤有难者，□用不足，一动足即要拉债，三也⑥

① 《汪康年师友书札》第四册，第 3237 页。
② 谭嗣同：《致汪康年》二，载《谭嗣同全集》，第 492 页。
③ 《汪康年师友书札》第 4 册，第 3239 页。
④ 谭嗣同：《致汪康年》三，载《谭嗣同全集》，第 493 页。
⑤ 《汪康年师友书札》第 4 册，第 3251—3252 页。
⑥ 谭嗣同：《致汪康年》九，载《谭嗣同全集》，第 502 页。

续表

信札名称	《汪康年师友书札》	《谭嗣同全集》
《致汪康年》十	《民听报》事前答卓如意在缓办①	《民听报》事，前答卓如意主缓办②
《致汪康年》二十二	而嗣同前书之孟浪唐突，无状已极，虽加扑责，不敢辞罪③	而嗣同前书之孟浪唐突，无状已极，虽加朴责，不敢辞罪④

二　《谭嗣同全集》所收文献与《谭嗣同真迹》校读

《谭嗣同真迹》由文操编，初版于50年代，1998年由上海古籍出版社再版。编者文操即与蔡尚思先生编辑《谭嗣同全集》的方行先生，该书所收书信，均为原件的影印件。

今按《真迹》本所收书信顺序，逐一校对。因《真迹》所收为谭嗣同手迹，手迹的辨认有难度，并难免存在歧义，同时《谭嗣同全集》编例第九条称将一些古体字、假借字等较难辨认的，一律改为今体，以便阅读。依照此例，在识读中与原本不一致的古体字、假借字，如韵和韻，閒与間，疊和疊，崑和崐，羈和覊，复和復，佗日和他日，布和佈，詧和察，莭和節，総和總，槩和概，礮和砲，逈和迴，秘和祕，蠏和蟹，銕和鐵，葢和蓋，复与復，褱与懷，蓺与藝，廌与寓，卻和却，欵和款，曬和晒，叙和敍，帳和賬，尒和尔，筆和笔，赶和趕，只和衹，壳和殼，遙和遥，採和采等，不再分别标注，谨将能够辨认的明显错失予以说明，至于不能准确识别的文字，则加注予以说明。

《真迹》本扉页有谭嗣同写赠宋恕扇面一，《全集》中称《酬宋燕生道长见报之作即用原韵》据书扇手迹录，但查看《真迹》本所录图片，有两处不同。一是题目，扇面为“酬宋燕生道长见报之作即用元均”，《全集》为“酬宋燕生道长见报之作即用原韵”，一为“偶客上海”，《全集》为“偶客海上”，当以“偶客上海”为准。

《致刘淞芙》一，见《全集》第478—479页。《真迹》本“相違只

① 《汪康年师友书札》第4册，第3254页。

② 谭嗣同：《致汪康年》十，载《谭嗣同全集》，第504页。

③ 《汪康年师友书札》第4册，第3267页。

④ 谭嗣同：《致汪康年》二十二，载《谭嗣同全集》，第512页。

尺”，《全集》本为“相違咫尺”。

《致刘淞芙》二，见《全集》第 10—13 页。《真迹》本“艰难困厄”，《全集》本为“艰危困厄”，“超轶尘壒之表”，为“超逸尘壒之表”，“遂购灯日”，为“遂覯灯日”，“未尝不反覆再四”，为“未尝不反復再四”，“自是愈益钦畏”，为“自此愈益钦畏”，“能持此以相友”，为“能扶此以相友”，“中正和平者”为“中正和平也者”，“大抵能浮而不能沈”，为“大抵能浮而不能沉”。

《致刘淞芙书》三，见《全集》第 8—10 页。《真迹》本“同类曰孚”，《全集》本为“同类日孚”，“驰骋不羈之文”为“驰骋不羁之文”，“发筴未竟”，为“发篋未竟”，“岂不懿與”为“岂不懿歟”。

《致刘淞芙书》四，见《全集》第 482 页。《真迹》本“松夫仁兄”，《全集》为“淞芙仁兄”，“殆有千倍于去年者”，为“殆有十倍于去年者”。

《致刘淞芙书》五，见《全集》第 481—482 页。《真迹》“淞夫仁兄”为“淞芙仁兄”。

《致欧阳瓣姜书》一，见《全集》第 458—468 页。《真迹》本“望之如□[①]”，为“望之如櫃”，“则瘀遏已可见”，为“则淤遏已可见”，“外人要来，何必定由此道”，为“外人要求，何必定由此道”，“傅兰雅精格致者”，为“傅兰雅精于格致者”，“言挈矩”，为“言絜矩”，“耶蘇教”，为“耶稣教”，“博考中西古今之教”，为“博考古今中西之教”“回部之已事可鉴”为“回部之事已可鉴”，“七月廿三日”为“七月二十三日”。

《致欧阳瓣姜书》二，见《全集》第 476—477 页。《真迹》本“不能不豫先约定”，为“不能不预先约定”，“一笔句销”，为“一笔勾销”。

《致欧阳瓣姜书》三，见《全集》第 472 页。《真迹》本“盛杏荪”，《全集》本为“盛杏蓀”，“敂起居”为“叩起居”。

《致汪康年书》一，见《全集》第 493—495 页。《真迹》本“今捡以寄呈”，《全集》本为“今检以寄呈”。

《致汪康年书》二，见《全集》第 495—496 页。《真迹》本“正月廿六日”，《全集》本为“正月二十六日”

① 此字为“木”加“匚”，“匚”内有一“舊”字。

《致汪康年书》三，见《全集》第505页，《真迹》本与《全集》本一致。

《致汪康年书》四，见《全集》第506页，《真迹》本“六月[1]廿四”，《全集》为“六月二十四日”。

《致汪康年书》五，见《全集》第508—510页，《真迹本》“办理已到绝顶好处”下有加重符号，为强调之意，《全集本》无加重符号。《真迹》本“嗣同亦无弟二本”，《全集》为“嗣同亦无第二本”。

《致汪康年书》六，见《全集》第510—511页，《真迹》本“八月廿九日”，《全集》本为“八月二十九日”。

《致汪康年书》七，见《全集》第511—513页。《真迹》本与《全集》本一致。

《致汪康年书》八，见《全集》第513页。《真迹》本与《全集》本一致。

《致汪康年梁启超》一，见《全集》第514—515页。《真迹》本与《全集》本一致。

《致汪康年梁启超》二，见《全集》第516—517页。《真迹》本与《全集》本一致。

《致汪康年梁启超》三，见《全集》第515—516页。《真迹》本与《全集》本一致。

《致汪康年梁启超》四，见《全集》第517页。与《全集》本一致。

《致梁启超书》一，见《全集》第517页。《真迹》本与《全集》本相同。

《致龙萸溪书》一，见《全集》第522—523页。《真迹》本“顷奉来教”，《全集》本为“奉来教”，“媿悚”为“愧悚”，“尒时”为“爾时”，“诚为碻论”为“诚为確论”，“儻云兼善”为“倘云兼善”，“握龊名利”为“龌龊名利”，“如月二十五”为“如月二十五日”。

《致龙萸溪书》二，见《全集》第523页。《真迹》本“但知渠是庶出”，《全集》本为“但知其是庶出”。

《致龙萸溪书》三，见《全集》第523—524页。《真迹》本与《全

① 此处疑为“二月”。

集》本一致。

《致龙萸溪书》四，见《全集》第524页。《真迹》本与《全集》本一致。

《致龙萸溪书》五，见《全集》第524页。《真迹》本“四月十二”，《全集》本为“四月十二日”。

《致龙萸溪书》六，见《全集》第524页。《真迹》本“廿五”，《全集》本为“廿五日”。

《致徐积余书》一，见《全集》第520—521页。《真迹》本“坚□[①]未获”，《全集》本为“坚辞未获”，“撿出史忠正墨迹对联一付”为“檢出史忠正墨迹对联一副”，“二月十七”为“二月十七日”。

《狱中遗书》一，见《全集》第533页。《真迹》本与《全集》本一致。

《狱中遗书》二，见《全集》第533页。《真迹》本与《全集》本一致。

《狱中遗书》三，见《全集》第532—533页。《真迹》与《全集》本一致。

《谭嗣同真迹》“诗”收诗三首，第一首《送别仲兄泗生赴秦陇省父》，见《全集》第285—286页。《真迹》本“羡杀洞庭连汉水”，《全集》为“羡煞洞庭连汉水”，“□[②]君车马度关河”，为“照君车马度关河”，《真迹》本“春烟淡淡黯离愁，君陪鲤对我偏留”二句，《全集》本为一句，为“春烟澹澹黯离愁”。《真迹》本所收诗，后附“弟同初稿”，并有“朗读一过，令我又喜又悲，盖喜其诗之妙而悲其情之深也，兄彭拜读”的评语，此评语《全集》本未录。

第二首《金陵听法诗》，见《全集》第246页。《全集》据稿本排印，与《真迹》本有不同。《真迹》本诗题为《金陵听法诗》，《全集》本则为《金陵听说法诗》，多一“说”字，《真迹》本“小之陵谷大沧桑”，《全集》本为“小之陵谷巨沧桑”，“纲伦惨以喀斯德”，为“纲伦梏以喀私德”，

① 此字难以辨识，似不为“辞”字。

② 此字为上“昭”下“火”。

第三首《江标（建霞）修书图诗》，文操先生在“初版说明”中指出，《江标（建霞）修书图》，系吴大澂手笔，图上题诗的除谭嗣同外，尚有梁启超及樊锥等多篇。

《谭嗣同真迹》“增辑部分”收有书信多封，诗一首，信封三枚。

《上大伯父母（谭继昇夫妇）书》一，见《全集》第447页。《真迹》本“大伯父大伯母”，《全集》本为“大伯父母”，少“大伯”二字，“并请诸兄□[①]安”，为“并请诸兄大安”，

《上大伯父母（谭继昇夫妇）书》二，见《全集》第447页。《真迹》本“大伯父大伯母”，《全集》本为“大伯父母”，少“大伯”二字，“八月廿九日”为“八月二十九日”，“廿二日请训”，为“二十二日请训”，“计往来四阅月”为“计往来四阅月矣”，多一“矣”字。

《上大伯父母（谭继昇夫妇）书》三，见《全集》第448页。《真迹》本“大伯父大伯母”，《全集》本为“大伯父母”，少“大伯”二字。

《上大伯父母（谭继昇夫妇）书》四，见《全集》第448页。《真迹》本“大伯父大伯母”，《全集》本为“大伯父母”，少“大伯”二字，“康健如昔”为“健康如昔”，“夫兄弟当无故之时”，为“夫兄弟无故之时”，少一“当”字。“伯父伯母大人”为“伯父母大人”。

《致盛宣怀书》一，见《全集》第540页。《真迹》本“劉湘蕖”，《全集》本为“劉湘渠”，“廿四日”为“二十四日”，《真迹》本“即□[②]鈞安”，《全集》本为“即頌鈞安”。

《致盛宣怀书》二，见《全集》第540页。《全集》本略去“鄂紳銜名并乞代催”一句。

《寄友》诗一首，见《全集》第542页，《真迹》本与《全集》本一致。

《致张蓟云》，见《全集》第489页，《真迹》本“江天漠漠，有遥望长唏而已”，《全集》本为“江天漠漠，[惟]有遥望长唏而已”。

《致邹岳生》，见《全集》第490页。《真迹》本“所寄贰百金”，

---

① 此字不似“大”字。

② 该字不清楚，但不似“烦”字，另从上下文语意看，亦不当为“頌”字，参照《致盛宣怀》二“即叩钧安”，似为“叩”字。

《全集》本为“所寄二百金”。

《致李闰》一，见《全集》第530页。《真迹》本“正欲起程往鄂”，《全集》本为“正欲起程赴鄂”，“撿作一包”，为“檢作一包”。

《致李闰》二，见《全集》第530—531页。《真迹》本“蓋可知矣”《全集》本为“蓋可見矣”，“途中别無擔閣”为“途中别無耽閣”，“毋稍遲延”为“毋稍延遲”。

《致李闰》三，见《全集》第531—532页。《真迹》本与《全集》本一致。

综上所列，比较明显的误读有以下几处，列表如下，所有正确的识读，当以《谭嗣同真迹》所载为准。

书信及诗词名称①	《谭嗣同全集》所录	《谭嗣同真迹》原文
写赠宋恕扇面	酬宋燕生道长见报之作即用原韵	酬宋燕生道长见报之作即用元均
	偶客海上	偶客上海
《致刘淞芙》一	相違咫尺	相違只尺
《致刘淞芙》二	艰危困厄	艰难困厄
	超逸尘壒之表	超轶尘壒之表
	遂觏灯日	遂购灯日
	自此愈益钦畏	自是愈益钦畏
	能扶此以相友	能持此以相友
	中正和平也者	中正和平者
《致刘淞芙书》三	同类日孚	同类曰孚
	发篋未竟	发筴未竟
	被褐懷玉	被褐褢玉
	岂不懿歟	岂不懿與
《致刘淞芙书》四	淞芙仁兄	松夫仁兄
	殆有十倍于去年者	殆有千倍于去年者
《致刘淞芙书》五	淞芙仁兄	淞夫仁兄
《致欧阳瓣姜书》一	则淤遏已可见	则瘀遏已可见
	外人要求，何必定由此道	外人要来，何必定由此道

① 此表书信及诗词名称按照《谭嗣同真迹》的顺序及名称排列。

续表

书信及诗词名称	《谭嗣同全集》所录	《谭嗣同真迹》原文
	傅兰雅精于格致者	傅兰雅精格致者
	言絜矩	言挈矩
	耶稣教	耶蘇教
	博考古今中西之教	博考中西古今之教
	回部之事已可鉴	回部之已事可鉴
	七月二十三日	七月廿三日
《致欧阳瓣姜书》二	不能不预先约定	不能不豫先约定
	一笔勾销	一笔句销
《致欧阳瓣姜书》三	叩起居	敏起居
《致汪康年书》一	今检以寄呈	今捡以寄呈
《致汪康年书》二	正月二十六日	正月廿六日
《致汪康年书》四	二十四日	廿四日
《致汪康年书》五	嗣同亦无第二本	嗣同亦无弟二本
《致汪康年书》六	八月二十九日	八月廿九日
《致龙萸溪书》一	奉来教	顷奉来教
	愧悚	媿悚
	诚为确论	诚为碻论
	倘云兼善	儻云兼善
	龌龊名利	握龊名利
	如月二十五日	如月二十五
《致龙萸溪书》二	但知其是庶出	但知渠是庶出
《致龙萸溪书》五	四月十二日	四月十二
《致龙萸溪书》六	廿五日	廿五
《致徐积余书》一	検出史忠正墨迹对联一副	撿出史忠正墨迹对联一付
	二月十七日	二月十七
《送别仲兄泗生赴秦陇省父》	羡煞洞庭连汉水	羡杀洞庭连汉水
《致龙萸溪书》二	但知其是庶出	但知渠是庶出
	春烟澹澹黯离愁	春烟淡淡黯离愁， 君陪鲤对我偏留
《金陵听法诗》	金陵听说法诗	金陵听法诗
	小之陵谷巨沧桑	小之陵谷大沧桑

续表

书信及诗词名称	《谭嗣同全集》所录	《谭嗣同真迹》原文
	纲伦梏以喀私德	纲伦惨以喀斯德
《上大伯父母（谭继昇夫妇）书》一	大伯父母	大伯父大伯母
《上大伯父母（谭继昇夫妇）书》二	大伯父母	大伯父大伯母
	八月二十九日	八月廿九日
	二十二日请训	廿二日请训
	计往来四阅月矣	计往来四阅月
《上大伯父母（谭继昇夫妇）书》三	大伯父母	大伯父大伯母
《上大伯父母（谭继昇夫妇）书》四	大伯父母	大伯父大伯母
	健康如昔	康健如昔
	夫兄弟无故之时	夫兄弟当无故之时
	伯父母大人	伯父伯母大人
《致盛宣怀书》一	劉湘渠	劉湘蕖
《致盛宣怀书》二	须二十日后方能启行	须廿日后方能启行
		鄂紳衔名并乞代催
《致张蓟云》	江天漠漠，［惟］有遥望长唏而已	江天漠漠，有遥望长唏而已
《致邹岳生》	所寄二百金	所寄贰百金
《致李闰》一	正欲起程赴鄂	正欲起程往鄂
《致李闰》二	蓋可見矣	蓋可知矣
	途中别無耽閣	途中别無擔閣
	毋稍延遲	毋稍遲延
		鄂紳衔名并乞代催

三　《谭嗣同全集》所收《湘报》刊发谭嗣同文献校读

《湘报》共收谭嗣同《南学会讲义》之《论中国情形危急》，《论今日西学与中国古学》，《论学者不当骄人》，《论全体学》，《南学会问答》之一《答杨昌济》，之二《答毕永年》，之三《答毕永年》，《延年会叙》，《试行印花税条说》，《湘报》后叙（上），《湘报》后叙（下），《改并浏阳城乡各书院公启》，《读南海康工部有为条陈胶事折书后》，《论湘粤铁路之益》，《论官绅集议保卫局事》，《论电灯之益》，《群萌学会叙》，《以太说》，《壮飞楼治事十篇》，以及熊希龄、谭嗣同署名的《延年会告白》，其中除了《壮飞楼治事十篇》编者注明据谭氏手稿排印外，其余均未注明根据手稿排印，其内容当来自《湘报》，《湘报》为印刷体，不存在手写体辨认的歧义，现将《湘报》所录文献，与《谭嗣同全集》所录的同一文献，加以比对，指出其不同之处，可以看出，一些不同是编者改正的结果，但未出注说明，一些不同，则为误录。

《南学会讲义》之《论中国情形危急》，刊于《湘报》第 3 号，查对《湘报》，发现有以下不同，《全集》将“土尔其”全更为“土耳其”。《湘报》中称“晤日本政府所遣官员三人，言中国唇齿相依”，《全集》更为“晤日本政府所遣官员三人，言中、日唇齿相依”，从上下文看，“言中、日唇齿相依”更符合文义，但编者未加说明。

《论今日西学与中国古学》，刊《湘报》第 7 号。《湘报》中“战国与今日遥遥相印”，《全集》本为“战国与今日遥遥相映”，《尚书·考灵耀》改为《尚书·考灵曜》，《春秋·元命符》改为《春秋·元命苞》。

《论学者不当骄人》，刊《湘报》第 20 号。《湘报》中的“耶苏”，《全集》全部更为“耶稣”。

《论全体学》，刊《湘报》第 42 号。《湘报》中的“血胍”，《全集》更为“血脈”。“西国则谓心不能思，而思特在心”，更为“西国则谓心不能思，而思特在脑”，依上下文义，当为“脑”，但未出注。

《南学会问答》之一《答杨昌济》，刊《湘报》第 28 号。《湘报》“据乱世”，《全集》更为“據乱世”，“今日中国宜傚英国君民共主之制”，更为“今日中国宜效英国君民共主之制”。

之二《答毕永年》，刊《湘报》第 29 号。《湘报》“则偾事愈甚”，《全集》为“则债事愈甚”，依上下文义，当以《湘报》“偾事”为确。

之三《答毕永年》，刊《湘报》第 29 号。《湘报》“则中原有涂炭之实祸”，《全集》为“则中原有涂炭之灾祸”，当以“实祸”为准。

《延年会叙》，刊《湘报》第4号。“无纷扰，有闲暇”，《全集》更为“无纷扰，有閒暇”，“銕路”更为“鐵路”，“电线”更为“电線”。所附《延年会章程》中“喇喇不休”，《全集》更为“剌剌不休”。

《试行印花税条说》，刊《湘报》第9、10号。“此商脉之所以绝，商战之所以败北，中国之所以贫且弱也”，《全集》更为“此商脉之所以绝，而商战之所以败北，中国之所以贫且弱也”，加一“而”字，语气较顺，但未出注。“岳州亦可分税印花税票”，《全集》更为“岳州亦可分售印花税票”，依上下文义，当以“分售”为妥，但未出注。“其持此票交易者，见视现钱而加价”，《全集》为“其持此票交易者，必视现钱而加价”，“贩连者”，为“贩运者”，“所以卖票之钱”，为“所收卖票之钱”，当以《湘报》原文为准。

另，《湘报》该文后有《新会梁启超注》，《全集》未收，该注全文如下：“所拟极切当，条条可行，与中国言办事，如哄小孩儿，非以此法不可也。惟其中论票价可许行店抬高，鄙意谓必不可。盖印票究与钞票异，钞票则可以涨价，盖国家并无强人用钞票之例，不过人乐其便，喜用之耳。苟嫌其价涨而不用，则仍用现钱，无不可也。若印花票，则凡运货者，皆不能不用，不能以现钱代也，故苟一抬价，则怨讟必起矣。若厘金与印花许民间择一完纳，则用此法以鼓舞之，为畅销印票之计，或庶可耳，然并行则必不可之事，盖官便厘金，而不便印花，为其不能舞弊也。民则印花虽便矣，而初时知其利者少，必多迟疑，既可以并行，则官必设法抑勒，仍有右厘而左印之弊，如此则印必不行，故必勒令归一，迳将厘金废之，非有印花者不准放行，然后可。既如此，则有若干商货，自必有若干印税钱工，何有不畅销之足虑乎。如原议云云者，必钞法既行，印花税票可当钞票用，无往而不用之，上至纳钱粮地丁，下至市面交易，无不将此印票通行然后可，然既能如彼，则此项权利归之于钞票亦已足矣，不必在印票也，盖行印花虽可以寓钞票之意，而仍不无径指为钞票，此亦不可不深察也，新会梁启超注。”

《湘报》后叙（上），刊《湘报》第11号，与《全集》一致。《湘报》后叙（下），刊《湘报》第11号，与《全集》一致。

《改并浏阳城乡各书院公启》，刊《湘报》第11号，“同一事而别户分门”，《全集》更为“因一事而别户分门”，当以《湘报》为准。

《读南海康工部有为条陈胶事折书后》，刊《湘报》第16号，与《全集》一致。

《论湘粤铁路之益》，刊《湘报》第19号，“有如常山率然”，《全集》为“有如常山蛇然”，“蜿蜒连蜷”为“蜿蜒连蜷”。“兵已多则饷不给，已少又防不密”，更为“兵已多则饷不给，兵少又防不密”，此数处当以《湘报》为确。“宜其瞻言百里，足为天下后世法”，《全集》为“宜其赡言百里，足为天下后世法”，当以《湘报》为准。

《论官绅集议保卫局事》，刊《湘报》第25号，与《全集》一致。

《论电灯之益》，刊《湘报》第29号，“履险縻賫，甚非计也”，《全集》为“履险糜賫，甚非计也”，“自于抚署试然之”，《全集》为“自于抚署试燃之”，当以《湘报》为准。

《群萌学会叙》，刊《湘报》第32号，“有草一莛，孺子折之有余，数十、数百万莛，壮夫莫谁何焉”，《全集》增一“束”字，为“有草一莛，孺子折之有余，束数十、数百万莛，壮夫莫谁何焉”，“走书滕说”，《全集》为“走书腾说”，当以《湘报》为准。附录《群萌学会章程》，与《全集》所收一致。

《以太说》，刊《湘报》第53号，与《全集》一致。

《壮飞楼治事十篇》，刊《湘报》第35、36、37号，编者据谭氏手稿排印，今不校注，俟见到手稿再校。

《全集》第545页录《延年会告白》一则，刊《湘报》第40号，《全集》仅注日期，未注《湘报》期数，该则告白错误较多，《湘报》原文为“本会现设小东街湘报馆内，定期于闰月初五日开会，照章先以知单布劝各官绅戚友书知入会，自初五日起，凡一切酬应，谨守会规，彼此共谅为要”，《全集》有误植、衍文及颠倒字序等不足，为“本会现设小东门“湘报”馆内，定于闰五月初五日开会，照章以知单布劝各官绅戚友知书入会，自初五日起，凡一切应酬，谨守会规，彼此共谅为要”①。

四　《谭嗣同全集》所录《时务报》刊发谭嗣同文献校读

谭嗣同在《时务报》上发表文章二篇，分别为《报章总宇宙之文说》

① 《延年会告白》，载《谭嗣同全集》，第545页。

和《湖南不缠足会嫁娶章程》，第一篇刊于《时务报》第二十九、三十册，清光绪二十三年五月十一、二十一日（1897 年 6 月 10、20 日）① 第二篇刊于《时务报》第四十五、四十七册，清光绪二十三年十月二十一日、十一月十一日出版。②

《全集》所收《报章总宇宙之文说》中，与《时务报》所刊发者有多处不同。如《全集》“以云识时务，谦让不遑，而日广见闻，未见其可”，《时务报》为“以云识时务，谦让不遑，而曰广见闻，未见其可”，从上下文来看，“以云”、“而曰”对称，此句为排比句，当以《时务报》所刊为妥。另外，二者不同处尚有，《时务报》为“西人谓之豫算决算”，《全集》为“西人谓之预算决算”，“家家譔著”为“家家撰著”，“若战守之界綫”为“若战守之界線”，“篇幅纡余”为“编幅纡余”，“葢无不有焉”为“蓋无不有焉”，“箸作之广庭”为“著作之广庭”，“奏七畧”为“奏七略”，“甄九流”为“甄七流”，中国古代学术有“九流十家”的说法，且《时务报》原文为“九流”，《全集》称“七流”，当为错录。另外，全文中的“敍”字，《全集》均更为“敘”。

《全集》所收《湖南不缠足会嫁娶章程》与《全集》所录基本相同，有一处不一致，为《全集》“不得由任指一家”，《时务报》中为“不得由任一家”，无“指”字，从文义考虑，《全集》为妥。

五　《谭嗣同全集》所收《清议报》刊发谭嗣同部分文献校读

《全集》中所收《仁学》一书，在《清议报》上曾刊发，《谭嗣同全集》编者据《清议报》本、《全编》本、《亚东》本、《国民报》本、有详细的校注，此不赘。

所收《仁学序》，刊《清议报》第 2 册，原题为《校刻浏阳谭氏仁学序》，《全集》编者据《清议报》本录，并用《全编》本、《合集》本互校，但在校读中发现，仍有一些不一致处，未标注。如“视同胞国民之縻烂而不加怜”，《全集》本为“视同胞国民之糜烂而不加怜”，将“縻”更为“糜”，于义为妥，但未加注。“终以无我”，《全集》为“终以毋

① 《谭嗣同全集》作“六月十、二十一日”。

② 《谭嗣同全集》未注详细日期。

我”，“乘本愿而出世”，《全集》为“乘本愿而出”，无“世”字。

《书箑三件》，录自《清议报》第32册，《全集》所录，一些字疑为错字。第一件中，《清议报》中“如树分枝”，《全集》误为“各树分枝”，“忽遇崎挠”，《全集》误为“急遇崎挠”，“道绝言思”，《全集》为“道绝無思”。第二件中，《清议报》中“逐声而徃”，《全集》为“逐声而往”，第三件中，《清议报》中“广说虽累大万不能尽也”，《全集》为“广说虽大，累万不能尽也”，并加注称《浏阳二杰遗文》作“广说虽累，大万不能尽也”，《浏阳二杰遗文》所录，与《清议报》同，《全集》称录自《清议报》，但语序不同。

《清议报》所收谭嗣同诗，分别为：第1册录《与黄老贤》《文信国日月星辰砚歌并叙》，第2册录《鹦鹉洲吊祢正平》《和仙槎除夕感怀四篇并叙》，第5册录《残蟹》①、《览武汉形势》，第5册录《宋徽宗画鹰二篇》，第9册录《汉上纪事四篇》《晨登衡岳祝融峰二篇》，第11册录《秦岭》，第13册录《别意》《残魂曲》，第14册录《夜成》《赠入塞人》，第18册录《赠梁任公》，第20册录《和景秋坪侍郎甘肃总督署拂云楼诗二篇》，第21册录《湘痕词八篇并叙》，第22册录《邓贞女诗并状》，第23册录《潼关》《雪夜》《兰州庄严寺》《病起》《秋日郊外》。第24册录《别兰州》《马上作》《秋夜》《老马》，第26册录《安庆大观亭》《武昌夜泊二篇》《登洪山宝通寺塔》，第85册录《金陵听说法》《感旧诗四首》（佚一）。

《清议报》第1册所录《与黄老贤》，《谭嗣同全集》无《与黄老贤》诗题，全诗为：

长安有游侠，飞鞚连钱騘，短剑曼胡缨，举世难可双，借问当何往，税驾赵城东。闻有赵主父，意气人所雄，引弓衣旃裘，鲜卑语亦工，长跪前致词，少安子毋匆，胡服岂不好，其效亦已穷。

宣防迫冬日，乃在登封后。由来事泰侈，灾眚与之耦。冯夷歌以嬉，太白日见蔀，洪水与兵戎，两者自交纽，孰为防川策，先戒防民口。

---

① 《谭嗣同全集》作《残嶰》。

岳岳万户侯，不及狱吏尊，干戈既云戢，令甲遂纷纭。寥寥三章约，恢恢大度存，相国小吏耳，购若毋乃勤。黄虞邈然逝，法以贤于人。

杳矣爽鸠乐，凄其雍门歌。百年倏已徂，流慨当如何。朔风赴严节，嘉植不复华，宠利患不得，既得哀始多，岂无一可悦。生也亦有涯，用世苟无具，虽用终蹉跎。堂堂两大夫，淹翳同委波。

经查对，发现此诗题下所收四首诗，在《全集》中列于《咏史七篇》中，为第四、五、六、七首，而第三首的末句为“孰与黄老贤”，《清议报》在发表这几首诗时，可能将“与黄老贤”误做诗题了。在《清议报全编》卷十六文苑下中，未再收此题。

所收诗词与《全集》一致的有《鹦鹉洲吊祢正平》《和仙槎除夕感怀四篇并叙》《残蟹》《览武汉形势》《宋徽宗画鹰二篇》《晨登衡岳祝融峰二篇》《残魂曲》《夜成》《和景秋坪侍郎甘肃总督署拂云楼诗二篇》《潼关》《雪夜》《兰州庄严寺》《病起》《秋日郊外》《马上作》《秋夜》《老马》《安庆大观亭》《武昌夜泊二篇》《登洪山宝通寺塔》。

所收诗词与《全集》在字句上有差异的有：《文信国日月星辰砚歌并叙》，“蕉雨琴”，《全集》为“焦雨琴”，《汉上纪事四篇》，“蕞尔蜻蜓国”，《全集》为“蕞尔蜻蜓国”，《秦岭》，“東卷之复事吟哦”，《全集》为“束卷不复事吟哦”，《别意》，“坠歌无续时”，《全集》为“坠叹无续时”，《赠入塞人》，“归舟未竟铙歌兴”，《全集》为“归舟未忘铙歌兴”，《赠梁任公》，《全集》题为《赠梁卓如诗四首》，出入较大，如“大成大辟大雄殿”，《全集》为“大成大辟大雄氏”，“三言不识乃鸡鸣”，《全集》为“三言不识遂鸡鸣”，“来去云孤脚下行”，《全集》为“来去云孙脚下行”，“漫共寸阴争寸土”，《全集》为“漫共龙蛙争寸土”，“茫无绝盛续川波”，《全集》为“茫无绝续感川波”，“外道顽空从尔许”，《全集》为“外道顽空徒尔许”，“万古冤沉紫与蛙”，《全集》为“万古沈冤紫与蛙”。《湘痕词八篇并叙》，“拂辞有拂郁之嗟”，《全集》为“摛辞有拂郁之嗟”，《邓贞女诗并状》，“鬓鬓凋落中自痛”，《全集》为“鬓发凋落中自痛”。《别兰州》，“侯封入汉关”，《全集》为“封侯入汉关”，《感旧诗四首》（佚一），《全集》题为《似曾诗》，《金陵听说法》《全集》为《金陵听说法诗》，“小之陵谷夫沧桑”，《全集》为“小之陵谷巨沧桑”，“神思不知心所深”，《全集》为“神鬼不知心所深”，“承佛成神说偈言”，《全集》为“承佛威神说颂言”，“一任法田卖人子”，《全集》为“一任血田卖人子”，“纲伦惨以喀斯德，法会盛于巴力门”，《全集》为“纲伦梏以喀私德，法会极于巴力门”。

六　《谭嗣同全集》所录《知新报》信札及其他文献校读

《全集》第519页录《致梁启超》三，刊《知新报》第75册，为《清国殉难六士传》所附。《知新报》原文为“嗣同之事毕矣”，《全集》为“嗣同之死毕矣”，“出而为平、勃、敬业之义举乎?”，《全集》缺一“而”字，为“出为平、勃、敬业之义举乎?”，“卓如其必不负嗣同，负皇上也”，《全集》缺一“负”字，为“卓如其必不负嗣同，皇上也”。《全集》第532页录《致康有为》，亦出自《知新报》之《清国殉难六士传》，文字无出入，《清国殉难六士传》中称：“在狱中作绝命书二，其一遗梁启超曰……其一遗康有为曰……”

《全集》所收《寥天一阁印录跋》，注明来自《谭嗣同研究资料汇编》，查对该书，亦有错录处。“继丁丙之春”，《全集》为“继丙丁之春”；《寥天一阁印录序》中，“其一则科斗文，不复能辨”，《全集》为“其一则科斗文，不能复辨”；“边周有子丑寅卯辰巳午未申酉戌亥十二文”，《全集》为“周边有子丑寅卯辰巳午未申酉戌亥十二文”；“严毅清妙”，《全集》为“严肃清妙”。

七　几点建议

《谭嗣同全集》在1981年由中华书局出版前，在1954年曾在三联书店出版过，二书的编者均为蔡尚思、方行。中华书局版《谭嗣同全集》与三联书店版《谭嗣同全集》相比，内容有增加，编排体例有改变，三联版第一卷和第二卷是论文及其他散文，第三卷是书信，第四卷是诗及其他韵文，中华版则重新编次，“凡谭氏生前已编专集、自定稿本，一般保持原来面目，按照撰成及发表时间为序；凡未经辑集的书简，或散见书刊的论文、讲义等，则另行专辑”，共有：一、《廖天一阁文》；二、《莽苍苍斋诗》；三、《远遗堂集外文》；四、《石菊影庐笔识》；五、《思纬氤氲台短书》；六、《兴算学议》；七、《秋雨年华之馆丛脞书》；八、《仁学》；九、《报章文辑》；十、《壮飞楼治事十篇》；十一、《书简》；十二、《拾遗》，另外将有关谭氏生平的重要事迹材料，作为附录。内容比三联版增加约四分之一。

三联版前有《出版者的话》，简要介绍了谭嗣同的生平和《全集》的内容，末署“一九五三年六月”。中华版前有《编者的话》，第一部分介绍了谭氏的生平，第二部分介绍《谭嗣同全集》的资料搜集及编撰情况，第三部分则介绍了三联版《谭嗣同全集》出版后新资料的发现，并将中华版与三联版进行了对比，指出有四点不同，一为重行编次，依据原著顺序，二为增辑佚文，收集力求完备，三为选择底本，判明各篇出处，四为校勘异同，探索版本源流。署名为“方行”。

三联版《谭嗣同全集》后有“编后记”，分甲、乙、丙三部分，甲为“材料的来源”，乙为“内容的编排”，丙为“我们的分工”，署名为“蔡尚思草于上海，一九四八年十月一日”。由于三联版的“编后记”，中华版未收，而该“编后记”对编纂工作有较详细的说明，故转录如下，“本书是我和方行先生费了两三年的工夫才编成的。大概说来，在编纂计划的进行方面，陈子展先生也提供了宝贵的意见。而材料的搜集工作，多由我和方先生主持，至于标点校勘的工作，除影印墨迹一种和讲义四篇由赵纪彬先生负责，书启部分由邱汉生先生负责外，多由我和方先生、陈子展先生负责，有些地方陈先生并附加按语。本书的编纂虽是多人分工合作的，但因时间及其他条件的限制，未作通盘精校，就难免有不一致甚至错误的地方了”。

中华版《谭嗣同全集》“编者的话”，对该书的编撰分工，除了说明蔡尚思、方行二先生搜集材料外，对其他人的工作，仅说“这些文章和书札，就请陈子展等同志分别整理标点”，另外，方行先生除了讲到新中国成立后新搜集的材料并逐一列举外，还特意提到“前年，中华书局重又敦促将此书出版。时因健康尚未复，乃就商于汤志钧同志，多承大力，助为整理，爬疏正误，而付出了很大辛劳”。

比较两种版本的《谭嗣同全集》，发现中华版订正了三联版的一些错误，如《湖南不缠足会嫁娶章程》第一条，三联版“男女载明年岁”，中华版改为“男女注明年岁”，后者与《时务报》所载相符，《论电灯之益》中三联版“邈相承达”，中华版改为“遞相承达”，“况其有益于养者乎”，中华版改为“况其有益于养生者乎”。“前月有某家灯线泄火”，中华版改为“前月有某家电线泄火”，中华版均与《时务报》所刊一致。

但也有一些文献，三联版不误，而中华版则误。

如三联版《全集》中有遗墨三篇，中华书局版改为《书�三件》，第一件中“忽遇崎挠”，三联版不误，而中华书局版则误为“急遇崎挠”，“道绝言思”，则误为“道绝無思”。《致龙绂瑞书》一，三联版“颁奉来教”①，中华版为“奉来教”②，查《谭嗣同真迹》所收此信，“奉来教”前有一字，中华版缺一字，但未作说明，查该书“编例”，“凡遇缺字，则用□号标出”，但该处并未标“□”。

基于以上的校读，作如下建议：

（1）对《谭嗣同全集》所收文献逐一校对，订正错误及不足，以求得到一个更加完善的本子。

（2）补充更多的新发现的文献。

贾维先生近年发现的有关谭嗣同的文献，《新民丛报》问答中关于“谭浏阳先生所著《仁学》一册，有谓其仿美国某士书而作者，此语信乎”的问答③，可收入，亦可考虑将三联版的“编后记”录入，以便使读者了解《谭嗣同全集》的编辑，倾注了不少人的心血。另外，可采纳黄彰健先生的建议，在《兴算学议》中补录欧阳中鹄跋文、欧阳致涂舜臣书、涂复欧阳书等。④ 另外梁启超饮冰室所藏《秋雨年华之馆丛脞书》，

---

① 蔡尚思、方行编：《谭嗣同全集》，生活·读书·新知三联书店1954年版，第436页。

② 谭嗣同：《致龙绂瑞书》，载《谭嗣同全集》，第522页。

③ 参见梁启超《饮冰室合集集外文》，夏晓虹辑，北京大学出版社2005年版，第89—90页。梁启超的答语为：“所谓某士者，不知谁指。惟浏阳先生未通西文，其读西籍，皆据译本。前此中国译本之书，无一可以备浏阳先生取仿之资格者，鄙人所敢断言也。惟其中以太两字之名词，出于傅兰雅所著《治心免病法》中。当时先生亦颇好此书，以译本太寒俭，闻足音跫然而喜也。然此等书，何足以望先生之一指趾，稍有眼力者，当能辨之。先生当时宗教之思想极盛，欲会通孔、佛、耶而为一；而所得力者，尤在佛学。智者、慈恩、圭峰以后一人而已。（先生不喜禅宗）先生又深于算，且好研究质化学。以当时一无凭借，而能为此等言，实天纵也。使今日先生犹在，其鼓铸天下之力，更当何如耶。念此慨然。鄙人行将有‘谭浏阳’之著，当更揭先生之真面目，以告天下。”

④ 参见黄彰健《戊戌变法史研究》，第772页。

上有梁启超所题五条眉批，亦可收入。[①]

（3）尽可能搜集新的资料予以扩充。

如谭训聪在年谱中提及自己曾经见过谭嗣同的信件及会客门簿，其中以欧阳中鹄、张通典、黄遵宪、刘善涵四人为最多。[②] 但在《谭嗣同全集》中，尚无黄遵宪与谭嗣同、张通典间的通信，不能说不是一个缺憾。

第二节　谭嗣同书札编年

《谭嗣同全集》主要有两种版本，一为三联书店版，一为中华书局版。对于谭嗣同书札的编年，以往的研究者，如杨廷福、徐义君、黄彰健等先生均以三联书店版进行考辨，由于三联版《谭嗣同全集》出版较早，今已不易寻觅。同时，该书的编排体例与后来出版的中华书局版也有区别。为便于使用，以中华书局1981年1月出版，1998年6月北京第3次印刷的《谭嗣同全集》（增订本）所收的书信为准，参考黄彰健[③]、徐义君[④]、杨廷福[⑤]等先生的研究成果，重新对谭嗣同的书信加以系年，以方便研究者使用。

寥天一阁文卷第一

《报贝元徵书》，光绪二十年（1894年）。[⑥]

---

① 参见贾维《谭嗣同研究著作述要》，湖南大学出版社2010年版，第106页。

② 参见谭训聪《清谭复生先生嗣同年谱》，第18页。

③ 黄彰健著《戊戌变法史研究》有《谭嗣同全集书札系年》，上海书店出版社2007年版。该书最早于1969年在台湾出版，2007年由上海书店出版简体字版，繁、简转化过程中增添了一些错误。

④ 徐义君著《谭嗣同思想研究》有《谭嗣同著作写作年月考》，湖南人民出版社1981年4月第1版，1982年3月第2次印刷。

⑤ 杨廷福曾撰《谭嗣同著作和书启写作年月考》，《复旦学报》1956年第1期，杨后又撰《谭嗣同年谱》。

⑥ 该信未署日期，分歧较大，黄彰健先生认为写于光绪二十年，徐义君先生认为写于光绪二十二年，此书编入《寥天一阁文》，为谭嗣同三十以前旧学之一种，当以写于光绪二十年为妥。

《与沈小沂书》一，光绪十九年秋（1893 年）。[1]

《与沈小沂书》二，光绪二十年春（1894 年）。[2]

《报刘淞芙书》一，光绪二十年（1894 年）。[3]

《报刘淞芙书》二，光绪二十年（1894 年）。[4]

《上欧阳瓣姜师书》，光绪二十年十二月二十六日（1895 年 1 月 21 日）。[5]

兴算学议

《上欧阳中鹄书》，光绪二十一年闰五月（1895 年 6—7 月）。[6]

思纬氤氲台短书

《报贝元徵》，光绪二十一年秋七月（1895 年 8 月）。[7]

秋雨年华之馆丛脞书卷一

《报唐才常书》，光绪二十二年九月二十日（1896 年 10 月 26 日）。[8]

《与唐绂丞书》，光绪二十年（1894 年）。[9]

《与唐绂丞书》，光绪二十三年（1897 年）。[10]

---

① 该信未署日期，信中说："今年春暮，江南看杨华，风日俱素"，又言"道出天津，地形平衍"，又称"年未三十"，从年龄及行踪来看，当写于光绪十九年。

② 该信未署日期，谭在信中称"近自家大人使蜀，颇富闲暇"，当为谭继洵光绪十九年十一月赴四川查办刘秉璋案后所作。"署中度岁，薪米要会"，当为次年春，该信当写于光绪二十年春初。

③ 该信未署日期，信中说"三十之年，行见舍去"，则为光绪二十年三十岁时所书。

④ 该函末署"初九日"，从内容看，当写于光绪二十年（1894 年）。

⑤ 该函末署"十二月二十六日"，信中提及张荫桓、邵友濂赴日议和事，光绪二十年十二月二十四日清廷派张、邵赴日议和，此信当作于光绪二十年十二月二十六日。

⑥ 该信未署日期，信中称"又接别省转电，刘永福在台南获大胜五六次"，当指刘永福在光绪二十一年闰五月三日在安平口炮击日舰事，同时欧阳中鹄在《兴算学议书后》云"此书到于闰月之望"，则此书当写于光绪二十一年闰五月。

⑦ 信中称条约"直合四百兆人民之身家性命而亡之"，当为光绪二十一年《马关条约》签订后所书，信后署"甲午秋七月"，不妥，当为次年即乙未年七月所书。

⑧ 该函未署日期，信中提及"七月朔到金陵，……旋往苏州，今于九月返江夏，……接九月初一日书"，从所述行踪看，当为光绪二十二年九月所书。

⑨ 该函未署日期，信中多次提及三十之年，当为谭嗣同三十岁时即 1894 年所作。

⑩ 该函未署日期，信中提到《湘学报》的《质点配成万物说》一文，并针对该文谈灵魂、谈宗教提出自己的仁学见解，该文于光绪二十三年出版，该函当作于是年。

《与徐仁铸书》，光绪二十三年（1897 年）。[①]

《报涂儒翯书》，光绪二十三年七月（1897 年 8 月）。[②]

《上陈右铭抚部书》，光绪二十三年底。（1898 年 1 月）[③]

秋雨年华之馆丛脞书卷二

《上张孝达督部笺》，光绪二十一年十二月（1896 年 1 月）。[④]

书简

《上谭继昇夫妇》一，光绪八年四月二十六日（1882 年 6 月 11 日）后。[⑤]

《上谭继昇夫妇》二，光绪九年十一月（1883 年 12 月）。[⑥]

《上谭继昇夫妇》三，光绪八年十月（1882 年 11 月）。[⑦]

《上谭继昇夫妇》四，光绪八年（1882 年）秋。[⑧]

---

① 该函未署日期，信中说“顷阅邸抄，欣悉皇华使节，督学吾湘”，祝贺徐任湖南学政，当为光绪二十三年徐仁铸担任湖南学政之后不久。

② 该函未署日期，信中提到在南京候补的情况，并认为当今急务在兴学会，黄彰健先生认为此函写于光绪二十三年七月。

③ 该函未署日期，信中提到“德据胶州、即墨，俄军旅顺、大连”，当写于光绪二十三年胶州事变以后，并称“湘中请开南学会，已蒙允许”，据皮锡瑞《师伏堂日记》，光绪二十三年十一月二十一牌示批准设立南学会，同时信中还提到“今已酉正月矣”，据此，该函当写于光绪二十三年底。

④ 信中称“顷于十七，径达金陵”，当指谭嗣同光绪二十一年十二月十七日乘楚材舰到金陵事，该信当为到南京后对张之洞的谢笺。

⑤ 信中提到“侄于四月二十六日抵秦州”，据谭《三十自纪》“八年夏，抵秦州”，此信当系光绪八年四月二十六日以后所写。

⑥ 信中说：“父亲于八月二十九抵京，九月初一日陛见，二十二日请训，十月初四日出京，十一月十三日抵陇，越二日接印。”黄彰健先生引谭嗣同所撰《先妣徐夫人逸事状》中称谭继洵光绪三年丁酉八月“奉旨补授甘肃巩秦阶道”，推断此信当写于谭侍父抵任后。但据谭《三十自纪》，他是光绪四年赴甘肃的，“秋，抵兰州，回抵秦州”。又据谭撰《刘云田传》，谭继洵是光绪四年夏“官甘肃，道河南、陕西”。行踪与信中所写不符。据此，此信当写于光绪四年以后。谭继洵在甘肃期间，曾于光绪九年三月，由巩秦阶道升为甘肃按察使，光绪十五年十二月被任为湖北巡抚。从《三十自纪》所述谭嗣同的行踪“八年春，赴甘肃……九年春，赴兰州”来看，此信可能写于光绪九年十一月。

⑦ 据谭《三十自纪》说：“八年夏，抵秦州，秋赴兰州，冬返。”此信当写于光绪八年十月。

⑧ 信中说：“自拜别以来，倏经半载，曾于五月初间发一函……此间秋风多厉。现拟于伏羌县令汪丹山年丈处付课也。”据谭《三十自纪》，谭于光绪八年春，由浏阳赴甘肃，夏抵秦州，从行县伏羌，秋赴兰州，此信当写于光绪八年秋。

《上欧阳中鹄》一，光绪十九年十月十九日（1893年11月26日）。①

《上欧阳中鹄》二，光绪二十一年六月廿六日（1895年8月16日）。②

《上欧阳中鹄》三，光绪二十一年十一月十八日（1896年1月2日）。③

《上欧阳中鹄》四，光绪二十一年十一月二十日（1896年1月4日）。④

《上欧阳中鹄》五，光绪二十一年十二月初三日（1896年1月17日）。⑤

《上欧阳中鹄》六，光绪二十一年十二月十七日（1896年1月31日）。⑥

《上欧阳中鹄》七，光绪二十一年十二月二十九日（1896年2月12日）。⑦

《上欧阳中鹄》八，光绪二十二年（1896年）春。⑧

---

① 该函末署“十月十九日”，信中称“薄游日下”，在京拜见欧阳中鹄，当为谭嗣同赴京之年所书，“过皖住三日，于十三日抵鄂”，则在谭继洵任湖北巡抚之后，当为光绪十九年谭嗣同赴京应顺天乡试之年所作。徐义君先生认为该函写于光绪二十年十月十九日。

② 信中称“外国新闻纸言，中日用兵以来，五大洲全局皆为掣动”，当写于中日甲午战争爆发以后。同信又提到“辽、旅既未见还，台湾尚差能枝柱。二万万之兵费几于告贷无门”，可见此信写于《马关条约》签订以后，三国干涉还辽尚无效果的乙未年。信末又署“六月廿六日”，当为乙未年六月廿六日。

③ 浏阳光绪二十一年发生饥荒事。此信言赈济事，如“十万生灵岂能枵腹久待耶?”“如果办赈之策可行，似可借渠滞而不售之煤”，该函当写于此年。

④ 同上，亦谈赈济事，言欲出示晓谕“乡间遇有痞徒藉荒劫略者，格杀勿论”事，与浏阳南乡灾民聚众事。

⑤ 光绪二十一年乙未十一月十三日，清廷命湖北布政使王之春为专使，赴俄贺俄皇加冕，王奏调谭嗣同随行。谭从家信中得知奏调出洋事，此信当写于十二月初三日。

⑥ 此处言赈灾期间米船被阻截押回事，当为乙未年十二月十七日。

⑦ 此信言王之春赴俄受阻，清廷改派李鸿章前往。光绪二十一年十二月二十七日，改派李鸿章前往俄国，此信当为得到此消息后所书。

⑧ 信中说“近时风气，凡认真办事，不肯苟同流俗者，人窃非之。德至谤兴，道高毁来，古今同慨，而于先生何疑焉，惟大度处之可也”，可能与欧阳中鹄在浏阳办赈灾而遭非议有关。同时末署“通家门生期嗣同谨肃”，“期”表明谭家有丧事，上欧阳书七中称“舍妹灵榇已先期返湘，所幸署中自家严以次，均托安好”，当与此有关，上欧阳书七写于乙未除夕，此信当写于次年光绪二十三年春。黄彰健先生认为此信写于光绪十六年。

《上欧阳中鹄》九，光绪二十二年正月廿八日（1896年3月11日）。①

《上欧阳中鹄》十，光绪二十二年七月二十三日（1896年8月31日）。②

《上欧阳中鹄》十一，光绪二十二年九月二十一日（1896年10月27日）。③

《上欧阳中鹄》十二，光绪二十二年十一月初六日（1896年12月10日）。④

《上欧阳中鹄》十三，光绪二十三年正月二十五日（1897年2月26日）。⑤

《上欧阳中鹄》十四，光绪二十三年五月十七日（1897年6月16日）。⑥

《上欧阳中鹄》十五，光绪二十三年八月十八日（1897年9月14日）。⑦

《上欧阳中鹄》十六，光绪二十三年十月二十三日（1897年11月17日）。⑧

《上欧阳中鹄》十七，光绪二十三年十二月十九日（1898年1月11日）。⑨

---

① 信中言“俄使改派合肥傅相，王布政仍回本任。嗣同不劳挽留，自然免却此行”，俄使改派，为光绪二十一年十二月，此信当为次年正月二十八日所书。

② 此信又名《北游访学记》，为谭嗣同光绪二十二年丙申在京访学归来后，在南京所写。

③ 信中提到“在金陵上一长书”，以及在京之事，如“诰轴托吴铁樵带呈，计早到。会馆事交石帆，舍侄传赞已八月入都，当可照料”，当为光绪二十二年九月二十一日所写。

④ 信中提到“湘轮事家严虽不以为然，而自愿不管，行否均任湘人，但香帅阻之甚坚耳”，当为光绪二十二年湖南拟行轮船事。

⑤ 信中提到“虽有委筹防局提调之说，然无味甚矣”，“嗣同在此，用度一切亦全恃彦槻接济也”，以及“非有大本钱，官场万难驻足”，当为光绪二十三年在南京候补的情形。

⑥ 信中提到“湖南绅士议创时务学堂”，当为光绪二十三年事。

⑦ 信中提到“湘人风气果开，自《湘学》出报，读者咸仰湘才若在天上矣”，《湘学报》于光绪二十三年在湖南长沙创刊，原名《湘学新报》，此信当写于此年。

⑧ 信中提到“德兵舰篡夺山东之胶州湾，势甚凶猛，兵衅已开，恐不易了”，光绪二十三年，德国强占中国胶州湾，此信当写于此年。

⑨ 此信谈及为盛宣怀办矿事，当为光绪二十三年事。

《上欧阳中鹄》十八，光绪二十四年闰三月二十七日（1898 年 5 月 17 日）。①

《上欧阳中鹄》十九，光绪二十四年闰三月二十九日（1898 年 5 月 19 日）。②

《上欧阳中鹄》二十，光绪二十四年三月二十九日（1898 年 4 月 19 日）。③

《上欧阳中鹄》二十一，光绪二十四年四月末五月初（1898 年 6 月）。④

《上欧阳中鹄》二十二，光绪二十四年三月（1898 年 4 月）。⑤

《上欧阳中鹄》二十三，光绪二十四年五月初六日（1898 年 6 月 24 日）。⑥

《上欧阳中鹄》二十四，光绪二十四年五月初六日夕（1898 年 6 月 24 日）。⑦

《上欧阳中鹄》二十五，光绪二十四年五月初八日（1898 年 6 月 26 日）。⑧

---

① 信中提到“闻湘以漕项减款练团，此举甚善”，“其电顷已寄熊秉三，因电中另有机器制茶事，须与一商也”。团练及机器制茶事，均在戊戌年，闰三月下旬，谭嗣同被张之洞委为总办湖南制茶公司，此信可能为光绪二十四年闰三月二十七日所写。

② 此信提到团练事，时间当与上一封信接近，可能为闰三月二十九日。

③ 此信提到团练事，“绂丞及嗣同于前七八日已函商岳生，请由县送百人到省，即令师中吉统之往泽生营中学习”，并预测“师中吉闰月即可率百人住其营中”，信当写于闰三月以前，但时间离闰月当不远，可能为三月二十九日所写。

④ 该函未署日期，此信辩解熊秉三等人处理时务学堂课卷以应抽查事。光绪二十四年戊戌年闰三月十五日，谭嗣同由长沙归浏阳，至四月十五日（6 月 4 日）方回长沙，其间发生了调阅时务学堂课卷事。此信认为“秉三及分教虽不勇猛，当不至此，此嗣同可代为抗辩者也”，当写于四月末五月初。

⑤ 该函未署日期，信中提到《湘报》对康有为的称赞所招致的批评。《湘报》第 16 号（三月三日出版）发表谭嗣同的《读南海康工部有为条陈胶事折书后》，对康有为勇于上书的举动表示钦佩，“先生于是奋不顾身，伏蒲而谏”，引起邹代钧、陈三立的不满，谭写信辩解，此信当写于光绪二十四年三月。

⑥ 此信提到出题事。当指闰三月二十日抚县官课，仍出时文事。以及“批何卷事”，与下一封信内容相近，当为光绪二十四年五月初六日所写。

⑦ 此信又提出题之事，当写于五月初六日。

⑧ 该函未署日期，信中提到“但谓凡事总以直说为好，若愈隐则愈误”，此语出自欧阳中鹄五月初七日早致谭嗣同、唐才常书，欧阳在信中特意说学会聚集日似未议及出时文题之事，该函回应说“学会聚集日，实已请不出时文题，当是函丈偶然忘却”。当写于五月初七日或以后，该信又约定与欧阳中鹄见面详谈，据《谭嗣同书简》，详谈时间为五月初九，则该信可能写于五月初八日。

《上欧阳中鹄》二十六，光绪二十四年三月初十日（1898 年 3 月 31 日）。[①]

《致刘淞芙》一，光绪二十年（1894 年）春。[②]

《致刘淞芙》二，光绪二十年十二月十七日（1895 年 1 月 12 日）。[③]

《致刘淞芙》三，光绪二十年（1894 年）。[④]

《致刘淞芙》四，光绪二十一年十月二十三日（1895 年 11 月 19 日）。[⑤]

《致刘淞芙》五，光绪二十年（1894 年）。[⑥]

《致刘淞芙》六，光绪二十一年（1895 年）春。[⑦]

《致刘淞芙》七，光绪二十二年五月（1896 年 6 月）。[⑧]

《致刘淞芙》八，光绪二十一年三月（1895 年 4 月）。[⑨]

《致刘淞芙》九，光绪二十一年（1895 年）。[⑩]

---

① 此信提到“赐函读悉。仁人之言，委曲引喻，若忘嗣同等值狼嗥豕突，而一以慈心视之”，并提到谭嗣同等在三月初因赞扬康有为勇于上书的行为所引起的责难，末署“初十日”，当是三月初十日谭、唐在接到欧阳的书信，回信以解除误会。

② 该函未署日期，当系谭寄给刘的第一封信，据黄彰健先生考订，当写于光绪二十年春。

③ 该函末署“十七日”，此信谈到甲午战争，当写于光绪二十年。黄彰健先生怀疑此信写于光绪二十年十二月十七日。

④ 该函末署“十五夜”，信中有“去年邓贞女完节之日，嗣同正在都门，友人征文，未有以应”，据《三十自纪》，光绪十九年谭嗣同正在都门，此函当写于光绪二十年。

⑤ 该函末署“二十三夜”，信中谈算学馆事，“晏壬卿先生路费，应于何时致送，依嗣同愚见，似可俟明正到县时补送，希与绂丞酌之”，当写于光绪二十一年十月二十三日。

⑥ 该函末署“十九”，信中提到“闱中之光怪陆离，殆有十倍于去年者。即欲诡遇，已不胜轮毂填溢，遂决计不读一文，不立一义，我行我法，成功则天，转觉超然”，当为谭连续两次乡试的体会，谭嗣同光绪十九年、二十年先后应顺天乡试和湖南乡试，均败北，此函当为光绪二十年乡试落榜后所书。

⑦ 该函未署日期，谭在信中说：“牛庄事亦仅传闻，未见确信，以密电往问，三问而三不答，窘状可掬矣。吴清帅十日内而赴天津，不可解之极！”当为光绪二十一年春牛庄之战后所书。

⑧ 该函未署日期，信中说：“都门作客，忽值端阳，于蒲酒半醉间接到四月十三日赐书”，当为谭嗣同光绪二十二年五月在京所作。

⑨ 该函未署日期，信中称“武冈贼平，而湘乡复有事，虽不燎原，亦未扑灭，尝云湘中非乐土，行且可验”，当为光绪二十一年所作。信中又称“天寒不似暮春”，当写于此年三月。

⑩ 该函未署日期，信中说：“昨有书答绂丞兄，兼致阁下，计已见之。”“此间膏火、馆谷之类，亦当去百金不远，回湘别图，急切何能？”劝说刘善涵留在武昌，不要回湘别图，当写于光绪二十一年。

《致刘淞芙》十，光绪二十年（1894年）。[①]

《致刘淞芙》十一，光绪二十二年正月（1896年2月）。[②]

《致刘淞芙》十二，光绪二十一年十二月（1896年1月）。[③]

《致张蓟云》，光绪二十一年正月二十六日（1895年2月20日）。[④]

《致邹岳生》一，光绪二十二年正月二十四日（1896年3月7日）。[⑤]

《致邹岳生》二，光绪二十四年五月初四日（1898年6月22日）。[⑥]

《致汪康年》一，光绪二十二年九月（1896年10月）。[⑦]

《致汪康年》二，光绪二十二年十一月十三日（1896年12月17日）。[⑧]

《致汪康年》三，光绪二十三年正月十八日（1897年2月19日）。[⑨]

---

① 该函未署日期，此信探讨经学、算学、舆地、金石学。如“《仪礼》苦其难读，未尝究心。”“鄙性所嗜，尤在杜元凯（杜预）之《春秋释例》。此书久为传公羊者所掊击，然言例之端，实引于此。”内容与《报刘淞芙》一、二相应，当写于光绪二十年。

② 该函未署日期，此信言随王之春赴俄一事作罢，和刘拟办《湘报》事，信中还提到“月初由瓣姜师转致一函，计达”。“昨奉去腊廿四日惠书。”当在光绪二十一年年正月，说见上。

③ 该函未署日期，该信提及乘坐楚材兵轮事，当在光绪二十一年十二月，说见《上张孝达督部笺》。

④ 信中提到“绂丞又失馆，淞芙则全未一助”，“时事不欲更言，但看天命如何耳”，信末署“正月廿六”，当写于光绪二十一年正月二十六日。

⑤ 信中称：“此时寒去饥来，万民托命，知必振济无数矣。”当为光绪二十二年湖南赈灾事。

⑥ 信中说：“机器制茶事，方弄得有头绪，而忽被保荐，即须入京引见，横生事端，无过于此。”当指光绪二十四年被任总办湖南制茶公司。同年四月二十五日，谭嗣同等被徐致靖推荐，此信可能写于五月初四日。

⑦ 该函未署日期，信中说：“闻梁将回粤，嗣同亦即去此。”梁启超光绪二十二年十月回粤，此信当写于十月前。信中提到相片事，如“雁菩萨又带到造像七躯拓本”。谭嗣同与汪康年、吴嘉瑞等人曾于光绪二十二年八月在上海照相，同时信中说：“嗣同十月中仍来金陵。”综上，该信当写于光绪二十二年九月。

⑧ 信中提及所谓英、俄领事在上海开捐贡、监的谣言，该谣言盛行时，叶瀚曾于光绪二十二年致函汪康年打听具体情况，再信末署“十一月十三日”，则此信当写于光绪二十二年十一月十三日。

⑨ 信末署“正月十八日”，信中提到浏阳算学社“去年尚系私结之社，极有效验。今年风气愈开，竟动本县公款，特设一书院，名算学馆”。浏阳算学社于光绪二十二年由欧阳中鹄、谭嗣同、唐才常等人成立，二十三年，以赈灾余款另设，此信当写于光绪二十三年正月十八日。

《致汪康年》四，光绪二十三年正月二十六日（1897年2月27日）。[①]

《致汪康年》五，光绪二十三年二月十六日（1897年3月18日）。[②]

《致汪康年》六，光绪二十三年三月二十四日（1897年4月25日）。[③]

《致汪康年》七，光绪二十三年四月二十二日（1897年5月23日）夜。[④]

《致汪康年》八，光绪二十三年五月十二日（1897年6月11日）。[⑤]

《致汪康年》九，光绪二十三年五月十四日夜（1897年6月13日）。[⑥]

《致汪康年》十，光绪二十三年五月十九日（1897年6月18日）。[⑦]

《致汪康年》十一，光绪二十三年五月三十日（1897年6月29日）。[⑧]

《致汪康年》十二，光绪二十三年六月初五日（1897年7月4日）。[⑨]

《致汪康年》十三，光绪二十三年六月十日（1897年7月9日）。[⑩]

《致汪康年》十四，光绪二十三年六月十六日（1897年7月15日）。[⑪]

---

① 信中说“家严二月中旬入都陛见，嗣同当送至上海，伯纯亦同去，彼时可图一良晤”，谭嗣同父亲谭继洵于光绪二十三年入京觐见，此信当写于光绪二十三年。信末署“正月二十六日”，当为该年正月二十六日所写。

② 信中提到分售《时务报》章程，当写于为光绪二十三年二月十六日。

③ 信中提到《时务报》第二十三册，此册于1897年3月11日出版，信尾署“三月二十四日”，当为光绪二十三年三月二十四日。

④ 信中提到时务学堂事，当在光绪二十三年四月二十二日。

⑤ 信中提到时务学堂购买仪器事，当为光绪二十三年五月十二日。

⑥ 信中提到好友吴铁樵去世事以及时务学堂买仪器事，当为光绪二十三年年五月十四日所写。

⑦ 信中提到推广农学会事以及所写《吴铁樵传》，与《汪康年师友书札》第1768页所收张通典五月廿七日信相合，当为光绪二十三年五月十九日所书。

⑧ 此信提到购买《算学报》，当为光绪二十三年五月三十日。

⑨ 信中提到不缠足草籍，当为光绪二十三年六月初五日。

⑩ 信中提到《时务报》发表的求在我者的《论枪炮》，当为光绪二十三年六月十日写。

⑪ 信中提到不缠足草籍，当为光绪二十三年六月十六日所写。

《致汪康年》十五，光绪二十三年六月二十四日（1897 年 7 月 23 日）。[①]

《致汪康年》十六，光绪二十三年七月初六日（1897 年 8 月 3 日）。[②]

《致汪康年》十七，光绪二十三年七月初十日（1897 年 8 月 7 日）。[③]

《致汪康年》十八，光绪二十三年七月二十六日、二十九日（1897 年 8 月 23、26 日）。[④]

《致汪康年》十九，光绪二十三年八月初十日（1897 年 9 月 6 日）。[⑤]

《致汪康年》二十，光绪二十三年八月二十九日（1897 年 9 月 25 日）。[⑥]

《致汪康年》二十一，光绪二十三年九月初六日（1897 年 10 月 1 日）。[⑦]

《致汪康年》二十二，光绪二十三年九月二十七日（1897 年 10 月 22 日）。[⑧]

《致汪康年》二十三，光绪二十三年十月十八日（1897 年 11 月 12 日）。[⑨]

《致汪康年》二十四，光绪二十三年十月十九日（1897 年 11 月 13 日）。[⑩]

---

① 信中提到《算学报》，当为光绪二十三年六月二十四日所书。

② 信中提到卫足会草籍，以及“筱村先生（吴德潇）邀卓如往西湖读书”，当在光绪二十三年七月初六日。

③ 信中说“公度昨来言，将为时务报馆改订章程”，当写于光绪二十三年七月初十日。

④ 信中提到《申报》登有告白，《圣学会后序》乃是康南海所作，该序登载于光绪二十三年《申报》，此信当写于光绪二十三年七月二十九日。

⑤ 信中说“读三十七册报中所列之账目”，《时务报》第 37 册于光绪二十三年八月初一日刊行，此信署“八月初十日”，当写于光绪二十三年八月初十日。

⑥ 信中说“湘延李一琴兄，似当从其请”，时务学堂于光绪二十三年聘请梁启超、李维格担任教习，此信末署“八月廿九日”，当写于光绪二十三年八月二十九日。

⑦ 信中说“郑苏龛（郑孝胥）前有改衣服之议，细思实不可行，但可望诸异日”和“湘中时务学堂告示，大有可观”。“案湘中时务学堂招考才数日，已逾二千人”，时务学堂招考在 1897 年 8 月 28 日，此信当写于光绪二十三年九月初六日。

⑧ 谭嗣同在信中解释促汪放梁入湖南的行为，说：“嗣同不忍辨，而又不敢不微辨者，实为熊秉三所迫。”此信当写于光绪二十三年九月二十七日。

⑨ 信中说“嗣同本日南归，此后通信较难”，当写于光绪二十三年十月十八日。

⑩ 信中提到湖南买仪器事和邹代钧地图股分事，当写于光绪二十三年十月十九日。

《致汪康年》二十五，光绪二十四年正月初八日（1898 年 1 月 19 日）。①

《致汪康年梁启超》一，光绪二十三年二月初七日（1897 年 3 月 9 日）。②

《致汪康年梁启超》二，光绪二十三年四月十四日（1897 年 5 月 15 日）。③

《致汪康年梁启超》三，光绪二十三年六月十一日（1897 年 7 月 10 日）。④

《致汪康年梁启超》四，光绪二十三年九月十日（1897 年 10 月 5 日）。⑤

《致梁启超》一，光绪二十三年三月十一日（1897 年 4 月 12 日）。⑥

《致梁启超》二，光绪二十四年（1898 年）。⑦

《致梁启超》三，光绪二十四年八月十日（1898 年 9 月 25 日）。

《致汪诒年》一，光绪二十三年五月初八日（1897 年 6 月 7 日）。⑧

《致汪诒年》二，光绪二十三年七月初六日（1897 年 8 月 3 日）。

《致徐乃昌》一，光绪二十三年四月二十一日（1897 年 5 月 22 日）。⑨

---

① 信中说“嗣同即日携眷归湘，将不复出，此后通信殆不易，言之怅怅！”当写于光绪二十四年。

② 信中称被委为筹防局提调，谭任此职为光绪二十三年，同时信中请汪、梁转告友人吴铁樵遇到刘善涵要保密，吴铁樵逝于光绪二十三年四月，此信当写于此年二月初七日。

③ 信中提及设立金陵测量会，该会在光绪二十三年四月成立，此信当在该会筹备期间所写，函末署“十四”，当为光绪二十三年四月十四日所书。

④ 该信讨论粤汉铁路事，当写于光绪二十三年。

⑤ 该信提到吴樵葬礼事，当写于吴樵去世的当年，即光绪二十三年。

⑥ 信中提到对不缠足会章程的修改，另信中请梁代向章太炎问好，章入《时务报》馆在光绪二十三年，此当写于同年。

⑦ 此函未署日期，据《平等阁笔记》，此信写于南学会创办后，南学会于光绪二十四年二月初一开讲，此信当写于二月前后。

⑧ 此信写于吴樵去世后不久，吴樵于光绪二十三年四月二十一日病逝，此信当写于同年五月初八日。

⑨ 此信提及测高表及显微镜事，当写于光绪二十三年四月筹办测量会之时，该函署“二十一日”，当为光绪二十三年四月二十一日。

《致徐乃昌》二，光绪二十四年二月十七日（1898年3月9日）。[①]

《致徐乃昌》三，光绪二十四年（1898年）。[②]

《致龙绂瑞书》一，光绪二十三年二月二十五日（1897年3月27日）。[③]

《致龙绂瑞书》二，光绪二十二年二月十七日（1897年3月30日）。[④]

《致龙绂瑞书》三，光绪二十三年九月初九日（1897年10月15日）。[⑤]

《致龙绂瑞书》四，光绪二十年（1894年）春。[⑥]

《致龙绂瑞书》五，光绪二十三年四月十二日（1897年5月13日）。[⑦]

《致龙绂瑞书》六，光绪二十四年（1898年）。[⑧]

《致龙绂瑞书》七，光绪二十四年（1898年）。[⑨]

《致龙绂瑞书》八，光绪二十四年（1898年）。[⑩]

《致刘世珩》一，光绪二十四年正月初七日（1898年1月28日）。[⑪]

《致刘世珩》二，光绪二十四年（1898年）。[⑫]

---

① 信中提及长沙开办南学会，当写于光绪二十四年。

② 该函未署日期。信中提“去年有《江上闻笛诗》”，该诗写于光绪二十三年，此信当写于光绪二十四年。

③ 信中称“瓣姜师仍在乡里办矿，音问辽阔”，当写于光绪二十三年。“如月二十五日”为二月二十五日。

④ 据黄彰健先生考订，此信写于光绪二十二年二月十七日。

⑤ 信中言及时务学堂经费事，当写于光绪二十三年重九日。

⑥ 此函未署日期，信中称：“昨承寄下深小沂信一函，今作回信，交信局寄”，如果此信指《致沈小沂书》二，则可能写于光绪二十年春。

⑦ 该信称“小舍侄无师，望邱来甚切”，当指谭嗣同请邱教其侄读书事，此事谭训聪所撰年谱系于光绪二十三年，此信当写于光绪二十三年四月十二日。

⑧ 该函称“贲临《湘报》馆”，《湘报》于光绪二十四年创办，此信当写于此年。

⑨ 此信极简略，似为光绪二十四年作。

⑩ 此信极简略，似为光绪二十四年作。

⑪ 刘世珩系粤抚刘瑞芬第四子，从内容来看，此信当写于谭嗣同光绪二十四年离开南京时。

⑫ 该函未署日期，但提及捐书给南学会事，当写于光绪二十四年。

《致刘世珩》三，光绪二十四年正月二十一日（1898 年 2 月 11 日）。[①]

《致龙爪霖》，该函署“八月廿五日”，具体年份不详。

《致唐才常》一，光绪二十三年十二月十九日（1897 年 1 月 21 日）。[②]

《致唐才常》二，光绪二十三年三月十四日（1897 年 4 月 15 日）。[③]

《致李闰》一，光绪二十四年五月初二日（1898 年 6 月 20 日）。[④]

《致李闰》二，光绪二十四年六月十三日（1898 年 7 月 31 日）。

《致李闰》三，光绪二十四年七月十一日（1898 年 8 月 27 日）。

《致毕永年》，光绪二十四年八月（1898 年 9 月）。

《致康有为》，光绪二十四年八月（1898 年 9 月）。

《致胡理臣罗升》一，光绪二十四年八月初九日（1898 年 9 月 24 日）。[⑤]

《致胡理臣罗升》二，光绪二十四年八月十日（1898 年 9 月 25 日）。[⑥]

《致胡理臣罗升》三，光绪二十四年八月初八日（1898 年 9 月 23 日）。[⑦]

《致徐蓉生》，光绪二十四年（1898 年）。

拾遗

《上大伯父谭继昇》，光绪七年（1881 年）。[⑧]

---

① 信中提及计划赴日事，当写于光绪二十四年。

② 此信提到谭嗣同拟与矿师赴湘勘察矿产，盛宣怀忽然变卦，此事于光绪二十三年发生，该函当写于当年十二月十九日。

③ 信中提及“远羁金陵，孤寂无俚，每摒挡繁剧，辄取梵夹而泛观之”，当写于光绪二十三年谭嗣同金陵宦居期间。

④ 此信及第二、第三封均言及戊戌年保举及进京事，均写于戊戌年。

⑤ 此信为收到所送物品后所写的另一信，当写于第三信之后，为八月初九日。

⑥ 此信当写于八月初十日，当日步军统领衙门将谭嗣同等人解交刑部，谭嗣同住在“南所头监”，谭写信让仆人告知王子斌其具体住处。该信提到“前日”九门提督所取书籍三本，与第一信“昨闻提督取去书三本”，从时间上看，当写于第一信的次日。

⑦ 从信中来看，此信当为谭嗣同被步军统领逮捕后，发给仆人的信，要取基本生活用品。

⑧ 该函未署日期，从内容来看，写于浏阳，信中提及“远行”，当为谭继洵任职甘肃期间事。信中还提及明年正月十六日出发，《三十自纪》中记载行踪，只有光绪八年春赴甘肃，此信当写于光绪七年，其时谭嗣同在浏阳。

《致刘淞芙、唐才常》，光绪二十一年（1895年）。[①]

《致唐才常（残）》，光绪十九年十二月初六日（1894年1月12日）。[②]

《致盛宣怀》一，光绪二十三年（1897年）。[③]

《致盛宣怀》二，光绪二十三年（1897年）。[④]

《致李闰夫人（残）》，光绪二十四年三月（1898年4月）。[⑤]

第三节　《仁学》[⑥]简目

自叙、能为仁之元而神于无者为佛孔耶，墨则能调燮联融孔耶

仁学界说、仁以通为第一义，以太为所以通之具，通有中外通、上下通、男女内外通、人我通四义，通之象为平等

上篇

一、学者当明以太之体与用，始可与言仁

二、以太之用于人身为脑，其别有六

三、仁则异域如一身，不仁则一身如异域[⑦]

四、仁不仁的区别在通与塞，仁为以太之用，天地万物由之以生，由之以通

---

① 信中托刘善涵、唐才常查找院中藏书目录，唐才常于光绪二十一年入两湖书院，该函当写于此年。

② 此函未标出处，查《唐才常集》，系从《致唐次丞书》一中析出，该函写于光绪十九年十二月初七，并称昨日接到此信，当时二人均在武昌，则此信当写于十二月初六。

③ 从信中内容推断，为浏阳办矿与盛宣怀合作事，当写于光绪二十三年。

④ 同上。

⑤ 该函未署日期，信中说到捐书南学会事，捐书书目在三月份的《湘报》公布，则此信当写于光绪二十四年三月。

⑥ 《谭嗣同全集》所收《仁学》，以《亚东时报》本为底本，并将《清议报》本、《国民报》本对校。择善而从。(《谭嗣同全集》编例)但在阅读过程中发现，《清议报》本的异文，《谭嗣同全集》并未全部标注。

⑦ “夫固言脑即电矣，则脑气筋之周布即电线之四达，大脑小脑之盘结即电线之总汇”，似可断句为“夫固言脑即电矣，则脑气筋之周布，即电线之四达，大脑小脑之盘结，即电线之总汇”。

五、仁之至则无不知

六、仁者必有勇，勇不勇之辨在于仁不仁

七、妄生人我的危害

八、仁之乱，乱于名，上以名制其下，导致三纲五伦之惨祸。仁为共名，君父以责臣子，臣子亦可反之君父

九、天地间无所谓恶，恶者为名，即不循善之条理。礼与淫但有幽显之辨，并非善恶之别

十、断杀断淫之方。断杀必先断淫，不断淫亦必不能断杀

十一、六十四原质化合生成万物

十二、原质只有变易聚散，没有生灭

十三、不同宗教有相同之公理二，一为慈悲，二曰灵魂①

十四、万物皆有灵魂，基督教原罪说与其教宗旨不合，兼爱为墨学中最合以太的理论

十五、以太中自有微生灭，细轮回不已，生死则终不得息，以太之微生灭亦不得息

十六、不生不灭及生灭，可云我在生中，亦可云我在灭中

十七、一多相容、三世一时为天地万物之真理

十八、日新为群教之公理

十九、中国亡于静，西人兴于动，善学佛者未有不雄强刚猛者

二十、俭足以杀尽地球含生之类，置天地鬼神于不仁

二十一、奢之为害仅至一身家，而利则十百，机器兴可利民

二十二、私天下者尚俭，公天下者尚奢

二十三、通商者相仁之道、两利之道

二十四、自西人机器之学兴，惜时之具乃备，中国则无往而非玩时愒日

二十五、微生灭之始

二十六、《大学》修齐治平与唯识宗之八识相对应

---

① 此节谭嗣同曰："西人虽日为枪炮杀人之具，而其心实别有所注，初不在此数十年之梦幻。所谓顾諟天之明命，众惑尽祛而事业乃以勃兴焉。"在《北游访学记》中则称闻之吴嘉瑞，称"吴雁舟曰：'西人虽日日研求枪炮，一切杀人之具，而其心却时时顾諟天之明命。'"

二十七、三教中佛教大孔教次大耶教最小，小者先行，次为孔，最后乃佛教，三教共通的原则为变不平等为平等

二十八、三教教主之法身为一，拜其一则皆拜之

二十九、孔教创始时于升平、太平均能注意，不幸为荀学掺杂，变本加厉，胥失其真

三十、荀学尽亡孔教之精意，授君主莫大无限之权，又妄益之以三纲，明创不平等之法

下篇

三十一、生民之初，本无所谓君臣，君为民共举，君者为民办事者，臣者助办民事者。死节之说悖理

三十二、忠者为共辞，不可专责之臣下

三十三、满人统治之酷

三十四、国与教与种将偕亡，唯变法可以挽救，但清廷坚持不变法，因为变法与其愚民、贫民、弱民、死民之宗旨相悖

三十五、东西各国压制中国为曲用仁爱

三十六、中国之兵境遇艰苦，所得薪饷内不足以赡其室家，外仅足以殖其性命，而且饥疲老辱无所不至，遣散不得归者，被当做游勇、会匪正法

三十七、三纲之名的危害为关其口锢其心，子为天之子，父亦为天之子，父子平等。舅姑当敬妇，不当残暴虏役之。中国夫妇之道苦。独夫民贼独兼三纲而据其上，君主独无伦常，尤可愤者，已则渎乱夫妇之伦，偏喜绝人之夫妇

三十八、五伦中最无弊而有益者为朋友一伦，一曰平等，二曰自由，三曰节宣惟意

三十九、佛教能治无量无边不可说不可说之日球星球，尽虚空界无量无边不可说不可说之微尘世界

四十、孔教不可遍治全球的原因在于未能严事教主，定教主于一尊

四十一、学政教关系，教不行而政敝，政敝而学亡。言政言学苟不言教，则等于无用。保国莫捷于学。学具涨力挤力，涨力以除旧，挤力以布新

四十二、中国大劫将至，因人心多机械。西人以在外之机械制造货物，中国以在内之机械制造劫运。京官以攻击为事，如釜中虾蟹。中国人体貌亦有劫象

四十三、阻者进之验，弊者治之效，格致盛则难穷之理多，化电盛则难分之质多，医学盛则难治之症多，算学盛则难解之题多，治理盛则难防之弊多。先去除自身机心，可泯除天下之机心。心力不能骤增，则莫若开一讲求心之学派，专治佛家所谓愿力。慈悲为心力之实体，慈悲则人我平等

四十四、英美德法诸国，应并力强革中国、土耳其、阿富汗、朝鲜等病夫之国的弊政，以疗其病，否则其病将传染于无病之人。各国不以信义待病夫之国，造成其外交、内政之信义亡。修筑欧亚两洲东西大铁路有二十利。自强之责在己不在人。变衣冠为自强之要策

四十五、心力十八种，若用于仁，则能挽劫。仁之道为四通

四十六、地球之治必视农学为进退

四十七、体魄之事尽则自无娼妓，有则当同其利害，加以治理，不可闭塞耳目，置之不理。地球之治，以无国为极境

四十八、贵知不贵行，知者灵魂之事，行者体魄之事。内卦之逆三世与外卦之顺三世

四十九、人外无己，己外无人，度人即是度己，度己即是度人

五十、众生度尽与度不尽的关系

附　录

谭嗣同年谱

同治四年（1865 年）乙丑　一岁

二月十三日（3 月 10 日），谭嗣同生于北京宣武城南孏眠胡同邸第[①]（今烂缦胡同，位于北京市宣武区中部），时其父谭继洵[②]官户部广西司主事，年三十七岁，母徐五缘三十七岁。伯兄谭嗣贻十三岁，仲兄谭嗣襄九岁。

同治五年（1866 年）丙寅　二岁

同治六年（1867 年）丁卯　三岁

同治七年（1868 年）戊辰　四岁

同治八年（1869 年）己巳　五岁

谭嗣同居北京宣武城南，与仲兄谭嗣襄师从毕先生，毕号莼斋，名不详。[③] 谭"五岁受书，即审四声，能属对"[④]。

同治九年（1870 年）庚午　六岁

谭家从孏眠胡同迁至库堆胡同。即北半截胡同浏阳会馆。[⑤]

---

① 参见谭嗣同《三十自纪》，载《谭嗣同全集》（增订本），第 56 页。

② 谭继洵（1823—1899），字子实，号敬甫，又号剑芙。咸丰九年（1859）己未科会试，赐进士出身，庚申（1860 年）补应殿试。（参见朱保炯、谢沛霖《明清进士题名碑录索引》，上海古籍出版社 1980 年版，第 2818 页）道光二十七年（1847 年）与徐五缘结婚，后育有三子二女，即长子嗣贻（字癸生）、次子嗣襄（原名嗣彭，字泗生，号菩英），三子嗣同，长女嗣怀，次女嗣淑。

③ 参见谭嗣同《遗远堂外文初编 · 自叙》，载《谭嗣同全集》，第 89 页。

④ 谭嗣同：《三十自纪》，载《谭嗣同全集》，第 55 页。

⑤ 刘人熙在《浏阳会馆记》中记载，同治九年，谭继洵集资购宅，在宣武门外库堆胡同设立浏阳会馆。谭嗣同在《三十自纪》中称："旋徙库堆胡同，今为浏阳会馆者也。"同治十一年，谭继昇以编修县志后所剩余的经费购置田产，作为岁修费用。光绪六年，会馆题名"浏阳试馆"，设立德馨堂，祭祀浏阳先贤。（参见刘人熙《浏阳会馆记》，《蔚庐刘子文集》，《清代诗文集汇编》，第 753 册）

谭嗣同从云南杨先生读书，杨以谭母徐五缘勤劳的事教育谭氏兄弟。

谭氏家塾与内室仅一墙之隔，塾师云南杨先生[①]，闻纺车轧轧，夜彻于外，以为其家婢媪勤劳如是，当得知是谭母夜织时，大惊叹，训勉谭嗣同等说："汝父官郎曹十余年，位四品，汝母犹不自暇逸，汝曹嬉游惰学，独无不安于心乎？"[②]

同治十年（1871 年）辛未 七岁

六月，谭嗣同母徐五缘归湖南浏阳，谭送母至卢沟桥而别[③]，返家后，因思念致疾。[④]

同治十一年（1872 年）壬申 八岁

谭嗣同与伯兄嗣贻、仲兄嗣襄读书北京宣武城南，塾师大兴韩荪农。他回忆京城宣武城南，"地绝萧旷，巷无居人，屋二三椽，精洁乏纤尘，后临荒野，曰南下洼"，因为城中鲜隙地，民间埋葬，举归于此。"蓬颗累累，坑谷皆满，至不可容，则叠瘗于上……故城南少人而多鬼。"清明时节，"春蛙啼雨，棠梨作华，哭声殷野，纸灰时时飞入庭院"，谭随家人上冢已，归受高菊磵诗，至"日暮狐狸眠冢上，夜归儿女笑灯前"[⑤]，触其机括，哽噎不复成诵。深夜读书，"闻白杨号风，间杂鬼啸。大恐，往奔两兄，则皆抚慰而呵煦之"，特殊的环境造成了他独特的性格，他说："仆本恨人，僮年已尔乎。顾成人同游，盖莫不尔，皋壤使乐而墟墓生哀，抑所处殊也。"[⑥]

同治十二年（1873 年）癸酉 九岁

同治十三年（1874 年）甲戌 十岁

---

① 杨先生名字已不可考，谭训聪在《清谭复生先生嗣同年谱》里，称谭在本年从杨学习，本谱从谭说。

② 谭嗣同：《先妣徐夫人逸事状》，载《谭嗣同全集》，第 54 页。

③ 谭嗣同《卢沟桥》诗自注："七岁时，侍先夫人过此"，《谭嗣同全集》，第 68 页。

④ 参见谭嗣同《先妣徐夫人逸事状》，载《谭嗣同全集》，第 54 页。

⑤ 此为宋代诗人高翥《清明》诗，原诗为"南北山头多墓田，清明祭扫各纷然。纸灰飞作白蝴蝶，泪血染成红杜鹃。日暮狐狸眠冢上，夜归儿女笑灯前。人生有酒须当醉，一滴何曾到九泉。"

⑥ 谭嗣同：《城南思旧铭并述》，载《谭嗣同全集》，第 23 页。

七月，谭嗣同与仲兄嗣襄从浏阳人欧阳中鹄①读书。②

谭嗣同父谭继洵以进士官户部员外郎。

光绪元年（1875年）乙亥　十一岁

谭继洵升任户部郎中，往北通州监督坐粮厅，谭嗣同随往。③

光绪二年（1876年）丙子　十二岁

春，京师流行白喉，谭嗣同被染，短死复苏。初，谭嗣同已经出嫁的二姊谭嗣淑，在北京染上白喉，其母徐五缘带谭嗣贻由通州前往北京探视，被染。二月初一日（2月25日），谭母徐五缘病逝，终年48岁。次日，谭嗣贻去世，年仅23岁。初五日，二姊谭嗣淑亦病逝，谭嗣同亦被传染，“短死三日，仍更苏”，谭继洵“以是字嗣同复生矣”④。四月，谭继洵在信里讲述了谭嗣同“死而复生”后病体的复原情况，他说：“幸嗣同于万死之中，幸获一生，现尚展转床间，未能起立，仅食稀粥、蒸饼，喉间似有物阻，必因溃烂尚未生肉复元也。”⑤

在病魔袭击谭家时，谭继洵“自觉万无生理”，写下遗嘱，将后事托付给伯兄谭继昇，因嗣同病势沉重，拟为他立从。他在致谭继昇的信中说：

> 弟察看家人，各有不相下之意，势恐难共财产，弟将田产银钱，作四股均分：传赞（嗣贻之子）一股，归少奶奶（嗣贻之妻黎氏）承管；嗣彭（即嗣襄）一股，伊自承管；嗣同气息奄奄，生死未卜，亦分一股，归大姨太太（卢氏）承管，将来嗣彭、嗣棨等生子，为

---

① 欧阳中鹄（1849—1911）字品三，号节吾，又号瓣姜，湖南浏阳人，同治十二年（1873年）癸酉拔贡，举人。服膺王夫之之学，善六朝文，谭嗣同终身师事之。谭嗣同称其学问“刚健文明”，“实能出风入雅，振前贤未坠之绪”。在浏阳兴算、赈灾、开矿诸湖南新政方面，二人均有合作。光绪二十四年春，入湖南巡抚陈宝箴幕，因对康有为评价事、调阅时务学堂课卷事以及出题等事，两人产生误会，关系一度紧张。

② 参见谭嗣同《先妣徐夫人逸事状》，载《谭嗣同全集》，第53页。

③ 参见谭嗣同《三十自纪》，载《谭嗣同全集》，第56页。

④ 谭嗣同：《先妣徐夫人逸事状》，载《谭嗣同全集》，第53页。

⑤ 贾维：《谭嗣同早年及其家族资料——〈谭氏家书〉简析》，载中国社会科学院近代史研究所近代史资料编辑部编《近代史资料》总101号，中国社会科学出版社2001年版，第314页。

嗣同立从，即交大姨太太抚养。[①]

光绪三年（1877年）丁丑　十三岁

八月七日（9月13日），谭嗣同父谭继洵奉旨补授甘肃巩秦阶道，加二品衔。[②] 他在信中说：“巩秦阶道驻秦州，甘省道缺中，此缺尚是好缺，惟路程太远耳。”[③]

冬，谭嗣同随父回籍，这是他首次回故乡浏阳。在浏阳，他与唐才常[④]定交，并共同师事欧阳中鹄。

除夕（1878年2月1日），谭嗣同撰对联两副，一曰：“惟将侠气留天地，别有狂名自古今。”一曰：“除夕月无光，点一盏灯替乾坤生色；今朝雷未动，击三通鼓代天地扬威。”[⑤]

光绪四年（1878年）戊寅　十四岁

夏，谭嗣同随父赴甘肃[⑥]，他们由浏阳至长沙，再到湖北、襄阳、洛阳、陕西，秋，抵达兰州。途中历尽艰险。“宾从死二人，厮隶死十余人。它仆皆病惫无人状，又时时思逸去，莫肯率作。”[⑦] 先到兰州，后返回秦州。

光绪五年（1879年）己卯　十五岁

夏，谭嗣同自秦州归湖南，秋至浏阳，从浏阳人涂启先[⑧]学习。

---

① 贾维：《谭嗣同早年及其家族资料——〈谭氏家书〉简析》，载《近代史资料》总101号，第313页。

② 参见谭嗣同《先妣徐夫人逸事状》，载《谭嗣同全集》，第53页。

③ 贾维：《谭嗣同早年及其家族资料——〈谭氏家书〉简析》，载《近代史资料》总101号，第316页。

④ 唐才常，字伯平，号佛尘，一号黻丞，拔贡。

⑤ 谭嗣同：《丁丑除夕撰联》，载《谭嗣同全集》，第549页。

⑥ 谭嗣同随父赴甘肃的时间，在谭的记载中，有两种不同的说法，《三十自纪》称：“四年春，赴甘肃”，《刘云田传》则称光绪四年夏赴甘肃，当以四年夏为准。

⑦ 谭嗣同：《刘云田传》，载《谭嗣同全集》，第19页。

⑧ 涂启先（1834—1899），字舜臣，居浏阳大围山下，人称“大围先生”。他秉承乾嘉汉学家遗风，对于文字、训诂都有一定研究，而尤长于史学，考证得失，“识断精审”，曾“为邑志撰人物、食货、名胜等志长编，搜罗宏富，而参校异同，颇便稽考”，涂的学术思想，对谭嗣同有所影响。

谭嗣同始学诗[①]，启笔之作，有《送别仲兄（泗生）赴秦陇省父》七绝五首。[②] 他自述学诗经过说："初亦从长吉、飞卿入手，旋转而太白，又转而昌黎，又转而六朝。"

光绪六年（1880年）庚辰　十六岁

谭嗣同居浏阳原籍，继续从涂启先读书。[③]

光绪七年（1881年）辛巳　十七岁

秋，至长沙，寻归浏阳。

光绪八年（1882年）壬午　十八岁

春，谭嗣同赴甘肃，四月二十六日（6月11日），抵秦州，秋，赴兰州，冬，返秦州。[④]

谭嗣同作自题小照词一首，词牌为《望海潮》：

> 曾经沧海，又来沙漠，四千里外关河。骨相空谈，肠轮自转，回头十八年过。春梦醒来波，对春帆细雨，独自吟哦，惟有瓶花数枝，相伴不须多。寒江才脱渔蓑，剩风尘面貌，自看如何，鉴不因人，形还问影，岂缘酒后颜酡，拔剑欲高歌。有几根侠骨，禁得揉搓？忽说此人是我，睁眼细瞧科。[⑤]

自光绪八年（1882年）到甘肃，至光绪十六年（1890年）离开甘肃，八年间，谭嗣同为应试南来北往于甘肃、湖南间。"往来度陇者八，其他小观近游，尤不胜纪。结靷方舟，乱于泾渭，不下数十。"[⑥] 他曾自豪地称自己三十岁以前的行程"合数都八万余里，堪绕地球一周"[⑦]。

光绪九年（1883年）癸未　十九岁

三月，谭嗣同父谭继洵由甘肃巩秦阶道升为甘肃按察使。

---

① 谭嗣同在《三十自纪》中称："十五学诗"，《谭嗣同全集》，第55页。

② 参见谭训聪《清谭复生先生嗣同年谱》，第4页。

③ 同上书，第5页。

④ 参见谭嗣同《上谭继昇夫妇》四，载《谭嗣同全集》，第448页。

⑤ 谭嗣同：《石菊影庐笔识》，载《谭嗣同全集》，第150页。

⑥ 同上书，第108页。

⑦ 谭嗣同：《三十自纪》，载《谭嗣同全集》，第57页。

春，谭嗣同赴兰州。

四月三日（5月9日），谭嗣同与李闰[①]在湖北结婚，岳父李寿蓉[②]赠婿联，“两卷道书三尺剑，半潭秋水一房山”，首联言养气，次联言定心。[③] 婚后不久，返回甘肃，住藩署憩园凿申轩。

光绪十年（1884年）甲申　二十岁

十月二日（11月19日），谭嗣同父谭继洵由甘肃按察使升为甘肃布政使。谭继洵重修甘肃布政使署庭院，题名“憩园”，谭嗣同撰联语，遍贴园中。[④]

△谭嗣同被首任新疆巡抚刘锦棠保荐。他曾经到新疆，入刘锦棠幕府。“弱冠从军新疆，游巡抚刘公锦棠幕府。”

对光绪十年谭嗣同被保荐，在他的履历档案里，有两份不同的记载。光绪二十二年（1896年）四月十八日（5月30日）谭嗣同引见履历记载：“光绪十年十月，因新疆边防案内出力奏保，俟补缺后以知府仍留原省，归候补班前先补用，先换顶戴。”[⑤] 而在光绪二十四年（1898年）的引见履历里，明确提出谭嗣同由刘锦棠奏保。[⑥] “光绪十年，因在甘肃新疆粮台效力，经前新疆巡抚刘锦棠奏保，奉旨俟补缺后以知府仍留原省，归候补班前补用，先换顶戴。”[⑦] 上述两种记载，保荐类型不同，一为在新疆边防案内出力，一为在甘肃新疆粮台效力，而结果却完全相同，可能是光绪十年谭嗣同曾被保荐过两次，但如被保荐过两次，为什么每份履历里均只提一次，极有可能是一次保荐的两个不同称呼。

光绪十一年（1885年）乙酉　二十一岁

春，谭嗣同回湖南，秋，赴长沙参加湖南乡试，未中。

---

① 李闰（1865—1925），字韵卿。

② 李寿蓉（1825—1894），号篁仙，一字均裳，湖南长沙人，咸丰六年进士，授户部主事，卒于芜湖道署。工新乐府。

③ 谭训聪：《清谭复生先生嗣同年谱》，第6页。

④ 谭嗣同：《石菊影庐笔识》四十二，载《谭嗣同全集》，第146页。

⑤ 秦国经主编：《中国第一历史档案馆藏清代官员履历档案全编》第五册，第698页。

⑥ 刘锦棠保荐谭嗣同事，在清廷档案材料和谭嗣同的记载里，都能找到确证，梁启超称刘未推荐谭嗣同一说，误。

⑦ 秦国经主编：《中国第一历史档案馆藏清代官员履历档案全编》第六册，第479页。

冬，谭嗣同赴甘肃。[①]

光绪十二年（1886年）丙戌　二十二岁

春，谭嗣同至兰州。

六月十四日（7月15日），谭嗣同伯父谭继昇病逝。八年后，谭嗣同作《海峤府君家传》。

光绪十三年（1887年）丁亥　二十三岁

光绪十四年（1888年）戊子　二十四岁

夏，谭嗣同归湖南，秋，赴长沙应考，未中。

冬，谭嗣同与兄谭嗣襄在汉口分手，谭嗣襄往台湾谋职，谭嗣同则归甘肃。他们渡江时风雨大作，巨浪高于舟数尺，时时涌入舟中，打湿衣服，同舟的人大惊失色，谭嗣同兄弟则相视而笑，谭嗣同口占二诗，其一曰：波揉浪簸一舟轻，呼吸之间辨死生。十二年来无此险，布帆重挂武昌城。[②]

光绪十五年（1889年）己丑　二十五岁

春，谭嗣同抵达兰州，从子传简随行。

三月，随侍甘肃布政使署乐寿堂，作《憩园杂诗》四首。[③]

四月，谭嗣同抵京师，拜工部主事刘人熙为师[④]，从游问学。刘认为谭嗣同为"少年振奇人也"[⑤]。

刘勉励谭嗣同探索尽性知天之学，而于永嘉之学[⑥]，则讥其浅中弱

① 参见谭嗣同《三十自纪》，载《谭嗣同全集》，第56页。

② 参见谭嗣同《石菊影庐笔识》五十一，载《谭嗣同全集》，第151页。

③ 参见谭嗣同《憩园杂诗》四首，载《谭嗣同全集》，第541页。

④ 刘人熙（1844—1919），字艮生，号蔚庐，湖南浏阳人，同治丁卯科举人，光绪丁丑科进士。他对张载和王夫之的思想均有研究，著有《琴旨申邱》等书，对谭嗣同研究王夫之、张载的思想，有重要影响。他与欧阳中鹄、涂启先被谭嗣同称作"浏阳三先生"。

⑤ 刘人熙未刊日记稿本，第十一册，转引自贾维《谭嗣同与晚清士人交往研究》，第112页。

⑥ 即南宋叶适、陈亮等人的浙东经世之学，该学派重视事功，重视"夷夏之辨"，与朱熹的道学和陆九渊的心学重视"心性"的观点存在矛盾，提出"既无功利，则道义者，乃无用之虚语耳"。谭嗣同曾对永嘉学派以高度评价，他说："夫浙东诸儒，伤社稷阽危，蒸民涂炭，乃蹶然而起，不顾瞀儒曲士之訾短，极言空谈性命无补于事，而以崇功利为天下倡。……今之时势，不变法则必步宋之后尘，故嗣同于来书之盛称永嘉，深为叹服，亦见足下与我同心也。"（载《谭嗣同全集》，第529页）

植。[①] 谭得闻永嘉学派的不足后，“由永嘉返濂洛”，开始接触张载、王夫之等人的学问，阅读《四书训义》《周易内外传》《张子正蒙传》。谭嗣同对永嘉学派的态度，后来有所改变。在致唐才常的信里，他提到自己以往尊师说，未研究永嘉学说，但他后来“以遭逢世患，深知揖让不可以退萑符，空言不可以弭祸乱，则于师训窃有疑焉”[②]。

谭嗣同承认自己思想受刘人熙之影响，比欧阳中鹄、涂启先的要深，他从刘处深入了解了张载、王夫之的思想。

> 虽受读瓣姜、大围之门，终暴弃于童蒙无知之日……既而薄上京师，请业蔚庐，始识永嘉之浅中弱植，俶睹横渠之深思果力，闻衡阳王子精义之学，缅乡贤朱先生闇然之致，又有王信余（即王揭芳）、陈曼秋（即陈长橒）、贝元征（即贝允昕）以为友。困而求亨，翻然改图，愧弄戟多少之讥，冀折节勤学之效。[③]

在给刘人熙的信中，谭嗣同谈到自己的学术取向，从喜谈经世略到注重内修。

> 迩为学专主船山遗书，辅以广览博取，又得贤师友如瓣姜师之刚健文明，王信余之笃实辉光，涂质初（即涂儒翯，涂启先次子）之质直，贝元征之温纯，而又推元征足医嗣同之偏弊。然晤语仅及粗泛，深论之日盖寡……嗣同蚤岁瞽瞀，不自揣量，喜谈经世略，乃正其不能自治喜怒哀乐之见端。苟不自治，何暇治人？苟欲自治，何暇言治人？[④]

谭嗣同偕从子传简至宣武城南重游故居。

---

① 参见谭嗣同《致唐才常》二，载《谭嗣同全集》，第529页。

② 同上。

③ 谭嗣同：《报刘淞芙书》一，载《谭嗣同全集》，第8—9页。

④ 谭嗣同：《石菊影庐笔识》三十，载《谭嗣同全集》，第138—139页。

仲兄撤瑟之岁，以应试挈从子传简至京师，览童年之遗迹，怅岁月其不淹，以今准昔，喟焉远想，忆夫烟雨在帘，蛙声夜噪，或败叶窸窣，霜钟动宇，然灯共读，意接神亲。追溯所及，方怦怦于中，而兄之讣至矣！创巨痛深，瞢不省事，哭踊略定，则志隳形索，清刻至骨，自顾宛五六岁孺子也。①

五月五日（6月3日），谭嗣同仲兄谭嗣襄②在台湾去世，年三十三岁。噩耗传来，谭嗣同未应试③，南奔至沪，将兄灵柩运回浏阳，并作挽联悼念。④

十二月一日（12月22日），谭嗣同父亲谭继洵升任湖北巡抚。

冬，谭嗣同整理十五岁至二十岁的诗为一卷。⑤

是年，谭嗣同子传择⑥（兰生）生于兰州，但越年即殇。⑦

△谭嗣同写成《治言》。⑧

在《治言》里，他将世界分为华夏之国、夷狄之国、禽兽之国，并对三个地区的政治文化进行分析，认为华夏之国为“八荒风雨之所和会，圣贤帝王之所爰宅，而经纬、风教、礼俗于以敦，而三纲五常于以备也”，夷狄之国则为“其壤地不同，同于法治，其风俗不同，同于艺术。其禀于天而章于用，为人所以生，而国所以立，而上下之所以相援系，

① 谭嗣同：《远遗堂集外文初编》，载《谭嗣同全集》，第89页。

② 谭嗣襄，初名嗣彭，字泗生，自号菩英。国子监生，咸丰七年九月辛卯生。以实录馆誊录议叙通判，加盐运使司提举衔，旋保直隶州知州。1889年，在台南府安平县蓬壶书院去世。有子一，名谭传炜。

③ 谭嗣同在《三十自纪》中说：“十年中至六赴南北省试，惟一以兄忧不与试”，即指此次。

④ 参见谭嗣同《挽仲兄嗣襄联》，载《谭嗣同全集》，第548—549页。

⑤ 参见谭训聪《清谭复生先生嗣同年谱》，第11页。

⑥ 谭训聪《清谭复生先生嗣同年谱》第12页称谭嗣同之子为传铎，误。

⑦ 参见谭嗣同《先妣徐夫人逸事状》，载《谭嗣同全集》，第54页。

⑧ 《治言》的写作时间，有三种说法，即1884年、1886年、1889年。从文中有“闻之吾师蔚庐先生曰”，当在认识刘人熙以后完成，因此可定为1889年写完，但在此前，当已撰写了部分内容，因为谭嗣同在甲午战争期间曾在《报贝元徵》中说：“嗣同少时，何尝不随波逐流，弹抵西学，与友人争辩，常至失欢……十年之前，作《治言》一篇，所言尚多隔膜，未衷于理，今并呈览，亦可考验其识见之增益”，则《治言》当在1884年就已开始撰写。笔者认为，《治言》当是谭嗣同在1884年开始撰写，于1889年完成。

视华夏则偏而不全，略而不详，视禽兽则偏而固，为全之偏，略而固，为详之略”。从他的“立乎华夏而言，自而北而西，或左或右或后，三方环以拱者皆夷狄也，其南空阔泱漭，而落落以肴列于前者，皆禽兽也”的言论中，反映出强烈的我族中心的世界观。

在对夷狄文明进行批评的同时，他也看到了其优点。如他批评“夷狄之富，不足以我虚；夷狄之强，不足以我孤；夷狄之愤盈而暴兴，不足以我徂；夷狄之阴狡而亟肆，不足以我图”，但他又说：“惟其出一令而举国奉之若神明，立一法而举国循之若准绳，君与民而相系若项领，名与实而相副若形影……斯其忠质之效，而崛起强立，足以一振者矣”，并认为其文明源于中国古代的墨家、法家。随着对西方文明的深入了解，谭嗣同逐渐摒弃了视西方为夷狄的见解。他后来自我评价说：“此嗣同最少作，于中外是非得失，全未缕悉，妄率胸臆，务为尊己卑人一切迂疏虚憍之论，今知悔矣，附此所以旌吾过，亦冀谈者比而观之，引为戒焉。”①

光绪十六年（1890 年）庚寅　二十六岁

三月，谭嗣同做《湘痕词》八篇并叙，追念早逝的亲人。“悲哉！人困吁天，岂不信哉！少更多难，五日三丧。惟亲与故，岁以凋谢，营营四方，幽忧自轸……客岁之夏，仲兄泗生，告终海外，同母五人，偶影坐吊。”②

本月，好友刘云田殁于甘肃安定军中。

四月，从子（即侄子）谭传简病逝。③

十月十七日（11 月 28 日），陈宝箴任湖北按察使，其子陈三立随任，谭嗣同结识陈三立。④

在湖北巡抚任所，谭嗣同结交了许多名士。除了欧阳中鹄外，还有王信余、吴小珊、张憩云、涂儒翯、贝允昕等。⑤

---

① 谭嗣同：《治言》，载《谭嗣同全集》，第 231 页。

② 谭嗣同：《湘痕词八篇并叙》，载《谭嗣同全集》，第 70 页。

③ 参见谭嗣同《刘云田传》，载《谭嗣同全集》，第 19 页。

④ 参见谭训聪《清谭复生先生嗣同年谱》，第 12 页。

⑤ 参见谭嗣同《石菊影庐笔识》四十一，载《谭嗣同全集》，第 146 页。

本年，监制霹雳琴，并撰《霹雳琴铭》。[1] 获得文信国公（文天祥）蕉雨琴，作记。[2]

光绪十七年（1891年）辛卯　二十七岁

秋，谭嗣同归湖南，抵长沙，参加乡试，又未中。

十一月，谭嗣同编成《远遗堂集外文》初编。

是年，谭嗣同作《画像赞》。

> 噫此为谁，崿崿其骨，棱棱其威。李长吉（即唐代诗人李贺）通眉，汝亦通眉，于是生二十有七年矣。幸绯衣使者之不汝追，天使将下，上帝曰咨。其文多恨与制违，然能独往难可非。放之人世称天累，海枯石烂孤鸾飞。[3]

光绪十八年（1892年）壬辰　二十八岁

光绪十九年（1893年）癸巳　二十九岁

正月，谭嗣同辑哀挽仲兄嗣襄的诗文为《远遗堂集外文》续编。[4]

春，谭嗣同经九江、安徽赴芜湖。[5]

夏，谭嗣同赴京应恩科乡试，又落第。秋返湖北。[6]

△谭嗣同赴京参加顺天乡试。寓刑部侍郎龙湛霖处，并在京结识沈小沂，沈为欧阳中鹄弟子，致力于考据学，亦好格致算学，并时时谈西学。他们在京师时，沈治目录学，谭嗣同研究纬学，相得甚欢。但谭嗣同认为沈仍不脱经生气。[7]

秋，取道天津，从海道经烟台至上海，又沿长江经江苏、安徽、九江抵达湖北。

---

① 参见谭嗣同《霹雳琴铭》，载《谭嗣同全集》，第546页。该琴藏故宫博物院，又称残雷琴，见《题残雷琴铭》，载《谭嗣同全集》，第285页。

② 参见谭嗣同《文信国公蕉雨琴记》，载《谭嗣同全集》，第542—543页。

③ 参见谭嗣同《画像赞》，载《谭嗣同全集》，第99页。

④ 谭嗣同：《远遗堂集外文续编》自叙，载《谭嗣同全集》，第95页。

⑤ 谭训聪：《清谭复生先生嗣同年谱》光绪十九年条："春赴芜湖，谒岳丈李公，时李公署徽宁池太广道，驻芜湖。"

⑥ 参见龙绂瑞《武溪杂忆录》，载《湖南文献汇编》，湖南文献委员会1948年版。

⑦ 参见谭嗣同《与唐绂丞书》，载《谭嗣同全集》，第263—264页。

十月十九日（11月26日），谭嗣同致函欧阳中鹄，托其代办誊录及加级纪录。[①] 他在信中说："奉月朔书，猬以誊录事深劳擘画，愚意正复如此。加级纪录，虽无足重轻，尚为求之有道，得之合义，视平日不甚切己之顶戴，其荣辱较然矣。今已禀明家严，即恳夫子代办，需费若干，祈开示即照寄。"[②]

十一月十五日（12月11日），唐才常抵达武昌，欲托谭嗣同谋馆于鄂。谭嗣同四处张罗。唐才常在信中称谭嗣同为自己放弃不事干求的性格，"窃惟七丈平日如空山之云，天半之鹤，清高绝俗，不可稍干以私。今以侄之故（指唐才常），至于各处经营，现身说法"[③]，后得知两湖书院尚有课额五名，唐才常遂于十二月十日（1895年1月5日）应试，旋被录取，次年正月初，移居两湖书院。谭嗣同与刘善涵、唐才常相互切磋学问，讨论维新事业。

十二月初六日（1894年1月12日），谭嗣同致信唐才常，称手中羞涩，经过七挪八借，为他筹到一些钱。"此时手中甚是艰涩，先持有陈蔓秋还账可借，而蔓秋又告缓不还，此项乃七扯八挪凑成之数。"[④]

△谭嗣同捐戴花翎。[⑤]

光绪二十年（1894年）　甲午　三十岁

春，谭嗣同与刘善涵[⑥]在武昌订交，二人后成为挚友。谭的许多诗文稿和论学书札，后通过刘善涵得以保存。

△谭嗣同留武昌，管理家政。上年十一月，谭继洵奉命赴川查办事件，本年二月返鄂，自谭继洵使蜀后，谭嗣同"颇富闲暇，忘其专辄，

---

① 清制，内外官员在位有功，著吏部加级纪录，凡加级纪录者，皆可抵销降罚之处分。《大清会典》载："纪录一次，抵罚俸六月，四次抵降一级。"乾隆中叶以后，"加级纪录入常捐，银数按九品核算……咸丰以后，取值更廉……内外官莫不乐从，捐加级纪录。"（许大龄：《明清史论集》，北京大学出版社2000年版，第80—81页）

② 谭嗣同：《上欧阳中鹄》一，载《谭嗣同全集》，第449页。

③ 唐才常：《上欧阳中鹄书》二，载《唐才常集》，第226页。

④ 谭嗣同：《致唐才常（残）》，载《谭嗣同全集》，第540—541页。该函在《谭嗣同全集》中未注明出处，经查《唐才常集》，发现析自《唐才常致唐次丞书》一，该函写于癸巳十二月初七，信中称"昨接复丈函云"，所说即此信内容，则谭信当写于十二月初六。

⑤ 参见秦国经主编《中国第一历史档案馆藏清代官员履历档案全编》，第五册，第698页。

⑥ 刘善涵（1867—1920），字淞芙，号蛰庐，浏阳人。生员，光绪十七年考入两湖书院。

粗欲有事攟拾”，但他对与官场来往，心中不悦，“而官事转掕，时复与达官往还，哇言尸貌，实违鄙心。署中度岁，薪米要会，性尤不近，论说之友，又终阙如，以此居恒邑邑”①。

九月，两江总督刘坤一奉命赴山海关督师，张之洞署理两江总督，谭继洵以湖北巡抚兼署湖广总督，直到次年十一月张之洞回任。谭继洵署理湖广总督期间，衙署间关于甲午战争战事的电报往来，使谭嗣同得以具体了解了战争的进程及实况，为其思想的转变提供了条件。

秋，谭嗣同赴长沙，应甲午正科乡试，未中。

十二月十七日（1895年1月12日），谭嗣同致书刘善涵，谈及甲午战事，如虚报军情，枪械不足，军无斗志。将领之间不能互相配合，彭玉麟经营二十余年，在长江上下数千里建筑了炮台，但两江总督刘坤一因与彭有矛盾，竟然将之拆毁另造，浪费钱币六百万串，同时檄调二十五营，致使江南军几乎为之一空，他慨叹：“数十年来，大臣专务相难相攻，置天下存亡于不顾。幸日人或不深知，或不能分，若窜南洋，是为不治之症，言之那得不寒心乎。”②

十二月二十六日（1895年1月21日），谭嗣同上欧阳中鹄书，言及甲午战争中中国失利，如“东征之师，即挫衅不能复振矣……军兴以来，杀伤相当或有之，胜则绝无，何况于大”。

在战事进展中饷短械缺，所购武器既少又拙，“湘军枪械皆缺乏，时有电向此间筹借，实无以应之，现赶造抬枪等，以备急用。湘军若接仗，亦必牵率而败。……饷项奇绌，购买外洋枪械，良楛不暇择，又恐日人搜截，两月间仅到小口径三四千”。

在议和过程中，日本要挟太重。“张邵讲和，此间初接总署电，系赴日本广岛，今仅驻上海，盖日人拒而不纳，遂中道而改路。日人要挟太重，骇人听闻，若不重赂西洋各国，求其居间，和议亦必不成。”

他将战事失利、和议受阻的原因归咎于不顾国家实际情况，一力求战的人，“天下有大患，正不在战，而在始事主战之人”，并希望朝廷能够借此改弦更张，进行变革。“若和议不成，更有不堪设想者，辱国羞天

① 谭嗣同：《与沈小沂书》，载《谭嗣同全集》，第5页。

② 谭嗣同：《致刘淞芙》二，载《谭嗣同全集》，第480页。

下不暇恤矣。……见夫事之已兆，情之已急，言之如此，不言亦如此，是不若明白慷慨，直陈无隐，天下因晓然于是非之所在，庶几大小臣工，一意奉戴，得以改图易虑于人心向背之几……惟冀天祚我国，使和议速就，日月朗悬如初，草泽无词可执。”①

冬，谭嗣同回武昌，作《三十自纪》《浏阳谭氏谱》，并在刘善涵的建议下，着手整理旧作。②

本年，谭嗣同加捐免补本班，以知府仍留浙江，归候补班前先补用。

△甲午年是谭嗣同思想变迁的分界点。他认为自己三十岁以前，虚耗精力于考据辞章，三十以后则重视西学。“三十以前旧学凡六种，兹特其二，余待更刻。三十以后，新学洒然一变，前后判若两人。三十之年，适在甲午，地球全势忽变，嗣同学术更大变，境能生心，心实造境。天谋鬼谋，偶而不奇。故旧学之刻，亦三界中一大收束也。”③

本年，谭嗣同编《仲叔四书义》。谭嗣同提出自己编《仲叔四书义》的目的有二，一为与八股文长辞，一为留下八股文考试困厄士人的材料。“后之人幸见新学之废，其心得免于戕贼，端居泛览，或逮兹流，失今无述，将不知前乎此者被毒酷烈若此。上之亦足究识当时取士之具，其间体势不一，各有所至，今昔风气，变迁略备矣。”④

△谭嗣同撰《浏阳谭氏谱》四卷。

△刘锦棠去世，谭嗣同奉父命到湘乡吊祭，作《挽刘襄勤公联》。挽联为：“西域传是兰台一家之书，县度纪师程，铭石还应迈千古；东汉人行举主三年之服，深知愧荐剡，酒绵何至为情亲。”⑤

光绪二十一年（1895年）乙未　三十一岁

春，谭嗣同写信给刘淞芙，提甲午战争期间的种种传闻，如牛庄战败，荣城失守，以及慈禧太后与光绪帝之间的矛盾。“牛庄事亦仅传闻，未见确信，以密电往问，三问而三不答，窘状可掬矣。吴清帅（即吴大澂）十日内而赴天津，不可解之极！王夔帅（即王文韶）帮办北洋，腊

---

① 谭嗣同：《上欧阳瓣姜师书》，载《谭嗣同全集》，第14—15页。

② 参见谭嗣同《莽苍苍斋诗补遗》，载《谭嗣同全集》，第81页。

③ 谭嗣同：《与唐绂丞书》，载《谭嗣同全集》，第259页。

④ 谭嗣同：《仲叔四书义》自叙，载《谭嗣同全集》，第18页。

⑤ 谭嗣同：《挽刘襄勤公》，载《谭嗣同全集》，第100页。

底山东荣城失守，与文登毗连，盖由旅顺叙渡至成山登陆，兵机迅捷，古无比矣。和议益不易成，其要挟至无理，且阴有拥立异姓之意。外间议论，极不堪入耳，甚谓先皇遗子寄北洋者，两宫水火，上益岌岌矣。”他还在信中提及御史安维峻的奏折，称“安御史疏久见之，虽谋篇未工，亦可云‘不意永嘉之末，复闻正始之音’者矣。至于以节义见，又岂惟一身之不幸而已乎”①。

五月，谭嗣同在湖北武昌，赠其师黄凤岐对联，“曾受双戟单刀，长于葛洪者剑；所谓粗块大脔，奄有陈亮之文。（稚川②仙也，以用兵取通侯；龙川③儒也，以谈兵成进士。吾师黄方舟先生，熊经鸟伸与稚川同，龙容虎眉与龙川同，集二川语以赠，乙未五月受业谭嗣同书于武昌节署）”④。

闰五月初，谭嗣同写信给欧阳中鹄，详细阐述了自己对甲午战争后中国形势的看法，提出了自己的变革主张，并请在浏阳废经课，兼分南台书院膏火，以兴算学、格致。

先是，谭嗣同与当时正肄业两湖书院的唐才常、刘淞芙三人聚议，均主张要破除守旧恶习，应自兴算学始⑤，唐才常上书谭继洵，请在浏阳设立格致书院，先筹二三百两银子，购买书籍及仪器，以供士人观摩。先以算学为开端，然后及于舆地、兵法、制器诸学。由于经费难筹，唐婉请谭继洵捐廉以提倡，其余经费或由每年经课的经费改归，或酌拨南台书院膏火的一半。谭继洵赞成此事，但有顾虑，希望能够有一个得力的董事主持其事，不使其事受到阻挠而中止。唐才常于闰五月初十致函欧阳中鹄，请其主持浏阳兴算事。⑥ 在此之前，唐才常还致书南台书院首事邹明沅，请开算学馆，认为“邑中宜购洋枪，开算学馆，为当今切要

---

① 谭嗣同：《致刘淞芙》六，载《谭嗣同全集》，第483页。

② 稚川为晋人葛洪，为道教中的著名人物。

③ 龙川为宋人陈亮，号龙川先生。

④ 谭嗣同：《赠黄凤岐（方舟）师联》，载《谭嗣同全集》，第549页。

⑤ 唐才常在给其弟唐才质的信中，称述算学的作用说：“小可为日用寻常之便益，大可为机器制造之根源，即至水陆各战，尤恃以为测绘驾驶放炮准头诸法。中国之所以事事见侮外洋者，正坐全不讲求之故。”（载《唐才常集》，第243页）此种见解，应为谭、唐的共识。

⑥ 参见唐才常《上欧阳中鹄书》，载《唐才常集》，第229页。

之图”[1]。但无人出面主持此事。[2] 于是谭嗣同写信给欧阳中鹄，请求帮助。

在信中，谭嗣同详细阐述自己对时局的看法，以及变法的具体措施。

第一，他对《马关条约》导致中国利权丧失的后果表达了极度的不满，认为通商条款，将兵权利权商务税务一网打尽，赔款则使中国穷困不堪。[3]

> 睹和议条款，竟忍以四百兆人民之身家性命，一举而弃之。……割地一层，犹是祸之浅者。和约中通商各条，将兵权利权商务税务一网打尽，随地可造机器，可制土货。又将火轮舟车开矿制造等利一网打尽，将来占尽小民生计，并小民之一衣一食皆当仰之以给，自古取人之国，无此酷毒者！况又令出二万万两之巨款，中国几曾有此财力！……中国之生死命脉，惟恐不尽授之于人。非惟国也，将合含生之类无一家一人不亡。[4]

为解决危机，他认为西迁之请不失为一个曲突徙薪的办法，但受到阻挠。七督抚请求俄、德、法居间，暂缓换约，但被李鸿章破坏。

第二，他认为打仗必须有基础，如果不顾实际情形孟浪求战，战败后又一味求和，则罪恶深重。

> 战必有所以，曹刿犹能言之，今则民从耶？神福耶？忠之属耶？去年主战之翁同龢辈，不揆所以可战之人心风俗与能战之饷与械，又不筹战胜何以善后，战败何以结局，瞢然侥幸于一胜。偶有一二深识之士出而阻之，即嗤为怯懦，甚则诋为汉奸。……于是赤手空拳，坐以待毙。向之主战者，乃始目瞠舌挢，神丧胆落，不敢出一语，偶蒙顾问，惟顿首流涕，君臣相持号哭而已，而和之势遂不至

---

① 见唐才常光绪二十一年四月初九日致唐才中书，唐才常致邹明沅书当写于四月。

② 参见谭嗣同《浏阳兴算记》，载《谭嗣同全集》，第174页。

③ 欧阳中鹄在《与谭生嗣同》中说：“淞芙又言吾弟比来忧愤万状，至欲披发为缁流，毋乃已甚。”

④ 谭嗣同：《兴算学议》，载《谭嗣同全集》，第153—154页。

摇尾乞怜哀鸣缓死不止，余以为孟浪主战之臣，以人家国为侥幸，事败则置之不理，而逍遥事外，其罪尤加全权一等矣。①

第三，谭嗣同认为要变法，改变科举制度是关键。要改变考试内容，将学校和科举相结合，由学校来培养专门人才，并从学校中选拔人才。

议变法必先从士始，从士始则必先变科举，使人人自占一门，争自奋于实学，然后人才不可胜用，人才多而天下始有可为矣，舍此更无出身之路，斯浮议亦不攻自破。故变法者非他，务使人克尽其职，不为坐食之游民而已。考理学、文学者使官礼部，考算学、理财者使官户部，考兵学者使官兵部，考律学者使官刑部，考机器者使掌机局，考测量者使绘舆图，考轮船者使航江海，考枪炮者使备战守，考公法者使充使臣，考医学者使为医官，考农桑者使为农官，考商务者使为通商之官。……必变科举而后可造就人才，而后可变一切之法矣。此间拟上变法之奏，尚未决定，若不变科举，直不如不变。

第四，为筹集变法经费，谋求变法环境，他主张将新疆、西藏以及满洲、蒙古沿边的土地卖给英、俄，赔偿对日赔款。以低廉的地价，求得英、俄保护，并可借此筹集变法资金。

试为今之时势筹之，已割之地不必论矣，益当尽卖新疆于俄罗斯，尽卖西藏于英吉利，以偿清二万万之欠款。以二境方数万里之大，我之力终不能守，徒为我之累赘，而卖之则不止值二万万，仍可多取值以为变法之用，兼请英、俄保护中国十年。凡所谓保护只求其出一保护之空言，且须有十年之限制，若派兵如舟山、如天津却断不可……费如不足，则满洲、蒙古缘边之地亦皆可卖，统计所卖之地之值，当近十万万。盖新疆一省之地不下二万万方里，以至贱之价，每方里亦当卖银五两，是新疆已应得十万万，而吾情愿少

① 谭嗣同：《兴算学议》，载《谭嗣同全集》，第157—158页。

得价者，以为十年保护之资也。

第五，谭嗣同设想的改革方针就是广兴学校、大开议院、练海军、兴商务，等到国力强盛后逐渐废除不平等条约。

> 广兴学校，无一乡一村不有学校；大开议院，有一官一邑即有议院，募新加坡及新旧金山之华民以练海军，无事则令运载货物往远洋贸易，既可获利，又得熟习航海……商务则立商部集商会，通力合作以收回利权，陆军则召募与抽丁，要须并举……如此十年，少可以自立矣。既足自立，则无须保护而人自不敢轻视。每逢换约之年，渐改订约章中之大有损者，援万国公法止许海口及边地通商，不得阑入腹地。①

如果外国不同意中国废除任外人进入中国腹地的条款，中国在外国通商的兵轮亦应进入其腹地；如果不同意加重洋货进口之税，则我国运往他国的商品，应该按照我国所征进口税交纳。另外，援照日本的办法，禁止传播天主教、耶稣教，不准贩卖鸦片。如果列强不同意，则自创一教，到外国传播，“纵横骚扰，令主客不相安，一被焚打，即援中国赔教堂之例请赔”。中国自种鸦片烟运往外国销售，外国禁止，我亦禁止，如果让我国开禁，我也让他国开禁。经过努力，只要有一国同意改订约章，则其他国家均可改订条约了。

第六，他建议：先在浏阳设立算学馆，召集聪颖子弟肄业其中，研习各种学问，尤其是算学、西学。“尤要者，除购读译出诸西书外，宜广阅各种新闻纸。如《申报》《沪报》《汉报》《万国公报》等公置数分。凡谕旨、告示、奏疏与各省时事、外国政事与论说之可见施行者，与中外之民情嗜好，均令生徒分类摘抄。……严立课程，循名责实，每人止占一门，而皆从算学入手。每日工课，尽可从多，不使暇逸。七日一休

① 谭嗣同：《兴算学议》，载《谭嗣同全集》，第158—163页。

沐，以节其劳，而畅其机。”至于具体办法，他建议以经课之费先设算学馆。①

欧阳中鹄接到谭嗣同此信后，最初犹豫未敢照办，后于七月七日与涂启先商议，均表赞成，邹明沅也力筹经费，每年可得六百千钱，谭嗣同拟定章程一通，寄给欧阳中鹄。欧阳中鹄为赢得邑人对设立算学馆的支持，删除谭嗣同来信中言辞激烈的内容，约占全信的十分之二，并加批注于眉端，书写跋语②，将来信以《兴算学议》为名刊印。他将“兴算学议”刻本寄给王铁珊，并托他转寄刘人熙，特意叮咛不可让京中大官看，因为“书中诋斥当道过甚，未便触其忌讳”③。

闰五月，谭嗣同致书贝允昕，针对贝的观点，提出了自己的维新主张。

第一，谭嗣同从道器关系阐述了变法的必要性。他认为道离不开器，道并非空言，必须有所附着才能够显现。他引用王夫之的道器观解释无其器则无其道，“洪荒无揖让之道，唐、虞无吊伐之道，汉、唐无今日之道，则今日无他年之道多矣。未有弓矢而无射道，未有车马而无御道，未有牢、醴、璧、币、钟、磬、管、弦而无礼乐之道，则未有子而无父道，未有弟而无兄道，道之可有而且无者多矣。故无其器则无其道”，但学者不认真思考，误解了道器关系，“自学者不审，误以道为体，道始迷离惝恍，若一幻物，虚悬于空漠无朕之际”。

第二，他指出道非圣人所独有，尤非中国所私有。自从中西交往后，发现无论是饮食衣服，还是法度政令，西方无一不备，对其是否存在伦常，儒者则表示怀疑。谭嗣同指出伦常是维系社会关系的重要基础，虽然在具体细节上与中国不同，但西方是存在伦常的。“夫伦常者，天道之所以生生，人道之所以存存，上下四旁亲疏远迩之所以相维相系，俾不至瓦解而土崩。无一息之或离，无一人之不然，其有节文之小异，或立

---

① 参见谭嗣同《兴算学议》，载《谭嗣同全集》，第166页。谭嗣同在《浏阳兴算记》中的表述，与此不同，他说自己建议“请废经课，兼分南台书院膏火兴算学、格致”。

② 湖南省志学术志编辑小组辑：《“瓣姜文稿”和“蔚庐日记”中关于浏阳兴算的资料》，《湖南历史资料》1959年第3辑。

③ 欧阳中鹄：《复王铁珊舍人》，湖南省志学术志编辑小组辑：《“瓣姜文稿”和“蔚庐日记”中关于浏阳兴算的资料》，《湖南历史资料》1959年第3辑。

法之相去甚远，要皆不妨各因其风俗，使捷于知而便于行，未有一举伦常而无之者。”

第三，他具体论述了西方的人伦关系，认为其不尚虚文，能够使家庭之间不即不离，和睦相处。在具体礼仪上，中西是相通的，“彼之免冠，吾之半跪也；彼之握手，吾之长揖也；彼之画数，吾之顶戴也；彼之宝星，吾之翎枝也。”他指出西方是存在伦常的，如果没有伦常，则不相爱，不相育，彼此争夺，“安能举国一心，孜孜图治，一旦远出中国上，如今日乎?”

第四，他认为变法即所以复古。他指出当时所谓儒术并非真儒术，变法就是要恢复真儒术。“夫法之当变，非谓变古法，直变去今之以非为是。以伪乱真之法，蕲渐复于古耳。”他认为如果周公之法尚在，中国就不会存在如此多的灾难，“周公之法而在也，谁敢正目视中国，而蒙此普天之羞辱，至率九州含生之类以殉之也哉!”周公之法，在秦时已经荡然无存。今日所用，不但非儒术，而且简直就是积乱二千余年的暴秦之法。如果要变革，“势不得不酌取西法，以补吾中国古法之亡”，即使西法与我国古法不相类，也远胜于暴秦之弊法，况且西法博大精深，周密微至，“按之《周礼》，往往而合”。如果认为西法皆源于中国，则中国应尽快变革，以收回我们固有的权利。“中国尤亟宜效法之，以收回吾所固有而复于古矣”，他认为变法图治，“正所以不忍尽弃圣人之道，思以卫而存之也。”

第五，针对贝允昕所指出的数十年的洋务活动绝无成效，反而将天下人才驱入顽钝贪诈的观点，谭嗣同指出中国数十年来何尝讲过洋务?贝所谓的洋务，即轮船、电线、火车、枪炮、水雷、织布、炼铁诸机器，这些均是洋务的枝叶，而非根本，其根本在法度政令，“执枝叶而责根本之成效，何为不绝无哉?”况且即使枝叶，也未能讲求。枪炮不能晓测量，对于相关信息一概不知，临战则招募乡农，让其使用读书人尚不了解的器械，与精通这些知识的日本士兵接战，胜负之数早已前定。至于轮船，自己不能驾驭，只好雇用外国人，其他人则对此一无所知，各省机器局的总办，不是通过科举而来，便是捐纳或荐举而来，对于算学制造了不省悟。虽然设置了格致学堂、武备水师诸学堂，但肄业人数少，每月应课，敷衍塞责，加上没有登进之途，使其免于夤缘干禄，致使造就人才不多。

第六，谭嗣同指出中国有亡国之士，有亡国之民。士人溺于考据辞章，矜夸自满，以议论为经济，以意气为志节，嫉妒讨论实学挽救危局者，认为其为异端邪说，一旦国家有事，则拱手瞠目，无所作为。亡国之民则是毁教堂、打洋人，阻矿务，阻电线。①

第七，他提出变衣冠为洋务根本之一端，并对改变科举制度提出了自己的看法。他认为变衣冠可以“神其鼓舞之妙用，而昭其大信。一新士民观听，俾晓然共喻于法之决于一变，渐摩濡染，久久自将合为同心同德，以舍旧而新是图，进变他法，始自易于听从，乐于效用，民志于以定，谤议于以平也”。

他认为如果数十年前即改变科举制度，依于实事，则人才在位，国力强盛。李鸿章早在二十年前已经奏请以科举变西学，但没有力争，致使此事不成，“独怪其变科举之言既不用，何不以去就争之？争之不得，即奉身而退，不任己两全矣乎！”他认为“变科举，诚为旋乾斡坤转移风会之大权，而根本之尤要者也”。他还对改变科举制度提出了自己的看法，即依于实事，学校科举合一。变学校变科举，进而变官制，是维新的关键，“惟变学校变科举，因之以变官制，下以实献，上以实求，使贤才登庸而在位之人心以正。且由此进变养民卫民教民一切根本之法，而天下之人心亦以正。根本既立，枝叶乃得附之”。

第八，谭嗣同提出变法的具体主张，首先卖地给英俄，偿还对日本的赔款，同时求英俄保护，为变法赢得外部环境的保障。对于和约中“遍地通商，免税免厘，兴创机局，制造土货”的条款，他认为为害甚大，但无法抵制。他认为和约造成的后果是“直合四百兆人民身家性命而亡之，此约不毁，圣人无能为矣”，如何毁弃和约？他设想将内外蒙古、新疆、西藏、青海等地，分别卖给英、俄两国，每方里五十两，二千万方里得价十万万，除了赔款外，所余可供变法之用。我们情愿少取

---

①　谭在《上欧阳中鹄》中，也对亡国之士和亡国之民进行了界定，他说：“鹜空谈而无实济，而又坚持一不变法之说，以议论为经济，以虚骄为气节，及责以艰巨，又未尝不循循然去之，此亡国之士也。烧教堂，打洋人，明知无益，而快于一逞。于是惑风水而阻开矿、毁电线。”（载《谭嗣同全集》，第156页）

价格，央求英国、俄国居间迫使日本废除遍地通商的条款，只要答应废除此条，即使增加赔款亦可以。我们还可以减少土地的价格，请归英、俄保护十年。至于保护之说，只是让其出一空头保证，使我们可以借机吓唬他国，使之不干扰变法活动。购买领土，不必用现银，可以用实物相抵，如“铁甲船、快船、碰船、雷艇、水雷、精枪、快炮、商船、火车，造铁路之钢条木板，及应用诸机器”，均可作抵押。其次迁都中原，与天下更始。取消满汉之分，广兴学校，大开议院，慎科举，改官制，设立海军、陆军两部，尽开中国所有之矿，多修铁路，多造浅水轮船。商务则设商部，集商会，立商总，开公司，招民股，兴保险，建官银行。精求工艺制造，以收回利权。

第九，他认为中国有屡去而不能去的弊端，为漕务，为河务。如果兴修铁路，即可解决此弊端。中国有屡兴而不能兴的利源，为铸钱和钞票，可以设立官银行来解决。“随设官银行，视国家入银若干，始出钞若干，止求便民，毫无营利之心。”通过兴利除害，坚持十年，少可自立，则每逢换约之年，修改条约中有损于中国的部分，“援万国公法，止许海口及边口通商，不得阑入腹地”。援照各国之例，加重洋货进口之税。

第十，谭嗣同还反驳了贝允昕所说“中国挟煤铁二宗即足制外洋之死命”和“倭未尝蓄内犯之志”。

最后，他总结出四条具体的变法措施。第一为筹变法之费。除了卖地以供国家大用外，毁天下不在祀典之列的寺观庙宇，严格限制在祀典之列的寺观庙宇的花销，以供议院学堂乡塾的开销。第二为利变法之用。利用电力、海潮以供机器之用。“就沿海潮头极大之地，遍立极大之机厂，以取受其力。距海远者，则用电线传力之法，而力无不达。”第三为严变法之卫。利用气学电学制造武器，专设一学，孜孜制造，力争超过西方。第四为求变法之才。变学校变科举，是求才之举，但在创办之始，需要有人担负责任，莫如责成各府州县之绅首，如能倡议废除寺观，或集股开矿，或置办机器，即加以重用，令入议院充议员，并由官府资助、保护，以完成其事业。[①]

六月二十六日（8月16日），谭嗣同致函欧阳中鹄，建议欧阳与唐才

---

① 参见谭嗣同《报贝元徵》，载《谭嗣同全集》，第196—230页。

常、刘善涵商议算学馆事，并称文廷式倡议在江西开设格致书院。在主张变法的奏折中，“以胡云梅按察一折为最切实”。湖北则以开办铁路自任，正委员四出，踏勘地形，但由于水患，“一片汪洋，苦于无从下手”，即令水退后再修筑，难以防止他日的水患，不独湖北，河南、山东、直隶均存在这种问题，因此他认为“修路尤应以治河及讲求水利为主”，但变法难期有效，因为没有能够变法之人。[①] 他还代拟《浏阳算学官章程》一通，“近四千言，苦心结撰，无所规仿”[②]。从章程来看，岁可筹得经费六百千钱，拟招生徒10人，每人岁奉修金一百千钱。

七月，谭嗣同为兴办算学馆事，归浏阳。先是拟将南台书院改为算学馆的建议，遭到时任湖北宜都县知县浏阳人陈长樞的反对，谭嗣同为此返浏阳，商议此事。

八月，由刘善涵撰文，以罗棠为首，唐才常、刘善涵、涂儒翯等人[③]上书湖南学政江标，请将南台书院改为算学馆，以南台书院的经费，作为算学馆的经费，获准，江标檄令县官妥办，但由于浏阳遭遇大旱，所有书院的公款均用以赈灾，原拟用于设立算学馆的经费无法落实。[④]

△谭嗣同、欧阳中鹄等人，每人捐款五十缗，集资设立浏阳算学社，聘新化晏孝儒为师，社址在浏阳县奎文阁，谭嗣同另外撰写了《算学社章程》一通。[⑤] 刘善涵则成立质学社，延请善化王晓夫为山长。[⑥]

秋，浏阳大旱[⑦]，谭嗣同参与了赈灾事宜。先是欧阳中鹄奉陈宝箴之命负责浏阳赈灾，设立“筹济总局”，任总办[⑧]，谭嗣同因筹办算学馆事

---

① 谭嗣同：《上欧阳中鹄》二，载《谭嗣同全集》，第449—450页。

② 欧阳中鹄：《再书“兴算学议”后》，《湖南历史资料》1959年第3辑，第142页。

③ 谭嗣同未在此呈文上题名。

④ 参见谭嗣同《兴算学议》，载《谭嗣同全集》，第181—183页。

⑤ 参见唐才常《浏阳兴算记》，载《唐才常集》，第159页。

⑥ 据谭嗣同《浏阳兴算记》，当时在县城成立了三个算学社，谭嗣同、刘善涵外所设立的算学社的情况不详。（参见《谭嗣同全集》，第185页）

⑦ 谭嗣同描述当时的灾情：“涉秋不雨……赤贫下户，渐有饿死者，丁壮渐有逃亡者……至冬十月，饥民蜂起求赈，喧哭于县官之堂。西南乡时闻聚众强夺，多者至数千人，事岌岌将乱。”（载《谭嗣同全集》，第378页）

⑧ 陈宝箴在奏折里讲述了浏阳因灾导致地方不安的情形。他说：“浏阳等处，又复有要求护照等事，其中恐有奸宄搆煽，不无可虑，臣一面拨款，遴委干员，会同该县及告假在籍内阁中书欧阳中鹄，联络正绅，妥筹助赈，一面拨勇驰往弹压。”（载《陈宝箴集》上，第65页）

回到浏阳，他成了欧阳中鹄的得力助手，欧阳中鹄曾打算请陈宝箴委谭为“筹济总局”提调。[1] 在赈灾过程中，谭嗣同先后草拟了《办赈条陈十二条》《严禁灾民逃荒告示》《晓谕待振各贫户告示》《拟保护金厂告示》等文件，他还与唐才常合办金矿，与黎少谷筹划利用灾民运送南乡煤矿滞销之煤，以工代振。谭嗣同主张“以工代赈”，“令所作之工可持以易钱，还以供赈，流通灌输，无有竭涸，而振之力乃不忧不继，则惟有开矿足以当之，因共唐君绂丞，办西乡之金矿”[2]。开设煤矿，招民采运，“南乡煤矿前既开采，年饥煤不售罢工，待食者以万计，瓣姜师遂请款屯煤，招民采运，一使少谷主之，矿大开，全活无算，而所屯之煤，亦并得善价”[3]。谭嗣同还想办法解决钱荒问题，以解决赈灾过程中的货币流通。他在湖北为浏阳赈灾劝捐、筹款、购粮。“嗣同急思揽生意归浏阳，拟径将实收三十分，作一成五开捐，并交正则办理，正则谓鄂捐一成五犹劝不动，惟转寄上海可求速售，嗣同屡禀家严请照办，家严终以未经贵局核减成数，未便擅减……借款二万已筹得，即当寄回，杂粮不但极昂贵，过二十石即无可买……时局如此，嗣同采购杂粮又属梦呓，况岳州阻米，鄂人归谤于家严，决不肯再运粮石回湘。且欲徇鄂人咨移开禁之请。”[4]

十月二十三日（12 月 9 日），谭嗣同致信刘善涵，准备在次日（12 月 10 日）到英国传教士马尚德处议事。

> 接来示，诵悉。马医士言：准明日下午七点钟可与罗教士会晤。届时可先至马处，如马出行医，可径往博文书院或隔壁之福音堂，在何处即于何处晤谈，惟福音堂是其寓处，可先往也。[5]

十一月上旬，为使算学馆的设立能够落到实处，谭嗣同以刘善涵等

---

① 相关内容见欧阳中鹄的《上陈中丞》，该信收入湖南社会科学院所藏《瓣姜函稿》，邓潭洲在《关于谭嗣同生平事迹的几个问题》一文中曾提到该信的部分内容。

② 谭嗣同：《黎少谷〈浏阳土产表〉叙》，载《谭嗣同全集》，第 383 页。

③ 同上书，第 385 页。

④ 谭嗣同：《上欧阳中鹄》七，载《谭嗣同全集》，第 454 页。

⑤ 谭嗣同：《致刘淞芙》四，载《谭嗣同全集》，第 481 页。

人的名义，撰写呈文及算学馆章程，上书湖南巡抚陈宝箴[①]、湖南学政江标，请将南台书院全部经费，均移作算学馆用，未果。[②]

十二月三日（1896年1月17日），谭嗣同致信欧阳中鹄，称自己不愿随王之春出使俄国。先是清廷于十一月十三日（12月28日），命湖北布政使王之春为专使往贺俄皇加冕，王之春奏调谭嗣同随行。谭嗣同蔑视王之春的为人，不愿随王前往，他想通过老师欧阳中鹄寻求解免之法。[③] 欧阳亲自致书谭继洵，以赈灾需人，请其收回成命。他说："局务烦难，肆应支拙，民命攸关，稍纵即逝，欲派复生为提调，收得人之助。顷闻王芍棠方伯奏充使俄参赞，欲即招归，果尔则断我右臂，而中鹄愈成孤子，且煤金两事，皆其所发端，为新任县君及在事所嘱望，一去便无主持，世间求此才不易得，何况一县，（如尚未出奏）万望垂念乡闾，许留相辅，不胜迫切待命之至。"[④]

十二月十七日（1月31日），谭嗣同离开长沙，前往武昌。[⑤] 二十三日（2月6日），到达武昌。[⑥]

是月，谭嗣同与英国驻汉口领事贾礼士商议成立强学会湖南分会，未果。清廷封禁强学会，激发了谭嗣同的不满，谭嗣同虽未参加强学会，因为无人邀请，他自己也不愿参加[⑦]，但他对封禁强学会事深感不平，他认为清廷封禁强学会，是为了防止汉人强盛。[⑧]

谭嗣同与英国驻汉口领事贾礼士面议两次，准备推贾礼士为湖南强学分会会首，订立密约，成立强学会湖南分会。

拟暂将孔子搁起，略假耶稣为名，推英国驻汉领事贾礼士充会

---

① 陈宝箴于光绪二十一年八月由直隶按察使升任湖南巡抚。

② 参见湖南省志学术志编辑小组辑《"瓣姜文稿"和"蔚庐日记"中关于浏阳兴算的资料》，《湖南历史资料》1959年第3辑，第153—154页。

③ 参见谭嗣同《上欧阳中鹄》五，载《谭嗣同全集》，第452页。

④ 欧阳中鹄：《致谭中丞》，载《瓣姜未刊函稿》抄本第三册，转引自贾维《谭嗣同与晚清士人交往研究》，第165页。

⑤ 参见谭嗣同《上欧阳中鹄》六，载《谭嗣同全集》，第453页。

⑥ 参见谭嗣同《上欧阳中鹄》七，载《谭嗣同全集》，第453页。

⑦ 同上书，第455页。

⑧ 参见谭嗣同《致刘淞芙》七，载《谭嗣同全集》，第484页。

首，结为湖南强学分会，已与贾领事面议二次，惟订立密约极费推敲，既欲假耶稣之名，复欲行孔子之实，图目前之庇护，杜日后之隐忧！不图西人丝毫之利，亦不授西人以丝毫之权，语语蹈虚，字字从活，须明正方能定妥。此约一定，学会随意可兴，谁敢正目视者？并移书总会请其仿照办理，则所谓严禁者不值一嗤矣。[1]

按：梁启超称谭嗣同为响应强学会，曾于光绪二十一年北上京师，拟拜谒康有为，未遇，但他从梁启超处了解了康的学说，自称私淑弟子，学问有了改变。[2] 此说时间不确，首先谭嗣同在本年曾经为浏阳兴算事，在八月十五前归浏阳。同年十月，浏阳发生了自然灾害，谭嗣同参与了赈灾事宜[3]，《谭嗣同全集》还收有谭嗣同为赈灾的具体事宜，给欧阳中鹄所写的信多通，分别为十一月十八日（1896年1月2日）、十一月二十日（1月4日）、十二月初三日（1月17日）、十二月十七日（1月31日）以及乙未除夕所写，均在讨论赈灾的具体事宜，十一月二十日信中说："昨闻绅士请官出示晓谕"，十二月初三的信中说："方寸已乱，且痛且愤，明日面陈一切"，均可证明谭嗣同十一二月间在浏阳，而不是至年底才从北京返回。谭嗣同当是在1896年赴京，并认识梁启超，从梁处他了解到康有为的学说。

冬，康有为从上海托刘善涵送给谭嗣同自己所著《长兴学记》。[4]

是年，谭嗣同代江苏学政龙湛霖侍郎草折，指出"广育人才，为变法之本"，"变通科举，为育才之本"，主张在岁科两试中，兼考西学，建议"自光绪二十二年始，凡遇岁、科、优拔等试，除考制艺外，均兼考西学一门……必须果真精通一门，始得考取。不兼西学，虽制艺极工，概置不录"。他将西学分为多种门类，虽然粗疏，但反映出他当时对西学的认识。"以算学、重学、天文、测量为一门，外国史事及舆地为一门，万国公法及各国法律、政事、税则等为一门，海、陆兵学为一门，化学

---

① 谭嗣同：《上欧阳中鹄》七，载《谭嗣同全集》，第455页。
② 参见梁启超《戊戌政变记·谭嗣同传》，载《饮冰室合集》专集之一，第106页。
③ 参见谭嗣同《黎少谷浏阳土产表叙》，载《谭嗣同全集》，第378页。
④ 参见谭嗣同《壮飞楼治事十篇》第十湘粤，载《谭嗣同全集》，第445页。

为一门，电学为一门，船学为一门，汽机学为一门，农学为一门，矿学为一门，工、商学为一门，医学为一门，水、气、声、光等学为一门，各国语言文字为一门。”他不主张骤废制艺，认为考试内容如果不落到实处，有裨实用，仅变革形式是无用的。“一旦骤废制艺，又将易何法以试士？而法久弊生，其陈腐亦无以异于制艺。反复研究，因悟人才之衰，非尽制艺之过也。制艺之外，一无所长也。此后科举，即仍考制艺，宜令各兼习西学一门，以裨实用。实用苟具，制艺亦必迥不犹人，而世何容其诟病？”①

光绪二十二年（1896年） 丙申 三十二岁

正月，谭嗣同写信给刘善涵，消除二人在是否随王使俄一事上的误会。“昨奉去腊廿四日惠书，祇领一切。见爱之切，为谋之忠，及睠怀世变思有以振救之，而又虑鄙人或拘于凡近，遂荒远图……但此中形势，足下容有未悉，必面语乃得罄。今好在王公已经回任不去，朝命另简合肥傅相使俄，别有一干人同去。嗣同参随之属，自然一齐罢休，前此之是非可不论矣”，并建议将《湘报》设在湖南省②，作《刘淞芙〈湘报馆章程〉跋》。③

二月，湖南设立矿务总局，谭嗣同致书陈宝箴，恳其成立浏阳矿务分局，以欧阳中鹄主其事。

> 义宁公（指陈宝箴）锐意办矿，千载一时。才常恐复生既去，以五金坌溢之浏阳，不获与他处并举，故缕将浏阳产矿情形及著名矿井数处，与之熟商，并详陈浏阳办矿有八便，恳其转禀义宁，于浏城设立矿务分局，即以吾师主其事，皆蒙慨然允许，谨将沅帆（即邹代钧）复语呈鉴。④

春，谭嗣同为候补浙江事，作诗寄欧阳中鹄，诗中有“莫嫌南宋小

① 谭嗣同：《乙未代龙芝生侍郎奏请变通科举先从岁科试起折》，载《谭嗣同全集》，第238页。

② 参见谭嗣同《致刘淞芙》十一，载《谭嗣同全集》，第488页。

③ 参见谭嗣同《刘淞芙〈湘报馆章程〉跋》，载《谭嗣同全集》，第239页。

④ 唐才常：《上欧阳中鹄书》五，载《唐才常集》，第233页。

京都，勾践、钱镠有霸图”①，表明谭嗣同想在浙江有所作为。先是其父谭继洵害怕谭嗣同在武昌多参与外事，引起不良影响，为他捐一候补知府，原拟分发浙江省，后改派江苏省。②

二月初，谭嗣同送侄谭传赞入京考荫③，他本人也到北京去办理候补知府分发浙江的手续，赴京觐见。④ 他准备借此行多访名人，扩展视野。“旋因舍侄传赞二月入都考荫，江海孤行，放心不下……令嗣同伴送，此自应去者也”，“去年底到鄂，意中忽忽如有所失；旋当北去，转复悲凉，然念天下可悲者大矣，此行何足论？且安知不为益乎？遂发一宏愿，愿遍见世间硕德多闻之士，虚心受教，挹取彼以自鉴观，又愿多见多闻世间种种异人异事异物，以自鉴观”⑤。

谭嗣同入京的另一个原因是他在湖北遭受到流言攻击，甚至有人准备在北京奏参他。“嗣同之遭谣言，旋起旋止，已数年矣，去冬尤甚，至不堪入耳，张次珊御史已将贱名登诸白简，恰李正则在京闻知，托人说转，疏稽未即上，然都中流传颇广。近又有某御史已参，交德中丞查办之说，事或不确，然无味甚矣。”

此次受谣言攻击，可能是由于通过英国驻汉口领事调查清楚了李玉成假冒武大员行骗一事，得罪了一些贪污舞弊的官员。他在信中详细讲述了此事的经过，“有李玉成者，假冒武大员，扯署中旗号，任意撞骗，詹知事为骗去现银一千两，票银一千两，事既不验，不肯照票兑银，李遂交于比利时国人之手，由德国驻汉领事备文索讨。幸嗣同与英国领事习，极力从中排解，得以无事。并代将起事根由详细查出，立将李玉成一干人证拿获，交县讯办，登时水落石出，当不致有他变。然此案破又扯出数案，或卖缺，或卖厘差，或卖营哨弁，究之不胜究，株连又太多……家严深罪嗣同不才所召，即令引见到省，久有此意，至今始决耳。

① 谭嗣同：《丙申之春缘事以知府引见候补浙江寄别瓣姜师兼简同志诸子诗》，载《谭嗣同全集》，第240页，梁启超对这组诗评价说：“篇中语语有寄托，而其词瑰玮连犿，断非寻常所能索解。”（载《饮冰室诗话》，第48页）谭训聪在所撰年谱中曾对此诗加以解释。

② 参见谭训聪《清谭复生先生嗣同年谱》，第19页。

③ 参见谭嗣同《上欧阳中鹄》九，载《谭嗣同全集》，第457页。

④ 秦国经主编《中国第一历史档案馆藏清代官员履历档案全编》第五册收有两件谭嗣同履历，可能是礼部引见谭嗣同觐见前对他的情况介绍。两份履历都提到谭嗣同当年三十二岁。

⑤ 谭嗣同：《上欧阳中鹄》十，载《谭嗣同全集》，第458页。

免致贻累全局”①。

二月二十四日（4月6日），谭嗣同在格致书院与宋恕相识。②

二月，途经上海期间，谭嗣同到格致书室拜访了傅兰雅③，与傅兰雅探讨了自然科学知识和宗教教理。他说：“傅兰雅精于格致者也，近于格致，亦少有微词，以其不能直见心之本原也。”④ 他还与傅兰雅商量了浏阳锑矿的销售问题，谭答应写信给唐才常等人，让他们到上海与傅兰雅签订销售锑矿的合同。在《傅兰雅档案》里有傅兰雅为锑矿销售事所写的书信，他期待谭嗣同从北京回到上海，商议此事。1896年4月25日傅兰雅致艾力斯上尉，提到与谭嗣同会面，并商议购买锑矿的价格，5月27日傅兰雅再次给艾力斯上尉写信，称能够推动此事的谭嗣同尚未从北京回来，此事尚无进展。傅兰雅的儿子6月20日复信给艾力斯上尉，称“到现在还没有关于锑矿的进一步消息。那位叫我们相信可以达成某种协议的谭先生，还没有从北京回来。他一日不来，我就看不出我们在这里可以有些什么作为”⑤。

按：谭嗣同与傅兰雅商议后，立即写信给唐才常等人，让他们到上海与傅兰雅商议锑矿销售的具体事宜，但负责湖南矿务的邹代钧认为价格太低，不准备与傅兰雅订立销售锑矿的合同，“前谭复生与傅兰雅言之，傅允每年包销八千墩，每墩给价四十元。钧等嫌价太少，未与订合同也”⑥。谭嗣同此举还被误认为与傅兰雅私立合同。“安得马尼矿（即锑矿）已经少穀批定开挖，淞芙想当函陈，但恐相左。中丞独重此矿，

① 谭嗣同：《上欧阳中鹄》九，载《谭嗣同全集》，第457页。

② 参见胡珠生编《宋恕集》，第936页。

③ 谭嗣同与傅兰雅首次相见时间，一般认为是1893年夏天，谭嗣同从湖北出发，前往北京，路经上海时，见到了傅兰雅。此种说法目前尚无确证。首先在谭嗣同这一时期的诗文中，只字未提此行曾见到傅兰雅，另外，据翻阅过《傅兰雅档案》的邝兆江所言，也未发现有关谭与傅兰雅1893年相见的记载。他指出：“1893年初次会面的说法，似乎有待发现可靠的原始史料，然后才可以考实确立。”（邝兆江：《谭嗣同和傅兰雅的一次会见》，《近代史研究》1994年第6期）

④ 谭嗣同：《上欧阳中鹄》十，载《谭嗣同全集》，第460页。

⑤ 上述三封信藏于美国加州大学伯克莱分校宾哥罗夫图书馆（Bancroft library），加拿大人邝兆江在《谭嗣同和傅兰雅的一次会见》一文中将这三封信翻译为中文。（参见《近代史研究》1994年第6期，第195—199页）

⑥ 邹代钧：《致汪康年》，载《汪康年师友书札》第三册，第2649页。

必欲归官，后乃许官四商六合办。初谓吾弟与傅兰雅立合同，甚骇怪，后知为考校，意乃释。”①

三月，谭嗣同到北京②，在京期间，谭嗣同结识了吴樵③，并通过吴樵认识了梁启超，和夏曾佑、吴嘉瑞等有所交往。梁启超称谭嗣同“才识明达，魄力绝伦，所见未有其比，惜佞西学太甚，伯理玺之选也。因铁樵相称来拜，公子之中，此为最矣”④。

在京期间，谭嗣同为探究在理教的秘诀，了解其真实情况，加入了在理教，阅读了其书籍。“此次在京，极力考求在理教，宛转觅得其书，乃剌取佛教、回教、耶稣教之浅者而为之。然别有口传秘诀，誓不与外人说，仍无由求之，不得已至拜一师，始得其传，则亦道家练气口诀而已，非有他不善也。赖有灵魂、轮回、果报之说，愚夫妇辄易听从。又严断烟酒，亦能为穷民省却许多闲钱。”⑤ 谭嗣同在《仁学》里详细讲述了在理教的情况。“天津有在理教者，最新而又最小。其书浮浅，了无精义，乃剌取佛教、耶教、回教之粗者而为之；然别有秘传，誓不为外人道。吾尝入其教以求之，盖攘佛教唵、嘛、呢、叭、咪、吽六字，借为服气口诀而已，非有他奥巧也。然且从其教者，几遍直隶。非其教主力能尔也，赖有果报轮回诸说，愚夫愚妇，辄易信从；又严断烟酒，亦能隐为穷民节不急之费。”⑥

四月十八日（5月30日），谭嗣同经吏部带领，觐见光绪帝，奉旨照例发往江苏。“十九年捐戴花翎，二十年报捐免补同知本班离任，以知府仍留浙江，归候补班前补用。二十一年经出使俄国大臣湖北布政使王之春奏调随使俄国，奉旨著照所请。二十二年奉旨改派出使大臣，仍赴部

---

① 欧阳中鹄：《致谭嗣同》，载《谭嗣同书简》，第123页。

② 谭嗣同的现存书信里没有提到他此次到京的确切时间，从上引傅兰雅的书信来看，谭嗣同在三月十三日（4月25日）前已经离开上海，据此推断，他到达北京的时间当在三月。

③ 吴樵在三月十三日致汪康年的信中说：“谭复卿精锐能任事，……不可多得之员，初不意此君能如是也，于新学亦极能见到，吾辈又多一徒党矣。湘中人士勇挚，真不可及也。”（《汪康年师友书札》，第486页）

④ 叶德辉编《觉迷要录》卷四第18页，称此信来自“粤督谭钟麟从康有为家查钞得之，原书咨送军机处”。

⑤ 谭嗣同：《上欧阳中鹄》十，载《谭嗣同全集》，第467页。

⑥ 谭嗣同：《仁学》四十，载《谭嗣同全集》，第354页。

呈请到省，因浙江停止分发，改指江苏，是年四月十八日引见，奉旨照例发往。”①

四月二十三日，（6月4日），谭嗣同拜谒翁同龢。翁在日记中称：“谭嗣同，号复生，行三，卅二岁，敬甫同年子，江苏〔知〕府，通洋务，高视阔步，世家子弟中桀骜者也。”②

五月，谭嗣同在京致函刘善涵，关注浏阳的矿务发展和算学社，“湘矿极佳，曾于唐绂丞书中备闻情状，深为浏民额手称庆，并安的摩尼矿，均赖阁下与诸君子独任其难而已，算社则尤盼阁下始终坚持之”，他感慨自己不能为此出力，“嗣同如九天仙女，堕落尘寰，于天上事，竟无从着力，亦无颜过问矣”。信中还提到强学会之禁而复开，认为“强学会之禁也，实防吾华民之盛强，故从而摧抑之，依然秦愚黔首之故智。而当道诸公又挟一奇才之见，故禁之甚严。现今虽开，却改名官书局，不过敷衍了事，羊存礼亡矣”。对于时局，他深感失望，不但掩饰忌讳更甚，而且京官三品以上者毫无人才。“时局较之未乱前，其苟且涂饰尤为加甚，岂复有一毫可望者哉？京官在下位者，人才极多，游士中亦不乏人，三品以上，则诚无人矣。”③

六月十八日（7月28日），谭嗣同出京。④

六月二十九日（8月8日），到南京做候补官。在南京做候补官期间，对官场的黑暗和世态的炎凉有了深刻的体会。他称“独候补官，于世间、出世间两无所处。固知官场黑暗，而不意金陵为尤甚。到此半月，日日参谒，虽首府首县，拜之数次，犹不能一望见颜色，又何论上官？及上官赐以一见，仅问一两语，而同寅早已疑之忌之矣。在京与王铁珊约，决不带一纸书以玷辱师门，己方以此自重，而上官即以此见轻，尤奇者，本地知名士，曾往拜之，以求学问中之益，而人闻其候补官也，辄屏之

---

① 秦国经主编：《中国第一历史档案馆藏清代官员履历档案全编》第六册，第480页。

② 翁同龢：《翁文恭公日记》，续修四库全书史部传记类，第574册，上海古籍出版社，第74—75页。又见于陈义杰整理《翁同龢日记》第5册，中华书局1997年版，第2904页。载《谭嗣同全集》第560页，将此事系于四月十三日，误。

③ 谭嗣同：《致刘淞芙》七，载《谭嗣同全集》，第483—484页。

④ 谭嗣同对自己何时到金陵，有两种说法。（1）《北游访学记》中称：“六月十八出京，廿九日到南京”；（2）在《报唐才常书》中，则称“七月朔到金陵，颇孤寂无俚，旋往苏州”。

不见，并不答拜”[①]。“所谓候补官者，流官、流士兼焉者也；甚则流民，流兵杂焉者也。朝廷不问其来去，疆吏或忘其姓名，循例参谒，不知何所为而乌合俯首唯诺？不知何所为而蛙鸣？已无与于民，民亦无所于赖，徒统名之曰：官尔官尔！又况今日有不谋而合之大宗旨，曰专以挫抑人才为务。他省或得其三，此间必居其七。就令小有驱使，不过奉守程期，以掩饰无过为称职，以云有为，此故难矣。”[②]

六月，谭嗣同途经上海，见到傅兰雅翻译的《治心免病法》一书，读之不觉奇喜，而“悟心源”。后来他所著的《仁学》一书，就受到《治心免病法》的影响。《治心免病法》，英文名称为：*Ideal Suggestion through Mental Photography ：a restorative system for home and private use*，作者为乌特·亨利（Wood Henry），1893 年在波士顿出版，1894 年由傅兰雅译为中文，1896 年由上海格致书室出版，题目为《治心免病法》，中译本有作者为中文版特意写的序，它的主要内容为：此书原意，欲人免病，此外尚有更高大之意，即令人心力长大，剖除各难，启发真心，感动神灵，令大知觉，而显现好善厌恶，爱人如己。总之，则令人心与中所有之天心相显为人主，天人合一而收父子相和之益，为是书大意。[③]

七月二十三日（8 月 31 日），谭嗣同致函欧阳中鹄，报告在北京期间的思想变迁，即“北游访学记”。

在访学前，他发一宏愿，“愿遍见世间硕德多闻之士，虚心受教”，并愿多见多闻世间种种异人异事异物。在上海，他于傅兰雅处见到万年前的化石，算器，以及 X 光片，并了解到西方格致学发展没有止境，在能够了解的道理之后，尚有目前难以解释的理论存在，在西方的政治风俗背后亦有其支撑，“西人之学，殆不止于此。且其政事如此之明且理，人心风俗如此之齐一，其中必有故焉”。他遍访传教士及传教书籍，认真阅读思考，但终无所得，而且疑惑更多，后来得到《治心免病法》一书，才认为了解到事物的本原。

---

① 谭嗣同：《上欧阳中鹄》十，载《谭嗣同全集》，第 468 页。

② 谭嗣同：《报涂儒嵩书》，载《谭嗣同全集》第 273—274 页。

③ 参见［日］坂原弘子《谭嗣同的〈仁学〉与乌特·亨利的〈治心免病法〉》，《中国哲学》第十三辑，人民出版社 1985 年版。

在京期间，谭嗣同始知所愿皆虚，之所以所愿皆虚，是由于所学皆虚，因此领悟到心力的作用，“心之力量虽天地不能比拟，虽天地之大可以由心成之、毁之、改造之，无不如意。即如射不能入石，此一定之理，理者何？即天也。然而至诚所感，可使饮羽，是理为心所致，亦即天为心所致矣，大约人为至奇之物，直不可以常理论”。如果能够了解心之本原，当下即可做出种种神奇之事。谭嗣同领悟到心源后，便“欲以心度一切苦恼众生”，以心挽劫，“不惟发愿救本国，并彼极强盛之西国及夫含生之类，一切皆度之”。后经上海，欲与傅兰雅探讨，适值其回国，但得到傅兰雅所译《治心免病法》一书，读之不觉奇喜，认为该书所谈在美国虽已非甚新，但于儒家的“诚”，理解甚透，如果据此长进不已，至万万年，众生无不可成佛。该书所言的感应理论，皆由格致学推导而来。

在京期间，他见到吴嘉瑞[①]、夏曾佑、吴德潇、吴樵父子等研究佛学者，“与语辄有微契”，与耶稣教中人交谈，也宗旨甚合，因此，他认为五大洲人其心皆如一辄，于是他昼夜精持佛咒，不少间断，发愿三条，“一愿老亲康健，家人平安；二愿师友平安；三知大劫将临，愿众生咸免杀戮死亡”。

他了解的思想，虽然来源不一，但大致可分为三家，即学、政、教。学以格致为真际，政以兴民权为真际，教则总括政与学而精言其理。教之真际，无过五伦，但中国今日君臣一伦，“黑暗否塞，无复人理”，进学之次序，则格致为下学之始基，次及政务，然后方可了解教务的精微。言政，言学，如果不以言教为前提，则无所用处。教中相同的公理有两个，一为慈悲，一为灵魂。以此为基础，对中西宗教和政治等问题进行了分析，许多命题及阐述，成为《仁学》的内容。[②]

在《北游访学记》中，他提到时人的观点，如张巽之说：“如来说法，与达摩面壁，其度一切众生苦厄，功效一也。”吴雁舟说：“西人虽日日研求枪炮，一切杀人之具，而其心却时时顾諟天之明命。”[③]“曾重伯发叹曰：‘仁义之师所以无敌于天下者，恃我之不杀也。故《易》曰：

---

① 吴嘉瑞，近代佛学大师，于禅宗研究颇深。

② 参见谭嗣同《上欧阳中鹄》十，载《谭嗣同全集》，第458—468页。

③ 同上书，第462页。

“神武不杀。”东征之败，亦由日本不妄杀，我军因以无固志耳。’”“今之策富强而不言教化、不兴民权者，吴雁舟所目为助纣辅桀之臣也。”[1]梁启超转述的康有为对佛教世间、出世间的认识，“佛门止有世间、出世间二法。出世间者，当伏处深山，运水搬材，终日止食一粒米，以苦其身，修成善果，再来投胎入世，以普度众生。若不能忍此苦，便当修世间法，五伦五常，无一不要做到极处；不问如何极烦极琐极困苦之事，皆当为之，不使有顷刻安逸。二者之间更无立足之地，有之，即地狱也”[2]。

八月十四日（9月20日），谭嗣同在上海与梁启超、汪康年、宋恕、孙家瑄等人纵谈格致学。“宴复生（即谭嗣同）、卓如（梁启超）、穰卿（汪康年）、燕生（宋恕）诸子于一品香，纵谈近日格致之学，多暗合佛理，人始尊重佛书，而格致遂与佛教并行于世。”[3]

八月十九日（9月25日），谭嗣同与梁启超、汪康年、宋恕、孙宝瑄、吴嘉瑞、胡庸等七人在上海光绘楼合影。七人“或趺坐，或倚坐，或偏袒左臂右膝著地，或踞两足而坐，状类不一”[4]。孙宝瑄在相片后题一偈，曰：“众影本非真，顾镜莫狂走。他年法界人，当日竹林友。”照片洗出后，谭嗣同曾致信汪康年，希望能够通过对底片进行部分遮盖处理，造成类似摩崖佛像的效果，后汪告以技术上达不到。他说：“雁菩萨又带来造像七躯拓本，具种种庄严、种种相，同人咸喜赞叹，说雁是入正定菩萨，嗣同是菩萨旁侍者，抑亦阿那含之亚也，此与嗣同平昔师事雁菩萨之旨正尔微合，前在上海，曾嘱造像之光绘楼造像，若佳，请其将原玻璃片存留，勿遽揩去，以便购回，随时晒印，务恳即为购出。并倩其将雁菩萨与嗣同二躯另晒上一块小磁片，勿添颜色，第将余像暂用纸隔住，则所印止二像矣，亦甚易办耳……异时流落尘寰，后之考据家

---

① 谭嗣同：《上欧阳中鹄》十，载《谭嗣同全集》，第466页。

② 同上书，第468页。

③ 孙宝瑄：《日益斋日记》，载《戊戌变法》第一册，神州国光社1953年版，第539页。上海古籍出版社1983年4月出版的《忘山庐日记》中，收入孙癸巳、甲午、丁酉、戊戌、辛丑、壬寅、癸卯、丙午、丁未、戊申年的日记，未收乙未、丙申年的日记。

④ 孙宝瑄：《日益斋日记》，载《戊戌变法》第一册，神州国光社1953年版，第539页。

将曰此大魏太和几年龙门摩崖碑也，岂不亦狡狯矣哉！”[①]

同日，谭嗣同与宋恕、吴嘉瑞至格致书室买书。

九月十三日，谭嗣同到武昌。

九月二十日（10月26日），谭嗣同致信唐才常，讨论矿务商办、官办的利弊。当时湖南矿务局公布《湖南矿务简明章程》，提出官办、官商合办、官督商办三种办法。“由官督办，不招商股者，曰官办；招商入股者，曰官商合办；由商请办，官不入股者，曰官督商办。官办、官商合办者，由总局委员经理；官督商办者，由商人自行经理，总局惟派员抽税，会同地方官维持矿务。”[②] 在办矿问题上，刘善涵主张商办，唐才常主张官办，二人为此产生意见，谭嗣同为此致信唐才常加以劝解。他认为官办有多种办法，“权与利皆归省局，不惟商民不准过问，即县中应办之一切有益公事，皆不得分其利，县局出力承奉指挥，月酬以薪俸”，这是最不善的办法，他不赞成此种。其余官办的方法则有：“或权归省局，而利与县局分之；或售矿之权归省局，办矿之权归县局，而利两分之；或权归省局，利归县局，或售矿之权归省局，办矿之权与利归县局；或权利皆归县局；或准入商股，商股多寡及商股应得之利，或有限制，或无限制。”如果归官办，则应散利于民，散利于民的方法有六种，即：一、所获之利，除纳税外，举归本县兴办一切有益公事。二、办矿之权归县局。三、售矿之权可由省局发端，终须揽归县局。四、准入商股，以联商民而鼓励矿务。五、商股应立限制，约居十之三，余七或假官款，或另拨筹本县公款，或出息借贷。六、商股应得之利应立限制。他主张以一县之公利办一县之公事，所谓商办，专主散利于民。他指出二人争论的是地球上第一件大政事，并非小事，希望二人能够放弃争执，共襄矿事。[③]

十一月十三日（12月17日），谭嗣同致信汪康年，探听外国人开捐

---

① 谭嗣同：《致汪康年》一，载《谭嗣同全集》，第491页。《汪康年师友书札》中此信识读与此略异，看参看本书第四章。

② 《陈宝箴奏办湖南矿务简明章程》，《湖南历史资料》1958年第4期。

③ 参见谭嗣同《报唐才常书》，载《谭嗣同全集》，第247—251页。

贡监事，准备买捐受外国人保护，同时想代为劝捐。[1]

> 传闻英、俄领事在上海开捐“贡”“监”，捐者可得保护，藉免华官妄辱冤杀，不识确实否？保护到如何地步？价值若干？有办捐章程否？嗣同甚愿自捐，兼为劝捐，此可救人不少……嗣同求去湖北，如鸟兽之求出槛縶；求去中国，如败舟之求出风涛；但有一隙可乘，无所不至。若英、俄之捐可恃，则我辈皆可免被人横诬为会匪而冤杀之矣。伏望详查见复。

在信中，他还提到了吴樵开矿及讲求农学的志向。“吴铁樵仍在此，闻即赴湘，湘矿可办则办，否则鸠合同志，以极贱之值，买洞庭淤壅之洲，讲求农学，然到贵报馆亦其志也。”

他随信寄去《湖北厘金章程》一本，《局卡清册》一本，至于牙厘抽查办法，他考求多年，虽然知道“值千抽一十二，又加杂捐二十，又加赈捐十，共计千抽四十二”，但另外的串子费、补数、补底、茶资等，“均无由考其实数”。他指出这些抽取的税额出入甚大，“盖各局不同，即一局亦各人不同，即一人亦前后不同”。至于“所谓值若干者，何人所定之值，据何时之值而定，种种货如何差别，如何用丈量，如何用权衡，如何计算，虽久办厘局之委员无能知也，一把持于长老司事之手”，因此他认为章程与实相相距颇远，“公思考察天下厘章，嗣同以为止能得官样文章，以备尘牍而已，其所以办法，初不符合。一言以蔽之：曰，强盗中之虎狼。纵公勤勤编辑，为书为表章，与实迹相去甚远，毋乃疑误后学，转无由得其真，不亦可以已乎！质言之，如此黑暗地狱，直无一法一政足备记录，徒滋人愤懑而已！”[2]

---

① 根据《知新报》记载，当时确有捐纳外国贡监的骗局。“冬间上海各地，又盛传俄人有开例贡监进士之说，其价进士一百两，贡生二十两，监生十两，其名曰西伯利亚铁路捐云，捐此者，他日得受保护，闻捐者甚多，其监照则有西文数行，似法文非法文，似英文非英文，盖上海流氓借以射利之作，而甘受其欺者，吾粤亦复纷纷望想。”（载《知新报》第一册，“民之讹言”）

② 谭嗣同：《致汪康年》二，载《谭嗣同全集》，第492—493页。《汪康年师友书札》对此信的识读与全集略异，可参看本书第四章。

十一月，谭嗣同与叶瀚相识。叶在十一月十二日（12月16日）致汪康年的信中说："谭福（复）生已见过，此人乃康、夏之使徒也，天分极高，热力亦足，惜尚性情未定，涵蕴未深。然贵介得此已难，且敬老何人，而生此宁馨，可见体质传于父母之说，亦未尽是。"①

十二月初十日（1897年1月12日），谭嗣同从武昌启行。沿途兵船搁浅，行程迟滞。

十二月十七日（1897年1月19日），谭嗣同到达南京，聘请刘善涵为其侄女传赞的老师，并请刘用新法教书。

本年，在南京期间，谭嗣同与杨仁山结识，请教佛学，并大量阅读佛典。同时谭还受吴嘉瑞的影响。他在《金陵听说法诗》序中说："吴雁舟先生嘉瑞为余学佛第一导师，杨仁山先生文会为第二导师，乃大会于金陵，说甚微妙之义，得未曾有。"②

△谭嗣同还与郑孝胥曾经共同商议女学堂的功课设置和社会问题。他说："女学堂事，略与苏龛商之，学堂功课，嗣同谓自从方言、算学入手之外，惟有医学一门，与女人最相宜，他学则所不能用，苏龛甚以为然。"③ 郑孝胥在日记中说："余谓复生曰：'有政令乃可以保国家，有学有艺乃可以保种类，德之不能灭法者，以法人之有学有艺者多，终不为奴隶故也。今日中国望国家之兴，难矣！毋亦姑从事于学艺，为他日人将奴隶我之庇已乎？"④

光绪二十三年（1897年）　丁酉　三十三岁

正月十八日（1897年2月19日），谭嗣同致书汪康年，称在南京未能筹到创办《民听报》的款项。他认为："居今之世，吾辈力量所能为者，更无能过撰文登报之善。"⑤ 他与张通典、吴樵准备在汉口设立《民听报》报馆，计划用美商招牌，读者范围定为商人，目录分为三宗十目，三宗即名、形、法，十目则分别为：名宗下有纪、志、论说、子注，形宗下分图、表、谱，法宗下分序列、章程、计。他们还撰写了集股章程。

---

① 叶瀚：《致汪康年》，载上海图书馆编《汪康年师友书札》第3册，第2573页。

② 谭嗣同：《金陵听说法诗》，载《谭嗣同全集》，第246页。

③ 谭嗣同：《致汪康年》十，载《谭嗣同全集》，第503页。

④ 中国国家博物馆编，劳祖德整理：《郑孝胥日记》第2册，第594页。

⑤ 谭嗣同：《致汪康年》二，载《谭嗣同全集》，第492页。

在筹划设立《民听报》的过程中，经费不足是最大的障碍。“嗣同前与伯纯、铁樵商量于汉口设一《民听报》，每日一张，但筹款大难。顷来金陵，四处多方诱惑，竟不能招一人，集一钱，或反从而笑之……此事全仗鄂中筹款矣。”①

△同一封信里，谭嗣同还提到《仁学》的写作动因。该书构思于光绪二十二年，本是受梁启超委托，为香港《民报》而作，已经写成数十篇。他说：“去年吴雁翁②到金陵，述卓如兄言，有韩无首大善知识，将为香港《民报》，属嗣同畅演宗风，敷陈大义。斯事体大，未敢率尔，且亦不暇也。近始操觚为之，孤心万端，触绪纷出。非精探性天之大原，不能写出此数千年之祸象，与今日宜扫荡桎梏冲决网罗之故，便觉剌剌不能休，已得数十篇矣，少迟当寄上。”③

二月初，谭嗣同被委任为筹防局提调。④ 他称：“极无赖，力辞不可得，暂当几月再说。”⑤

△在刘善涵的协助下，谭嗣同在南京以石刻版刊印《东海褰冥氏三十以前旧学四种》，即《廖天一阁文》二卷，《莽苍苍斋诗》二卷，补遗一卷，《远遗堂集外文初编》一卷，《续编》一卷，《石菊影庐笔识》二卷。

三月初二日（4 月 3 日），谭嗣同与孙宝瑄纵谈佛理。⑥

春，谭嗣同在南京完成《仁学》的撰写。

《仁学》撰成的具体时间，今已不详。大致时间当在 1896 年冬至 1897 年春。从各种记载来看，《仁学》于光绪二十三年四月前已经完成。

在《说群序》里，梁称自己已经阅读了《仁学》，“既乃得侯官严君复之治功《天演论》，浏阳谭君嗣同之《仁学》，读之犁然有当于其心”⑦。《说群序》发表于《时务报》第 26 册，该册于光绪二十三年四月

---

① 谭嗣同：《致汪康年》三，载《谭嗣同全集》，第 493 页。

② 即吴雁舟吴嘉瑞，湖南长沙人。

③ 谭嗣同：《致汪康年》三，载《谭嗣同全集》，第 493 页。

④ 谭嗣同后人谭训聪称谭奉委后，上书欧阳中鹄，称：“筹防局今无事可办，容俟秋后或有事做”，今全集中未列此信。（参见谭训聪《清谭复生先生嗣同年谱》，第 26 页）

⑤ 谭嗣同：《致汪康年梁启超》一，载《谭嗣同全集》，第 514 页。

⑥ 参见孙宝瑄《忘山庐日记》，上海古籍出版社 1983 年版，第 86 页。

⑦ 梁启超：《说群序》，《时务报》，第 26 册。

十一日出版，则《仁学》在此前当已撰成。

1897年夏，唐才常发表《质点配成万物说》，公开宣传灵魂学说。他在论文中，多次提及“仁学”，如在《各国政教公理总论》中称：“若夫轨唐、虞之盛心，绵仁学之公理者，其华盛顿、林肯之为君乎！”[①]“华盛顿以其公天下之心，一涤争权陋习，此盖太平之公理，仁学之真铨。”[②]谭嗣同在信中提到的另外几处提及“仁学”的话，如：《仁学》大兴，宅于《仁学》、积《仁学》以融机械之心，《仁学》大昌，则在《唐才常集》里尚未发现。

在撰写《仁学》的过程中，谭嗣同受到了梁启超、吴樵、孙宝瑄等人的影响，采纳了吴樵、孙宝瑄的一些见解。“时谭复生宦隐金陵，间月至上海，相过从，连舆接席，复生著《仁学》，每成一篇，辄相商榷，相与治佛学，复生所以砥砺之者良厚”[③]，梁启超称“铁樵算学，并世无两，喜以算学谈哲理，浏阳《仁学》多采其说”[④]，孙宝瑄称“余昔年在海上，与同志诸人论乾卦，自谓颇有精理，壮飞先生竟载其说于《仁学》中”[⑤]。《仁学》写成后，由于言论激进，未出版，手稿仅在友朋间小范围内传播，“著成后，恐骇流俗，故仅以示一二同志，秘未出世”[⑥]。

四月二十二日（5月23日），谭嗣同写信给汪康年，提及为时务学堂买仪器事。“前龙积之兄属购仪器，嗣同应以嗣同湘人，于湘事不无私见，俟时务学堂择购之余，方能相让。”[⑦]时务学堂的筹办，至少在光绪二十三年三月初二日（4月3日）前就已经开始，熊希龄在三月初二日给汪康年的信中，就提及湖南绅士议设学堂事。[⑧]在时务学堂筹办过程中，

---

① 唐才常：《各国政教公理总论》，《唐才常集》，第69页。

② 同上书，第79页。

③ 梁启超：《三十自述》，载《饮冰室合集》文集之十一，第18页。

④ 梁启超：《饮冰室诗话》，中华书局1959年版，第42页。

⑤ 孙宝瑄：《忘山庐日记》，上海古籍出版社1983年版，第488页。孙宝瑄在光绪二十四年六月初四日，还与章太炎谈论《仁学》，对其一些言论提出批评。“枚叔走谭，论谭甫生《仁说》，有云男女媾和事，因其所合之具生于隐曲处，故人以为羞，若生颅顶间，则虽朝会燕飨时犹可一试。余谓此好为新说，而未潜思夫理也。”（《忘山庐日记》，第235页）

⑥ 《“绍介新著”〈仁学〉》，《新民丛报》创刊号。

⑦ 谭嗣同：《致汪康年》七，载《谭嗣同全集》，第500页。

⑧ 参见林增平、周秋光编《熊希龄集》，湖南人民出版社1996年版，第25页。

谭嗣同曾协助杨葵园等人为学堂代办仪器，并寄时务学堂告示给汪康年，请在《时务报》上发表，同时还为时务学堂的经费、教员等事出力。

四月，谭嗣同与郑孝胥、杨文会、徐积余、缪荃孙、刘聚卿、茅子贞[①]等人在南京设立金陵测量学会。谭嗣同制定金陵测量会章程十则，有练习仪器、专精一门，测立距、测平距、分测、会测、绘图、定尺、日记、著说等。“先联合同志数辈试行之，暂勿邀请外人，俟成效既著，徐图扩充，然后劝捐购器，刻图出报，联为公会。”[②]《知新报》报道“金陵新设测量会，由杨君仁山文会，谭君复生嗣同倡议，草定章程九条……暂假花牌楼池州杨公馆为会所，会中所需各种仪器……皆粗已备具，拟每人先习一器，各专一门，先联合同志数辈行之，俟成效既著、徐图扩充云”[③]。

五月一日（5月31日），谭嗣同与汪康年、梁启超、邹凌瀚、张通典等人，在上海发起成立不缠足会。吴樵、梁启超起草了《试办不缠足会简明章程》，谭嗣同、邹代钧、龙泽厚有所增补。[④]不缠足会的理事为邹凌瀚、吴樵、龙泽厚、康广仁、汪康年、张通典、谭嗣同、赖振寰、张寿波、梁启超、麦孟华等。谭还撰写《湖南不缠足会嫁娶章程十条》，并拟在南京推广不缠足会。

五月十四日（6月13日），谭嗣同致信汪康年，称自己不能前去吊唁好友吴樵。先是吴樵于四月二十一日（5月22日）病逝。谭嗣同作《吴铁樵传》加以悼念，并准备前去吊唁，但终未成行。“铁樵丧将至，尤迫欲一哭奠，……然嗣同实有至难之处，万不能自由者，恐湖北知之，责其游荡……假期太多，恐本局总办说话……耽延多端，于公事上不好看，二也，尤有难者，□用不足，一动足即要拉债，三也。”[⑤]

同一封信里，又建议聘请杨自超到时务学堂管理仪器。“葵园（指杨自超）仪器之学极精，现在闲居觅事，嗣同函商沅帆，即聘葵园同往湖

---

① 参见谭嗣同《致汪康年梁启超》二，载《谭嗣同全集》，第515页。

② 谭嗣同：《金陵测量会章程》，载《谭嗣同全集》，第257页。

③ 《知新报》第20册。

④ 他在光绪二十三年三月十一日致梁启超的信中，提到两点意见，一是筹款不可在章程上涉及，一是副册万万不可行。（参见《谭嗣同全集》，第517页）

⑤ 谭嗣同：《致汪康年》九，载《谭嗣同全集》，第502页。

南，作为学堂中管理仪器之人。此人万不可少，沅帆虽解仪器，亦不暇管理仪器，别处又难寻觅，何不就便请葵园同去乎？”[①]

五月十七日（6月16日），谭嗣同致信欧阳中鹄，认为中国全局断无可为，但如果能够在浏阳县开展各项新学事业，亦足以“开风气，苏近困，育人才，保桑梓”，暗中也可以保存中国。如果不能兴民权，也应当保证绅士的议事权，如果有绅权，则不必有议院之名，而已经有议院之实。浏阳的维新事业之所以能够超越日日谈变法的其他地方，就在于有绅权之故。

同信又提到蒋少穆、陈三立等人正在筹办时务学堂，得到了湖南巡抚陈宝箴的支持，并在两淮盐务中筹得巨款，准备从方言、算学入手，请欧阳中鹄恳请陈宝箴及邹代钧等人，为浏阳多分学额，并提前挑选子弟，以备选送。“湖南绅士议创时务学堂，右帅既允助力，又于两淮盐务中筹得巨款，蒋少穆东来正为此事，陈伯严旋亦来，嗣同均晤之，议从方言、算学入手，暂招学生二三十人试办，伏恳函托右帅及沅飘诸君早为浏阳多占名额，并乞精选十五六岁聪颖而能通中文之子弟，以备送往肄业，亦功德也。”[②]

五月十九日（6月18日），谭嗣同致信汪康年，重提筹办《民听报》事。[③] 先是因经费无法筹集，谭嗣同等人决定缓办《民听报》，但他终不甘心，认为随着铁路的开通，武汉的地理位置日益重要，《民听报》不宜缓办，他说：“《民听报》事，前答卓如意主缓办，今重思之，汉口他日为铁路之发端，且当展至广东，则上海之生意，皆将夺归汉口，即时务报馆亦几有迁都之势矣。拟请俟今年年底，报馆出入账目结清，如果赢余甚多，可专提一款往汉口办《民听日报》，每年归息，视同放债一般，其名当各办各报，渺不相涉，即借款亦当密之，而其实乃贵报之分馆，阴为他日推广生意之地也。为贵报计，实无有工于此者，但当早物色办

① 谭嗣同：《致汪康年》九，载《谭嗣同全集》，第502—503页。

② 谭嗣同：《上欧阳中鹄》十四，载《谭嗣同全集》，第471页。

③ 在《民听报》的筹办中，吴樵亦居主导地位。他说：“此间与商者，王开丞、张伯纯、谭复生、刘淞芙诸君，此诸君惟有小助力，不能得其全力也，然尚未合拢耳。”（《汪康年师友书札》第1册，第516页）

报之人，积之能去则大佳，请商之卓如（伯纯可任主笔，兼联络宾客）。”①

谭嗣同请汪康年考虑从《时务报》的盈余中提一专款来办《民听报》，两报联为一气。张通典在五月廿七日（6月26日）给汪康年的信中，提到谭嗣同有将筹办中的《民听报》与《时务报》《知新报》联为一气的打算。“顷复生来信，言《民听报》应归时务报馆并办，联为一气，而外面却分门立户，若不相谋，将来渐推渐广，能与《知新》鼎峙而三，则《时务报》更冠绝中国矣。其论甚有识，请公与卓如共斟酌之。此仍须集股，其力乃厚，拟八九月间开办，复生举龙积之经理，主笔有何人？公与卓如更物色之。”② 此事未成。

五月（6月），谭嗣同在《农学报》第三册发表《黎少谷〈浏阳土产表〉叙》，蔡元培阅读后，认为“风气大开，名论迭出，自强之基，基于是矣，谭叙文笔尤古雅”③。

六月初五日（7月4日），谭嗣同致信汪康年，打听不缠足会草籍款式，请汪邮寄不缠足会草籍及章程，准备加以推广。他问：“不缠足草籍，是何款式？已印有印根否？乞速寄下多分，以便开办，至盼！至盼！章程有另刻之单张否？乞多寄，盖必须手中持有章程册籍等物，方好去劝人也。”④ 根据梁启超起草的《试办不缠足会简明章程》，所谓草籍，即“开会之始，由同志各持一籍，劝人入会，谓之草籍，草籍不以姓分册，岁终将草籍缴至总会，排比族姓，刊定清册，谓之正籍”⑤。

六七月间，谭嗣同拟设《矿学报》。谭嗣同草拟了《创办矿学报公启》，并订立《矿学报》章程十二条，从办报宗旨、版面设计、人员配置、经费来源等方面多方筹划，但此事最终搁浅。《郑孝胥日记》里记载了《矿学报》的筹设及计划搁浅时间。“六月廿六日（7月25日）复过叶、林、谭，徐积余来，议欲设《矿业报》，余亟赞之。”⑥ “七月十八日

① 谭嗣同：《致汪康年》十，载《谭嗣同全集》，第504页。

② 张通典：《致汪康年》，载《汪康年师友书札》第2册，第1768页。

③ 王世儒撰编：《蔡元培年谱》上册，北京大学出版社1998年版，第30页。

④ 谭嗣同：《致汪康年》十二，载《谭嗣同全集》，第505页。

⑤ 梁启超：《试办不缠足会简明章程》，载《饮冰室合集》文集之二，第21页。

⑥ 中国国家博物馆编，劳祖德整理：《郑孝胥日记》第2册，第609页。

（8月15日）夜，谭复生来，言《矿务报》（即《矿学报》）事已不果。”[①]

筹设中的《矿学报》，准备介绍中国矿务，翻译外国有关矿务的报纸及书籍。“今将创办《矿学报》于金陵，首载中国之矿事，次译各国之矿报，使皆知其利与害，次译各国专门矿学、地学、质学、化学之书，书所不能赅者则详之于表，表所不能明者则著之于图，使皆知其法。”[②] 他设想由矿学报发展到矿学会，由矿学会发展到矿学堂，再由矿学堂发展到矿务公司。“报也者，矿务之起点也，报出而学会可联，则点引而线矣。学会联而学堂可立，则线合而面矣，学堂立而公司可纠，则面积而体矣，此其序不能不重赖乎报。”[③]

七月初六日（8月3日），谭嗣同致信汪康年，商议《矿学报》聘请翻译及其酬金等具体问题。

> 《矿报》（即《矿学报》，下同）若得施君翻美报，请令弟润色之，真乃《矿报》之福也，请即代为定夺，译出之美报系何名？（须写西文来，恐重复购译也。）如何寄法？若干日可到？每月可得华字若干字？月备修金及寄费共几何？翻译人润色修金并允分书各应若干？伏乞详细查明见复为叩。此非嗣同之私计，实中国之大计，千万勿疏略为祷！千万应见复。[④]

七月初九日（8月6日），黄遵宪与谭嗣同商议，将为《时务报》馆改订章程。“公度昨来言，将为时务报馆改订章程，专为公省去许多烦劳，嗣同闻之，不胜其喜，想尊处必乐用新章也，嗣同当即画押矣。”[⑤]

七月初十日（8月7日），谭嗣同致信汪康年，告以《矿学报》不成。因参与此事的徐积余害怕上司知道此事，责怪他不该办报，首先取消了这一打算，致使此事未成，他请汪康年转告梁启超、龙积之等，不

① 中国国家博物馆编，劳祖德整理：《郑孝胥日记》第2册，第613页。

② 谭嗣同：《创办〈矿学报〉公启》，载《谭嗣同全集》，第267页。

③ 同上书，第267—268页。

④ 谭嗣同：《致汪康年》十六，载《谭嗣同全集》，第507页。

⑤ 谭嗣同：《致汪康年》十七，载《谭嗣同全集》，第508页。

要在《知新报》登载将要设立《矿学报》的消息，以免贻笑于人。[①]

七月二十九日（8 月 26 日），谭嗣同在寓所见陈庆年[②]，谈及南洋水师事。

> 薄晚，过东关头谭复生处（名嗣同，江南候补知府，现为筹防局提调），渠言南洋兵轮裁人极多，蚊艇仅有五人，至不能驶行。今年苏抚赵展如（名舒翘）大阅，檄调会操，至不能应。狼福、苏、松三镇巡洋大兵轮如登瀛洲之类，以存人过少，遇海盗无人追逐，皆不敢随巡。往年尚派水师学生至练船操演，巡至新加坡。今年刘岘帅核算各轮需煤至七千金，遂决不举行，可惜也。[③]

八月初一日（8 月 28 日），徐仁铸被任命为湖南学政，谭嗣同从《邸抄》中得到消息后，致信表示祝贺，并介绍了湖南的新政，尤其提到《湘学报》宣传民权之事。“诸新政中，又推《湘学报》之权力为最大。盖方今急务在兴民权，欲兴民权在开民智。《湘学报》实巨声宏，既足以智其民矣，而立论处处注射民权，尤觉难能而可贵。”[④]

八月十日（9 月 6 日），谭嗣同接受《时务报》馆聘请，担任董理。“又承赐书，使充董理，董理本应有，何则？在今日有穰卿在馆，所以千妥万善，一切尽善尽美，但日后接办者安得人人皆穰卿（指汪康年）乎？故不得不举董理，定章程矣。然嗣同却不足膺其选，此后有一知半解，无不竭忠尽言，亦不在乎董理不董理。”他随信寄去水师学堂规条一本，陆师学堂章程一本，规条一本，储材学堂章程一本。他说这些章程及规条“虽是刊本，却甚难得”[⑤]。

九月五日（9 月 30 日），谭嗣同寄给汪康年克驰马条陈一本，他

---

① 谭嗣同：《致汪康年》十七，载《谭嗣同全集》，第 507 页。

② 陈庆年（1862—1929）字善余，号横山乡人，江苏镇江人。张之洞任两湖总督时，聘陈氏至湖北武昌两湖书院授《兵法史略学》，后又为张编纂《洋务辑要》等书。

③ 明光整理：《横山乡人日记》选摘，《近代史资料》总 76 号，第 201 页。

④ 谭嗣同：《与徐仁铸书》，载《谭嗣同全集》，第 270 页。

⑤ 谭嗣同：《致汪康年》十九，载《谭嗣同全集》，第 509—510 页。

“宛转从营务处抄得一本”，但无从觅得附图，他想请汪康年刊入《时务报》。[①]

九月六日（10月1日），谭嗣同写信督促汪康年让梁启超、李一琴离开《时务报》馆，到湖南时务学堂任教。“熊秉三来书，言湘中官绅决计聘请卓如、一琴两君为时务学堂总教习……而特虑公不肯兼放两位俱去，因公恳嗣同亲到上海哀吁，我公如更不肯，将不恤与公迕而豪夺以去，嗣同窃计，遽用霸道，似乎使公太难堪，今为公计，不如自劝两君往湘，而尚不失自主之权，而湘人亦铭感公之大德矣……反复思之，终乞公勿强留之之为愈也……惟公当能谅我，必不至使我往上海，又奔波一回也。”[②]

△谭嗣同为时务学堂筹款事宜，专门致信龙绂瑞，请其从中帮忙。

> 湘中绅友来函，言时务学堂经费，曾由熊秉三太史、蒋少穆观察面恳刘岘帅，允于湘岸盐务中分款，每年七千金，而易实甫观察止拨五千金，岘帅将为所摇，故特函商令速转恳尊公大人致书岘帅，争回此款，以为开办学堂之用，嗣同念即系一省紧要之公事，非同寻常请托者比，应请转禀尊公大人，略一援手何如？毋任拜祷。[③]

九月十日（10月5日），谭嗣同在致汪康年、梁启超的信中，解释因公务繁忙，不能脱身前去祭奠吴樵。他说：“嗣同原拟秋间赴沪，以便往浙去会吴樵之葬，乃本局总办病故，新旧交代之时，局中公事万分纷杂，竟不能不爽约，负负而已。”[④] 谭嗣同请梁启超代为表达心意，“倘赴浙，望于季清丈前，代达鄙意”[⑤]。谭嗣同为吴樵所拟的挽联为：“魂气无不之，人因季札思观葬；华阳渺何如，鹤到林逋更合铭。”

九月二十七日（10月22日），谭嗣同为自己责汪放人的唐突行为，在信中向汪康年道歉。“嗣同前书之孟浪唐突，无状已极，虽加朴责，不

---

① 谭嗣同：《致汪康年》二十，载《谭嗣同全集》，第510页。

② 谭嗣同：《致汪康年》二十一，载《谭嗣同全集》，第511—512页。

③ 谭嗣同：《致龙绂瑞书》三，载《谭嗣同全集》，第523页。

④ 同上书，第517页。

⑤ 谭嗣同：《致汪康年梁启超》四，载《谭嗣同全集》，第517页。

敢辞罪。惟公慈悲如佛，曲宥愚顽，不遽与之绝，而犹拨冗为长书，以牖其茅塞之下怀，使之启悟。……然此事始末，嗣同不忍辨，而又不敢不微辨者，实为熊秉三所迫。而熊书又未明言聘陈聘李之始末，第云公不放梁、李，令嗣同往上海去蛮拉硬做耳。”①

秋末，谭嗣同与康有为在上海首次相识。他通过《邸抄》始知康有为其人，先后读过他的《新学伪经考》《广艺舟双楫》《长兴学记》等，从梁启超等人处了解到康有为的为学宗旨。从他人处知道康有为很看重他。

谭嗣同讲述了两人交往的经过。

> 嗣同昔与粤人绝无往来，初不知并世有南海其人也。偶于邸钞中见有某御史奏参之折与粤督昭雪之折，始识其名若字，因宛转觅得《新学伪经考》读之，乃大叹服……旋闻有上书之举，而名复不同，亦不知书中作何等语。乃乙未冬间，刘淞芙归自上海，袖出书一卷，云南海贻嗣同者，兼致殷勤之欢，若旧相识。嗣同大惊，南海何由知有嗣同？即欲为一书道意，而究不知见知之由与贻此书之意何在……取视其书，则《长兴学记》也。雒诵反覆，略识其为学宗旨。其明年春，道上海，往访，则归广东矣。后得交梁、麦、韩、龙诸君，始备闻一切微言大义，竟与嗣同冥思者十同八九。上年梁君告嗣同，有朱蒉荪者，闻嗣同前在上海，问今去否？将不远数千里见访……次年春，到上海，果晤蒉荪，问其见访之故，曰南海教之也。以嗣同粗陋不学，而厚被知遇如此，古称神交，宁复过之？直至秋末，始得一遂瞻依之愿，而梁、韩及嗣同亦先后俱南矣。②

康有为与谭嗣同的谈话，据康回忆，是要谭嗣同、梁启超等人筹划湖南自立。“当戊戌以前，激于国势之陵夷，当时那拉揽政，圣上无权，故人人不知圣上之英明，望在上者而一无可望，度大势必骎骎割鬻至尽

① 谭嗣同：《致汪康年》二十二，载《谭嗣同全集》，第512页。

② 谭嗣同：《治事篇第十·湘粤》，这部分内容在《湘报》里未刊出，系《谭嗣同全集》编者据谭嗣同手稿将此补入。（参见《谭嗣同全集》，第445页）

而后止，……当时复生见我于上海，相与议大局，而令复生弃官返湘。以湘人才武尚气，为中国第一，图此机会，若各国割地相迫，湘中可图自主。以地在中腹，无外人之交涉，而南连百粤，即有海疆，此固因胶旅大变而生者。诚虑中国割尽，尚留湘南一片，以为黄种之苗。此固当时惕心痛极，斟酌此仁至义尽之法也。卓如与复生入湘，大倡民权，陈黄徐诸君听之，故南学会《湘报》大行。”①

十月二十一日（11月15日），谭嗣同到武昌，与盛宣怀商议开发湖南煤矿事。“江南乞食，困乏无聊，不能不别图生食之计，遂于廿一日暂一还鄂。且将为盛杏荪太常赴湘与义宁公论说矿事，日内即行。”②

十月二十八日（11月22日），为使谭嗣同能够顺利完成此事，盛宣怀致函陈三立、黄遵宪说明情况。在给陈三立的信中，盛解释了汉冶萍公司需要湘煤的实情，他说：“铸铁日盼湘煤，而煤矿不用机器，难得深处佳煤；欲用机器，必须设法准令矿师勘度。小花石距湘潭咫尺，小轮一水可驶到。此间有矿师能华服，略解华语，特属谭复翁赴湘禀商帅座，可否准往一勘，以定大局？将来果欲造路，亦须用洋匠。且小花石有定所，不必听其乱走。乞趋庭时一言及之。余由复生面述。”③

同日，盛宣怀又致函黄遵宪，解释必须派洋矿师赴湘勘察的原因，并称将派谭嗣同前去商谈此事。“铁厂望湘煤，如婴儿之望乳食。小花石闻有肯招股之说，各国煤窑本无官办者，但集股必遣矿师勘估，方有把握，与蒋少穆兄面商，先派谭复生太守赴湘请示右帅及尊处。此矿能否大举，总以矿师能否往勘为断。如矿师不能去，则铁路亦何能为？湘中自强，似可于此卜之。余属复生面告。”④

十月二十九日（11月23日），盛宣怀又上书陈宝箴，商量派洋矿师到湖南勘察小花石煤矿事。“明公处煤矿极盛之区，锐意经营，尚无大效者，不得矿师耳。……敬帅之世兄谭复生太守，年壮才明，在公赏鉴之中，愿任小花石之役，特属驰诣台端，面商一切。除咨呈外，伏乞俯赐

---

① “中央”研究院近代史研究所藏康有为未刊文稿微卷，转引自黄彰健《论康有为保中国不保大清的政治活动》，载《戊戌变法史研究》上册，第2页。

② 谭嗣同：《上欧阳中鹄》十六，载《谭嗣同全集》，第472页。

③ 《盛宣怀未刊信稿》，第45页。

④ 同上。

妥筹示复。如属可行，或请复生兄折回鄂中，率同矿师往勘，较为妥协。”①

同日，盛宣怀又致书蒋德钧、熊希龄，请求在绅商联名筹设粤汉路总公司及开发小花石煤矿予以帮助。“顷商香帅，拟将粤汉路即由各绅商联名具呈总公司，先行奏明立案，（粤中列名绅士甚多）湘中二公及复生、季棠（王方伯堂弟）二观察外，尚有何人可列名，乞电示。一切章程均可续议，止须先立案，以免德人向总署饶舌而已。其详细已属复生兄面谈。”“花石煤矿能否大举，须于矿师勘度卜之。复生兄慷慨任事，实所难得。但恐官绅再有拘泥，则湘省煤利失之交臂矣。”②

十一月七日（11月30日），谭嗣同抵达长沙，劝陈宝箴速办铁路、轮船。“佛生乃香帅遣来促办铁路、轮船者……佛生云：‘德人已向香帅开口，法人亦有由龙州开铁路过湘过汉之议，故宜赶急自办。倭有十轮到内江开行之说，小轮亦宜赶办。’今小轮初九借官轮先行，铁路亦即挂牌开局，徐议章程筹款，请黄公度总办。未终席，报又至，佛生即起身到公度、少穆、炳三诸人处议。”③

十一月八日（12月1日），谭嗣同等人呈请设立湘粤铁路公司，公举黄遵宪为总办。“顷据湘绅前山东布政使汤聘珍，翰林院编修汪诒书、赵启霖，庶吉士熊希龄、戴展诚，内阁中书黄忠浩，分部郎中曾广江，江苏候补道王澧、蒋德钧、谭嗣同，分省补用道朱恩绂，候选道左孝同，前甘肃宁夏府知府黄自元等，呈请创立湘粤铁路公司，集股开办，公举现署臬司长宝道黄道遵宪为总办，以将事权而通湘粤之气，并请转咨电奏，先行立案。”④ 陈宝箴同意，并呈请张之洞上折奏请，但张认为此事困难重重，并非湖南绅士所设想的那么简单。他于十一月十五日回复陈宝箴，称“湘绅呈请创立湘粤铁路公司，集股开办，公举黄道总办，具见湘绅卓识远虑，台端提倡宏力，欣慰之甚。惟湘绅尚未悉铁路甘苦曲折，朝廷于铁路一举，招商、借债绝不担肩。”⑤ 经过陈宝箴解释后，张

① 《盛宣怀未刊信稿》，第48页。

② 同上书，第48—49页。

③ 皮锡瑞：《师伏堂日记》第2册，第469—470页。

④ 陈宝箴：《致张之洞》，载《陈宝箴集》下册，第1517—1518页。

⑤ 张之洞：《致陈宝箴》，载《张之洞全集》第九册，第7424页。

之洞于十一月十七日回电，赞成先立案抵制，无须现有巨款，但须由陈宝箴派熊希龄、蒋德钧赴鄂面商。“目前固为立案抵制起见，然就此即可筹办实事，事机甚急，一议定即可布置矣。大约此事甚易商，电函板滞难详，面谈活便易了。总之，只定大概主意，无须现有巨款也。熊、蒋似仍以来鄂一商为佳，请酌。此事利国利民过于小轮远矣，且小轮事亦非熊、蒋来不能商妥也。”①

十一月十一日（12月4日），谭嗣同促办铁路事进展不顺，皮锡瑞记载“谭复生、汪颂年来，询谭铁路事如何，云右帅已电咨香帅，彼已可以销差，其如何办法，看右帅与公度商酌。予云事全蹈空，恐情见势绌，外夷又将生心，彼云既已电奏，或可杜其觊觎，惟中国事非一时能办，湖南不能筹款，惟恃粤人耳”②。

十一月二十一日（12月14日），谭嗣同等人禀请开办学会，获准。“谭佛生等禀请开学会，黄公度即以为议院，中丞已牌示，以孝廉堂为公所，开化可谓勇矣。”③

梁启超在《戊戌政变记》中指出南学会成立的背景为德国侵占胶州，其目的是立自强之基，以备“亡后之图”。

> 盖当时正德人侵夺胶州之时，列国分割中国之论大起，故湖南志士人人做亡后之图，思保湖南之独立。而独立之举，非可空言，必其人民习于政术，能有自治之实际然后可。故先为此会以讲习之，以为他日之基，且将因此而推诸南部各省，则他日虽遇分割，而南中国犹可以不亡，此会之所以名为南学会也。

十一月二十五日（12月18日），两江总督刘坤一奏报考核江苏监生出身各员，谭嗣同名列一等第一名，该折奉朱批，“吏部知道”。

> 部定新章，凡由俊秀监生出身各员，无论捐纳劳绩，均应一体

① 张之洞：《致陈宝箴》，载《张之洞全集》第九册，第7433页。

② 皮锡瑞：《师伏堂日记》第2册，第472页。

③ 同上书，第478页。

考试等因。兹据江宁藩司将在江宁差委各员详送考试前来。经臣考试，得候补知府谭嗣同、候补知县汪如瀚取列一等。……取列二等，……取列三等。以上十一员应准留省，照章补署差委。①

十二月初，谭嗣同上书陈宝箴，提出“善亡之策”，一为开国会，一为设公司。谭认为兴办“铁路、商轮、煤矿”等事，虽然应急于展开，但效果较缓，当时列强紧逼，形势危急，因此应“一面练兵以救亡，仍当一面筹办亡后之事”，善亡之策有二：一是开国会，只要力保国会，就会不失民权，只要兴民权，列强也就不会用对待非洲的野蛮方针来对待中国。一是设公司，根据万国公法，外人不得侵夺私人公司所拥有的财产。“国会者，群其才力，以抗压制也。湘省请立南学会，既蒙公优许矣，国会即于是植基，而议院亦且隐寓焉……公司者，群其资产，以防吞夺也。万国公法：凡属公产，其转移授受，一视其君与官，民不得保而有之。惟民产为民所独有，君与官亦不得转移而授受之。凡此界限，各国守之最严，未尝一淆乱。”他指出当时的兴民权，已经不是使老百姓如何活下去的事，而是要给他们死后以安身之处。“此日下民，譬如病至垂危，国医束手，而病者所宛转呼号，不求不死，但求为任殡敛掩埋之事，毋使暴露，喂狐狸，饱乌鸢，自非不共戴天之仇，夫孰能恝而置之？是故言兴民权，于此时非第养生之类也，是乃送死之类也！而动辄与言民权者为敌，南皮督部于此为大不仁也。”②

十二月十四日（1898 年 1 月 6 日），谭嗣同致函盛宣怀，问及矿师音讯，并称已经从浏阳运来煤炭 122 石，请交铁政局检验是否合用。

矿师有回信否？念念！

此间折差，须二十日后方能起行。浏阳近得大煤矿，虽用土法开采，而办事之人，尚极认真，唐绂丞拔贡才常，即其一也。顷接唐信，已将该处之煤，运来一百二十二石，欲交铁政局试验，是否

① 刘坤一奏折（光绪二十三年十一月二十五日），中国第一历史档案馆缩微档案，档案号 03－5352－105。

② 谭嗣同：《上陈右铭抚部书》，载《谭嗣同全集》，第 276—280 页。

合用，其信一并呈阅。煤船现在此间，其煤应交至何处何人领收，应有何等凭据方能照收，统希详示。①

十二月十五日（1898年1月7日），谭嗣同致函盛宣怀，称已经遵令将煤船开往铁厂卸载，浏阳附生刘善浤是该煤矿股东，如果煤炭合用，可札委其专门办理转运事。信中还说陈三立因湘电催归，无暇渡江拜谒盛宣怀，请谭专函致意。一是在商务上联络英、日，为救急之上策，能否专电禀请。一是禀请练兵。另外，长庆轮船托铁厂修理，请催促在二十四日停工以前一律修完，以备急用。②

十二月十九日（1898年1月11日），谭嗣同致信欧阳中鹄，告知带矿师赴湘事已落空，并请转交致唐才常函。"到鄂后，原定旋湘，忽因矿师事，盛大理反复不决，嗣同亦决意舍去之。明后日即赴南京，且到明年再议。时事日棘，不知如何变证。"

在给唐才常的信中，谭告知煤已运到湖北，但原拟带矿师赴湘考察湘煤的打算，因盛宣怀变卦而落空。"煤船到，俟试验兑价后，再上详函达听。嗣同与矿师已将同行矣，乃盛杏荪（即盛宣怀）忽然变卦，言天寒水浅，且到明年再议，嗣同亦遂决意舍去矣。……盛狡诈纤巧，不可捉摸类如此。"他自己则准备在二十日或二十一日从武昌起行，到南京过年。③

光绪二十四年（1898年）戊戌　三十四岁

正月二十一日（2月11日），谭嗣同致信刘世珩，称自己本拟在正月奉命赴日，考察日本的学校状况，因迟到未能成行。"别后风水俱逆，直至十九始行抵鄂渚……因此迟误，又误却一大事，南皮、义宁会派姚石泉及兄密赴日本（此事乞密之），定今日行，兄到迟检点不及，家严遂不允许，饬令即速还湘，失此大事因缘，明日即急装返里。"④

正月底，谭嗣同在汉口见到日本参谋部神尾光臣、梶川重太郎、宇

---

① 谭嗣同：《致盛宣怀》二，载《谭嗣同全集》，第540页。

② 谭嗣同：《致盛宣怀》一，载《谭嗣同全集》，第540页。

③ 同上书，第527页。

④ 谭嗣同：《致刘世珩》三，载《谭嗣同全集》，第526页。

都宫太郎等人，相互交换了对中日关系的看法。“顷在湖北，晤日本政府所遣官员三人，言中日唇齿相依，中国若不能存，彼亦必亡。故甚悔从前之交战，愿与中国联络，救中国亦以自救也。并闻湖南设立学会，甚是景仰。自强之基，当从此起矣。”①

谭嗣同送姚锡光和日本人时，在船舱分配上中、日的不同待遇令他愤慨。“姚石荃与日使同赴日本，余送之轮船，则日使居最上舱，姚居其下，相顾失色。盖各国轮船公司之例，凡国于地球而有自主全权，得平等交涉者，皆居最上舱，中国则不与焉。”②

月底，谭嗣同回湖南。

二月初一日（2月21日），南学会开讲，谭嗣同、皮锡瑞、黄遵宪、陈宝箴、乔茂萱等发表演说。谭嗣同演讲的题目为“论中国情形危急”，他首先指出中国处于被日本、德国“瓜分豆剖，各肆侵凌”的危险境地，接着列举土耳其、暹罗通过变革增强国力的实例，呼吁挽救危局，“愿与诸君讲明今日危急情形，共相勉为实学，以救此至危急之局”③。南学会每月以房、虚、星、昂之日为讲期。所定讲演范围，共分四门，为学术、政教、天文、舆地，并固定主讲人，皮锡瑞主学术，黄遵宪主政教，谭嗣同主天文，邹代钧主舆地。

谭嗣同参与了南学会的筹划工作，他们计划将学会与地方议会相结合，并以在湖南所办之事为起点，联络南方各省。谭嗣同在给陈宝箴的信中，就提到开南学会就是要兴民权，并隐含国会及议院的性质。他说：“湘省请立南学会，既蒙公优许矣，国会既于是植基，而议院亦且隐寓焉。”④

二月初七日（2月27日），南学会第二次演讲，谭嗣同演讲的题目为“论今日西学与中国古学”。他指出战国时代的学术开于孔子。孔教无所不包，儒家仅为孔教中之一门，诸子百家均为孔教之支派，所谓新学新理，均萌芽于先秦诸子。学者要讲求学问，应首先探求天地之理。地球

① 谭嗣同：《论中国情形危急》，载《谭嗣同全集》，第398页。

② 唐才常：《论中国宜与英日联盟》，载《唐才常集》，第153页。

③ 谭嗣同：《论中国情形危急》，载《谭嗣同全集》，第398页。

④ 谭嗣同：《上陈右铭抚部书》，载《谭嗣同全集》，第278页。

为圆形，绕日而转。如果知道地球变动不居，则执泥不变就是逆天。如果知道地球仅为宇宙中一个不大的星球，则所有附丽于地球上的东西，皆可作同里同闬同性命来看待，就不会产生对自己的国家则夜郎自大，而将其他国家视为禽兽的想法。①

二月十五日（3 月 7 日），《湘报》创刊。②《湘报》每日出版一份，共出一百七十七号。谭嗣同任董事，为八董事之一。《湘报》设撰述六人，谭嗣同为其中之一。

二月二十六日（3 月 18 日），谭嗣同在《湘报》刊发《改并浏阳城乡各书院公启》，拟将浏阳旧有的六所书院（南台、狮山、洞溪、浏西、文华、文光），及新设立的算学馆，合而为一，改建学堂于县城，根据各书院产业的多寡，确定肄业生的比例。③

二月二十八日（3 月 20 日），南学会第五次演讲，谭嗣同演讲的题目为“论学者不当骄人”。首先，他驳斥了中国夷狄的划分，劝人不要以中国骄人，以夷狄诋人。他指出西人并非没有伦常，而是最讲究伦常，且更精更实，西教也并非邪教。其次，他举例说明只要有学问，国家就可不亡，号召诸人讲究学问，认为中国可赖以不亡。所谓学问，则包括政治、法律、农矿工商、医、兵、声、光、化、电、图、算等。④

二月二十九日（3 月 21 日），为维持南学会的听讲秩序，谭嗣同等人决定实行提前发座号的方法。“复生、秉三同来，称予昨日讲义之善，云昨规矩不肃，须改章编定坐号。”⑤

三月初一日（3 月 22 日），《湘报》第 14 号登载谭嗣同捐助南学会书籍题名，书目后又在《湘报》第 19 号、第 23 号、第 26 号公布，共计二三千册，书目如下：

御纂七经十八函，律音汇考四本，仪礼图一函，丁祭礼乐考一本，

① 参见谭嗣同《论今日西学与中国古学》，载《谭嗣同全集》，第 398—401 页。

② 《时务报》馆似为《湘报》垫款。邹代钧在戊戌政变后致信汪康年说：“《湘报》已停，现改为文汇书局，主者为王莘田，昨与鄙人面晤，允还尊处所垫之款，但须得一细账矣。”（载《汪康年师友书札》第 3 册，第 2767 页）

③ 参见谭嗣同《改并浏阳城乡各书院公启》，载《谭嗣同全集》，第 419—420 页。

④ 参见谭嗣同《论学者不当骄人》，载《谭嗣同全集》，第 401—403 页。

⑤ 皮锡瑞：《师伏堂日记》第 3 册，第 80 页。

同治上江两县志十二本，文庙舞谱一本，安吴四种十六本，岳阳风十记一本，明季稗史二函，汉学商兑四本，王右丞集二函，孙子十家注四本，余冬叙录十三本，拙尊园丛稿二本，读书丛录八本，骈雅训纂八本，三礼图一函，历代帝王年表四本，诗触一函，阴符经二本，淮海集六本，百战经二本，易知录摘要十二本，火龙经二本，明版通鉴前编十本，望溪集十六本，壮悔堂集六本，白茅堂集二十本，翰苑集八本，皇极经世十六本，大云山房集十本，刘忠宣集六本，台湾图说一函，筹海图八本，杜诗镜诠一函，史略二本，琴箫合谱一函，唐宋文醇十六本，平番奏议四本，岳忠武集四本。[①] 诗古微八本，楚辞章句四本，朱慎甫四种四本，说文系传十本，王阳明集十六本，国朝诗别裁集十六本，国朝学案小识十二本，西域闻见录四本，茶香室丛钞六本，大清通礼丧礼传一函，人谱二本，滇黔奏议六本，张船山集八本，钦定诗义折中十二本，燕泉集四本，武英殿丛书三柜。[②] 万红友词律十二本，素问六本，灵枢四本，列女传二本，陶渊明集二本，纬攟，北九宫谱一函，古微书六本，日知录十六本，古文苑三本，困学纪闻十本，隋经籍志考证四本，汉学师承记四本，精华录十本，所安遗集一本，脉经一函，三二家宫词二本，历象考成后编一函，郎潜纪闻六本，孙可之文集一本。[③] 郎潜二笔八本，郎潜三笔四本，两汉金石记八本，小蓬莱阁金石六本，直斋书录解题一函，激素飞青阁摹古碑五本，文庙礼乐考四本，阮氏钟鼎四本，养素堂文集十六本，金石契四本，仪礼章句四本，瓶水斋诗八本，甲乙经四本，金石索一函，焦氏遗书四十本，湖北舆地图四本，莫氏遗书六本，湖北舆地图记廿四本，行素堂书目一函，抚吴公牍十本，李义山集二函，纪效新书二函，杜诗五家注十本，西清古鉴廿四本，薛氏钟鼎四本。[④]

谭嗣同所捐书籍，在南学会中最多。[⑤] 为捐书事，谭嗣同特意写信给夫人李闰，解释所捐书籍全是自己的，与谭继洵的藏书无关，同时他将此举视为自己可以割舍欲望的明证。他说：“我捐的是自己的书，和父亲

---

① 《湘报》第 14 号，第 111 页。

② 《湘报》第 19 号，第 151 页。

③ 《湘报》第 23 号，第 183 页。

④ 《湘报》第 26 号，第 207 页。

⑤ 皮锡瑞在闰三月初七日日记中记载：“现在所捐书，以谭复生为最多。”

大人书无涉。大人的书全存在梅花巷祠堂楼上，已禀派员检点。”[1] 并对友人说：“年来嗜好，自觉日有贬损，甚至所藏书籍，亦一并捐诸南学会中，我辈本倚书籍为性命，此而能忍，弟视兄于他复何如哉?”[2]

三月初三日（3 月 24 日），《湘报》第 16 号刊载《南海康工部有为条陈胶事折》，折前有谭嗣同所作按语[3]，谭指出时势危迫，不少人安于现状，“处燕于焚幕之上，翼卵于覆巢之下，甚乃甘鸩羽于不渴，噉漏脯而非饥”，只有康有为勇于上书，“先生于是愤不顾身，伏蒲而谏，敬王莫如我敬，言人所不敢言，其心为支那四万万人请命，其疏为国朝二百六十年所无也。适从友人处得见其草之半，亟登报首，不复拘论说冠前之常例”，以达到警醒世人的目的，“上以著继绝存亡之伟画，下以标起懦廉顽之正鹄”[4]。

谭嗣同在《湘报》里对康有为的勇于上书的褒扬，并在文中称康有为为“先生”的举动，引起陈三立、邹代钧等人的不满，攻击谭嗣同、唐才常等钻营康门，欧阳中鹄将此转告谭嗣同，谭嗣同、唐才常写信给老师欧阳中鹄，反驳对他们的攻击，言辞极为激烈。

> 接读来谕，不胜骇异！所谓詈骂者曾未吐其千一万一，何况于过？……既不许骂，又不许美，世间何必有报馆？第相率缄口为乡愿足矣。……然向之所赞，不过只就其一疏而言，于其微言大义，一字不曾赞及，既以为非，此后只好专赞其大处耳。……犹有持不通之说者，谓嗣同等非其门人，何为称先生？不知一佛出世，旷劫难逢，既克见圣，岂甘自弃，不以师礼事之，复以何礼事之？且普观世间，谁能禁嗣同等之不为其门人者。

他们让老师欧阳中鹄转告陈三立，不要受人蛊惑。“请转语伯严吏部，远毋为梁星海所压，近毋为邹沅帆所惑，然后是非可出，忌妒之心

---

① 谭嗣同：《致李闰夫人》，载《谭嗣同全集》，第 541 页。

② 谭嗣同：《致刘世珩》二，载《谭嗣同全集》，第 526 页。

③ 该按语在《湘报》未署名，但在光绪二十四年三月二十三日出版的《湘学报》第三十一册上署名为“浏阳谭嗣同跋”，题为《跋康有为条陈胶事折》。

④ 谭嗣同：《读南海康工部有为条陈胶事折书后》，载《谭嗣同全集》，第 421 页。

亦自化”，他们还在信中表示，不怕别人施加的压力，压力越大，反抗力就越强。“嗣同等如轻气球，压之则弥涨，且陡涨矣！”①

△谭嗣同与熊希龄到陈宝箴处深谈至四鼓，对中国的形势十分担忧。“秉三、复生云昨见右帅，谈至四鼓，右帅痛哭，其所上条奏，皆为人所阻，不得上，电奏上又减易其字，几不可通。”②

三月初四日（3 月 25 日），谭嗣同与熊希龄、皮锡瑞共商保卫湖南的办法。“谭、熊二公请予等共议保湖南之计，惟有先于各府州县求访人才，举办一切，计此一二年内，西人未必即窥湖南，将来诸事办成，民智开通，或可冀其不来，即来而我属文明之国，不至受其鱼肉，特不可以闹教，一闹则彼必至，我事尚未办好，大势去矣。闻江西又有闹教事，不知何如？诸公各举所知。”③

三月初五日（3 月 26 日），谭嗣同与唐才常等十余人到皮锡瑞处，领取座号，每人分管数十号。编发座号后，南学会的听讲秩序有明显好转。“讲堂易新章，编坐号，人尚整肃。”④

三月初七日（3 月 28 日）谭嗣同发表《论湘粤铁路之益》，力倡湘粤铁路途经湖南，他认为今日之世界，为铁路之世界，“有铁路则存，无则亡；多铁路则强，寡则弱”，认为汉粤铁路南干路虽可取道江西或湖南，但取道江西有六不利，取道湖南则有利于铁路者九，有利于湖南者十，湘粤铁路途经湖南，有九利：一曰径直；二曰坦易；三曰免造巨桥；四曰易招劳工；五曰产煤足以行车；六曰产木足以垫道；七曰有能任事之官；八曰有能分任之民；九曰力争形胜之地。铁路经过湖南之后，对湖南发展有十利，一曰复固有之利权；二曰杜觊觎之外患；三曰收百粤之海口；四曰作全湘之士气；五曰振疲顿之商务；六曰运重滞之矿砂；七曰尽耕耘之地力；八曰起组练之新兵；九曰兴精巧之工艺；十曰拯困乏之穷黎。

在该文之后，他对赞扬康有为奏折一事引起的不满作了批评。

---

① 谭嗣同：《致欧阳中鹄》二十二，载《谭嗣同全集》，第 475 页。

② 皮锡瑞：《师伏堂日记》第 3 册，第 91 页。

③ 同上书，第 92 页。

④ 同上书，第 93 页。

> 昔闻南海先生尝主湘粤铁路之议，昨阅其《条陈胶事折》，亦曰以铁路为通，其人与其疏，皆旷古今所未尝见，宜其赡言百里，足为天下后世法，然而向之所谓云云者，方且云云云云议嗣同过誉先生矣。[①]

三月初八日（3月29日），谭嗣同约皮锡瑞次日下午与李维格交谈，皮锡瑞见到《经世文新编》，有谭嗣同的《报贝元征》，称其“说变法极晓畅，此才可爱”[②]。

三月初十日（3月31日），谭嗣同和唐才常致信其师欧阳中鹄，解释由于褒扬康有为而引起责难一事的经过。《湘报》发表康有为奏折及赞康言论后，即有人丑诋谭嗣同等，认为“先生”的称谓，是谭嗣同等人企图通过钻营以列于康门，在湖南不应出现如此行径，谭嗣同、唐才常一度态度激烈，经过欧阳中鹄的解释后，师弟间关系有所缓和。

> 前奉赐函读悉。仁人之言，委曲引喻，若忘嗣同等之狼嗥豕突，而一以慈心视之，自不觉默然而俱化。……今试言此事之由来，乃不止一端，虽累牍不能尽，亦自不欲言矣。言其近者，是日上午已有人来告某之丑诋，并谓“先生”之称谓，为嗣同等钻营康名士，自侪于门人之列，又谓湖南不应有此，意在设法阻压……归途内念，报中小引，不过就奏折论奏折，并未誉及人品学问一字，惟“其疏为二百六十年所无”一语说得太阔，然亦止就奏折论奏折，于其人品学问亦无与。且“长安布衣”、“煤山”等语，实在未经人道过，谓为“二百六十年所无”亦非过誉，康某果何罪于天下，乃不许人著一好语耶！

他们在信中还表达为维新运动勇于献身的愿望，并请不要将此告诉陈三立。

---

① 谭嗣同：《论湘粤铁路之益》，载《谭嗣同全集》，第422—425页。

② 皮锡瑞：《师伏堂日记》第3册，第144页。

才常横人也，志在铺其蛮力于四海，不胜则以命继之。嗣同纵人也，志在超出此地球，视地球如掌上，果视此躯曾虮虱千万分之一不若。一死生，齐修短，嗤伦常，笑圣哲，方欲弃此躯而游于鸿蒙之外，复何不敢勇不敢说之有！一纵一横，交触其机括，是以有前书，却非敢抗函丈谓不当教训之，而已决意不受教也。今事已过，聊复述之，祈函文亦勿以此示伯严。[①]

三月十一日（4月1日），谭嗣同在《湘报》馆，与皮锡瑞、熊希龄、唐才常、樊锥等人谈论时事。[②]

三月十四日（4月4日），谭嗣同在《湘报》第25号发表《论官绅集议保卫局事》，指出设立保卫局，就是要预备"亡后之图"。他说："胡不见台湾乎？一旦割弃，所谓官者，皆相率内渡矣，又不见山东乎？虽巡抚、总兵之尊，且褫职去位矣。故世变至无常，而官者至不可恃者也……保卫局特一切政事之起点，而治地方之大权也。"[③] 谭嗣同关于保卫局的观点，引起皮锡瑞的不安。他说："复生论保卫局事，可谓明目张胆而言之矣。"[④] 黄遵宪也认为谭嗣同揭破其隐衷。"仆怀此意，未对人言，无端为复生窥破，仆为之一惊，恐此说明而扰阻之者多耳。"[⑤]

三月十五日（4月5日），皮锡瑞在湘报馆见到左孝同，左称保卫局事，他已经请求由官方作主，谭嗣同、熊希龄等也认为此事章程极严，恐非书生所能办。[⑥]

三月十八日（4月8日），南学会第八次演讲，谭嗣同的演讲题目为"论全体学"。谭嗣同通过讲述人体结构，指出人体结构的精巧，是要使人顶天立地，做出一番事业，而不是当奴仆、当牛马的。要免除这种状况，就要设立保卫局，防止内乱。要宣传变法主张，使人人明白道理，破除畛域，出而任事，则非学会不可。"今日救亡保命，至急不可缓之上

① 谭嗣同：《上欧阳中鹄》二十六，载《谭嗣同全集》，第477—478页。
② 皮锡瑞：《师伏堂日记》第3册，第95页。
③ 谭嗣同：《记官绅集议保卫局事》，载《谭嗣同全集》，第427页。
④ 皮锡瑞：《师伏堂日记》第3册，第103页。
⑤ 黄遵宪：《致梁启超书》，《中国哲学》第8辑，第385页。
⑥ 参见皮锡瑞《师伏堂日记》第3册，第103—104页。

策，无过于学会者。吾愿各府州县，就所有之书院概改为学堂、学会，一面造就人才，一面联合众力，官民上下，通为一气，相维相系，协心会谋，则内患其可以泯矣，人人之全体其可以安矣。”①

△谭嗣同告诉皮锡瑞，李一琴所译《字林西报》称列强瓜分中国已成定局。两湖、江、浙、江西、四川属英，云、贵、两广属法，山东、河南、安徽属德，东三省、直隶、山、陕属俄，福建属日本，惟甘肃无明文，或许会留给中国。②

△谭嗣同等人加入南学会会籍，“会籍先右帅，次公度，乃主会者，次即予（即皮锡瑞），乃主讲者”③。

三月二十一日（4月11日），谭嗣同、唐才常在时务学堂熊希龄处拟学生的品学凭单。谭与皮锡瑞谈及团练事，想请皮或欧阳中鹄开导龙湛霖不要参与兴办团练事。④

三月二十二日（4月12日）谭嗣同在《湘报》3号发表《群萌学会叙》，指出：“东事之后，能大变其风气，联群通力，发愤自强，以治新学者，必首湖南。……东事之后，能大变其风气，力倡联群通力，发愤自强，以治新学之说者，必首浏阳。”欧阳中鹄认为该叙“日光玉洁，应有尽有，抬高浏阳处亦得体，当是报中第一篇文字”⑤。

三月二十三日（4月13日），谭嗣同、熊希龄禀请举办团练。欧阳中鹄见到此禀，在给谭嗣同的信中指出欲防内匪，舍此别无他法，但在禀内要题明以此为主，以免让人怀疑是为御外侮而设。⑥

三月二十七日（4月17日），谭嗣同、唐才常、李维格、杨葵园、皮锡瑞等在南学会看放映幻灯。⑦

① 谭嗣同：《论全体学》，《谭嗣同全集》，第405页。

② 参见皮锡瑞《师伏堂日记》第3册，第111页。

③ 同上。

④ 同上书，第116页。

⑤《谭嗣同书简》，第125—126页。

⑥ 同上书，第125页。欧阳此信末署“廿五日”，信中提及“昨见报内列龙萸溪为不缠足会董事”，查龙萸溪为不缠足会董事载《湘报》第34号，为三月二十四日，则欧阳此信写于三月二十五日。该信又称前日看到谭嗣同、熊希龄请举办团练的禀帖，则谭等上禀当在三月二十三日。

⑦ 参见皮锡瑞《师伏堂日记》第3册，第126页。

三月二十八日（4 月 18 日），谭嗣同“治事篇”十篇先后在《湘报》刊载完毕。这十篇文章分别刊于《湘报》第 35 号、第 36 号、第 37 号，主要论述学会的作用，想通过组织学会来达到“无变法之名而有变法之实”的目的，设立学会可以通上下之情，无议院之名而有议院之实；设立学会可以平权，予绅士以议事权，无变官制之名而有变官制之实；学会可使候补官学习从仕经验，并使“众绅士预闻选官之典”，达到无变科举之名而有变科举之实；学会还可订立简要的法规，以供官府使用，使无变法之名，而有变法之实；学会还可以养民为目标，使农矿工商各业精通其技术，并且设立警部，公定祀典，在财政方面有所作为；学会还可群策群力，达到合群的目的；学会还可起到联系湘粤维新人士的目的。

皮锡瑞认为这一系列文章论述平正，但将一切归于学会，并称谭嗣同在文中说洋人佩服湖南，会引起误解。“论极平正，然明说一切皆归入学会，人必疑学会之权太重，伊又云洋人甚佩服湖南，人闻之，又必以为与洋人交通，此等语皆但可为知者道耳。”[①]

△谭嗣同请求陈宝箴不要调离浏阳县令黎墉，因为新任浏阳县令为原湘潭县陈县令，陈县令不肯考时务，讯断又最糊涂，终日坐堂并不能结一案，如果补浏阳之缺，将不利于地方发展，“不如留黎大令万万矣。昨日已将此意函告中丞”[②]。

三月二十九日（4 月 19 日），谭嗣同致信欧阳中鹄，商议在浏阳举办团练办法。他与唐才常于三月二十一日前后已函商邹明沅，请由浏阳县选送百人至省城，令师中吉统率前往黄忠浩军营中学习，已经面商两次，黄已经同意。师中吉闰月即可率百人住其营中，黄必加意训练。拟请刘昆山为绅董，师中吉为哨弁，“嗣同等及师中吉所知之勇力果敢之士不下数十人，即可由师中吉一手招募百余人，而请各绅选试，可选得百人，师中吉带至省城，再由泽生选试，必易精矣”[③]。

△谭嗣同致书戴德诚，请其预防岳州诸生在县试时闹教。“至复生处，已作书致宣翘，将发，云岳州通商在即，而诸生约县考时毁教堂，

---

① 参见皮锡瑞《师伏堂日记》第 3 册，第 127 页。

② 谭嗣同：《上欧阳中鹄》二十，载《谭嗣同全集》，第 474 页。

③ 同上书，第 473—474 页。

校经堂岳州人请急开学会，属宜翘往，而不知岳州绅士开通者何人。复生以此事关一省之存亡。”[①]

三月份，湖南开办了不缠足会，总会设在省城长沙小东街湘报馆内。湖南不缠足会董事题名录中有谭嗣同、黄遵宪、徐仁铸、熊希龄、梁启超、邹代钧、唐才常、毕永年等人。谭嗣同在光绪廿三年《时务报》第45、47号上发表的《湖南不缠足会嫁娶章程》，该文又刊于《湘报》第53号，题目改为《湖南不缠足会嫁娶章程十条》。

闰三月初四（4月24日），南学会第十次演讲，谭嗣同谈军事。[②]

闰三月初五（4月25日），谭嗣同、熊希龄等人创立延年会。谭嗣同所作《延年会叙》，于二月十八日（3月10日），刊于《湘报》第4号。“本会现设小东门‘湘报’馆内，定于闰月初五（光绪二十四年为农历闰年，所闰之月为三月，此处当指闰三月初五）开会，照章以知单布劝各官绅戚友知书人会。自初五日起，凡一切应酬，谨守会规，彼此共谅为要。延年会董事熊希龄、谭嗣同白。”[③] 谭嗣同等人设立延年会的宗旨就是要充分利用时间，减免生活交际中的繁文缛节。“无故不得请客……至熟之友来拜者，均不答拜……如客有要事来商者，可先以函约定钟点聚晤……非遇紧要面商之事，彼此皆以函闻”[④]，但皮锡瑞认为谭嗣同所拟延年会的条例虽好，但谭本人可能也难受此约束。[⑤]

闰三月初六日（4月26日），谭嗣同、熊希龄、毕永年等函请王先谦[⑥]过江讲学，王先谦谢绝。[⑦]

△谭嗣同、熊希龄至皮锡瑞处，商议阅卷事。先是城南、求是两书院诸生，请官课勿考时文，但欧阳中鹄和陈三立认为阅卷无人，不愿改变考试内容。他们商议先由巡抚派人阅卷一次，再由南学会会员复阅，

---

① 皮锡瑞：《师伏堂日记》第3册，第137页。

② 此次演讲具体内容不详，据皮锡瑞闰三月初四日日记，“二点钟开讲，李一琴讲通商事，……谭复生讲治兵，亦切实。”（载《师伏堂日记》第3册，第141页）

③ 《延年会叙》载于《湘报》第40号，载《谭嗣同全集》第545页收有此告白，将“闰月初五”误为“闰五月初五”。

④ 谭嗣同：《延年会章程》，载《谭嗣同全集》，第412页。

⑤ 参见皮锡瑞《师伏堂日记》第3册，第63页。

⑥ 王先谦（1842—1917），字益吾，号葵园，湖南长沙人。

⑦ 参见皮锡瑞《师伏堂日记》第3册，第143页。

因为复阅较容易，并可借此开通诸人，因此在南学会章程里又加入“愿阅课卷”一条。[①]

闰三月初七日（4 月 27 日），谭嗣同到皮锡瑞处，纵谈刘颂虞驳易鼐，熊崇煦驳罗棠的事。[②] 先是，三月初八日（3 月 29 日），易鼐在《湘报》第 20 号发表《中国宜以弱为强说》，主张“改法以同法”，即以“西法与中法相参”，“改正朔，易服色”；“通教以绵教”，即“西教与中教并行”；“屈尊以保尊”，即“民权与君权两重”；“合种以留种”，即“黄人与白人互婚”。罗棠在《湘报》第 30 号发表《论拘禁周汉事》，两文引得物议纷然。张之洞为易鼐的文章，特意于闰三月二十一日（5 月 11 日）致电陈宝箴，要他注意报纸的言论，以防言官弹劾。“近见刊有易鼐议论一篇，直是十分悖谬，见者人人骇怒……此等文字，远近煽播，必致匪人邪士，倡为乱阶，且海内哗然，有识之士，必将起而指摘弹击。”[③]

闰三月十二日（5 月 2 日），皮锡瑞到谭嗣同、唐才常处，将昨日所收攻击南学会的问答展示给他们，他们认为对这种无理取闹者，可以不予理睬。皮还请谭嗣同致书其父谭继洵，以备其子前去拜见。同日，谭嗣同还到熊希龄处，检阅时务学堂诸生试卷，“共定甲乙”[④]。

闰三月十五（5 月 5 日），谭嗣同由长沙归浏阳。

闰三月二十日（5 月 10 日），抚宪官课，仍出时文。由于此事，谭嗣同、唐才常、皮锡瑞等人对欧阳中鹄产生误解，认为他的所作所为，“令守旧者鼓舞欢欣，维新者扼腕叹息”[⑤]。

闰三月下旬，谭嗣同被张之洞委为总办湖南制茶公司，公司全称为“长江机器焙茶公司湖南省分公司”。他负责购买机器，寻找合适的厂房。《湘报》第 64 号详细记载了谭嗣同被委任事。“香帅今春在鄂创立制茶公司，业委穆和德为督办，而湖南茶务实为大宗，长沙亦须分设公司，昨

---

① 参见皮锡瑞《师伏堂日记》第 3 册，第 142—143 页。

② 同上书，第 143 页。

③ 张之洞：《致长沙陈抚台黄臬台》（光绪二十四年闰三月二十一日午刻发），载《戊戌变法》第 2 册，第 609 页。

④ 皮锡瑞：《师伏堂日记》第 3 册，第 147 页。

⑤ 同上书，第 160 页。

香帅由驿排递公文，已札委本馆谭复生观察嗣同总办湖南焙茶公司，纠集绅商领本购办机器，建立厂基，将来茶务可望振兴也。”

闰三月二十七日（5月17日），谭继洵电谕谭嗣同，认为湖南以漕项减款办理团练之举甚善，令谭嗣同在浏阳劝官绅照办，电文中另有关于机器制茶事。谭嗣同一方面将电文寄给熊希龄，准备与之商量机器制茶事，一方面回电称将努力筹办。他还致信欧阳中鹄，请其尽力向湖南巡抚陈宝箴进言，尽力办成此事。①

闰三月二十九日（5月19日），谭嗣同致函欧阳中鹄，主张将漕项结余用于办理团练，并拟请涂启先办理，认为不如此办理，不过让粮差发财，民间并不能沾润实惠。谭还答应欧阳在机器制茶机构帮助他安置人员。②

四月初三日（5月22日），谭嗣同将离浏返长沙，恰值结婚十五周年，他追忆自己的婚姻生活③，对李闰充满感情。他说：“戊戌四月初三日，余治装将出游，忆与内子李君为婚在癸未四月初三日，恰一十五年，颂述嘉德，亦复欢然。不逮已生西方极乐世界，生生世世，同住莲花，如比迦陵昆迦同命鸟，可以互贺矣，但愿更求精进，自度度人，双修福慧。”并作诗云：“婆娑世界普贤劫，净土生生此缔缘。十五年来同学道，养亲抚侄赖君贤。”④

四月初六日（5月25日），谭嗣同写信给欧阳中鹄，解释在书院课试出时文题所引发的对欧阳中鹄的不满。在书院课试之前，欧阳中鹄和陈三立以无人阅卷为由，不愿改变考试内容，经过南学会会友商议，可由南学会会友帮助阅卷，后由皮锡瑞等人再三恳求，欧阳等人答应官课不出时文题，加上陈宝箴在南学会演讲，极力丑诋时文无用，因此，大家认为陈也希望废除书院时文题，但是最终还是以时文考试书院诸生，所

① 参见谭嗣同《上欧阳中鹄》十八，载《谭嗣同全集》，第472—473页。

② 参见谭嗣同《上欧阳中鹄》十九，载《谭嗣同全集》，第473页。欧阳中鹄在闰三月廿六日的信中推荐三人，其中一人为其弟。（载《谭嗣同书简》，第132页）

③ 据说谭嗣同对自己的婚姻不满意。欧阳予倩在《谭嗣同书简》（桂林文化供应社1943年版）的“上欧阳瓣姜师书序”中提出此种推测，称谭嗣同“本是个贵公子，可是家庭生活不好……他为庶母所歧视，婚姻也不满意。”

④ 谭嗣同：《戊戌北上留别内子》，载《谭嗣同全集》，第284—285页。

以诸人对欧阳中鹄极度不满，认为新政不能展开缘于其把持。

> 听者皆以为中丞非不愿废去书院时文题矣，乃一出题又是时文，将置中丞之言于何地？于是群然愤怒，以为中丞之恩意非不周挚，特为函丈把持耳。故是次开会，博问匭中即有“浏梦成颠，抚幕招摇”等语，可知所愤者初非区区一题，盖愤把持一切，新政不得展布，即由此一事而类推者也。①

四月二十五日（6月13日），谭嗣同被徐致靖推荐，同日有旨令督抚送谭入京引见。

徐折推荐了康有为、梁启超、谭嗣同、黄遵宪、张元济五人，谭嗣同位居第三。评语是：“天才卓荦，学识绝伦，忠于爱国，勇于任事，不避艰险，不畏谤疑，内可以为论思之官，外可以备折冲之选。”对于被保荐，谭嗣同心情很复杂，他一方面充满欣喜，认为自己绝处逢生，虽然湖南维新运动遇到很大阻力，但他可以到北京去发展。他说：“我此行真出人意外，绝处逢生，皆平日虔修之力，故得我佛慈悲也。”② 另一方面，他认为被保荐耽误了正在筹划中的机器制茶公司。③

四月三十日（6月18日）谭嗣同在南学会演讲，言新学益处，并倡导遵奉谕旨力振新学。④

五月初二日（6月20日），谭嗣同致信夫人李闰，让其将他的功名保札、部照及一切公文和捐纳道员的实收，一一点清，封作一包，外加油纸，交送信人带来，并且将一些衣服物品，整理成一包，一同寄来。他认为自己能够进京，是平日虔诚修行的结果。最后，他还叮咛李闰看淡世事，力行节俭。“夫人益当自勉，视荣华如梦幻，视死辱为常事，无喜

① 谭嗣同：《上欧阳中鹄》二十四，载《谭嗣同全集》，第476页。

② 谭嗣同：《致李闰》一，载《谭嗣同全集》，第530页。

③ 谭嗣同：《致邹岳生》二，载《谭嗣同全集》，第490页。

④ 《湘报》第92号。《湘报》登载了曾广钧的演讲，称为第十四次演讲。曾在演讲中提到翁同龢退出军机处，当为四月廿七日以后。另据《湘报》第88号（四月廿八日出版）所刊“南学会告白”，称“本学会定于本月三十日宣讲”推测，此次演讲当在四月三十日。

无悲，听其自然。惟必须节俭，免得人说嫌话。”[①]

五月初四日（6月22日），谭写信给邹岳生，谈及因被保举，致使机器制茶事被迫中止。他说：“机器制茶事，方弄得有头绪，而忽被保荐，即须入京引见，横生事端，无过于此。只好暂将诸事搁起，一意收拾行李，日内起程。……他事尚不要紧，但为此增出无数‘背弓’，大为可恼。”信中还称收到邹所寄来的二百两银子，并拟当日起程前往武昌，在武昌小住数日后，再到南京领取咨文，随即北上。[②]

五月初六日（6月24日），谭嗣同致函欧阳中鹄，提及外间对欧阳的浮言，其中出题事最动公愤，另外还涉及浏阳赈灾事。

> 外间浮言，何所蔑有？嗣同等一闻此等语，即为力辩，然却未究其为何所指也。（出题事极动公愤，其余谣言虽多，殆不足道）批何卷事，外间绝无所闻，可决其不为此。[③]总之，衔之深者不止一人，（凡新党无不如此，其中有极冤者，剖白几至舌敝唇焦）谤之丛者不止一事。（牵涉赈事，新旧两党皆然）此嗣同所以不能不欲有所陈也。然事既过往，亦不欲遍述，第言其大略而已。[④]

五月初八日（6月26日），谭嗣同致函欧阳中鹄，拟与唐才常到欧阳处面谈，以解除彼此之间的误会，以就此辞行。他提前约定了七条谈话原则，即：“一、以前所言一切谤议，彼此均已剖明，从此一笔勾销，不必深论，免使近于争论是非。二、系专讲明学问宗旨。三、所言既长，颇消时刻，不识能不厌倦否？四、学问宗旨要从源头说起，不免有宽泛之语。五、有应驳者，请暂用笔录记，俟说完时一总指驳，使其讲时得以一气贯注，庶毕其词。六、来讲之意，宗旨既明，志气相通，以后即有异同，各不相碍，其余是非事亦不辩自明。七、来讲系剖明自己之志

---

① 谭嗣同：《致李闰》一，载《谭嗣同全集》，第530页。

② 参见谭嗣同《致邹岳生》二，载《谭嗣同全集》，第490页。

③ 欧阳中鹄初六早致信谭嗣同，认为皮锡瑞斥其品行日卑一日，惊心动魄，必定确有所指，非凭空臆造，他认为原因不在出时文题，而在于批何来保卷的评语与平等之旨相违背。（参见《谭嗣同书简》，第136—137页）

④ 参见谭嗣同《上欧阳中鹄》二十三，载《谭嗣同全集》，第475—476页。

愿，并非强人从己。”[①]

五月初十（6月28日），谭嗣同与唐才常到欧阳中鹄处谈时事，谭提及“亡后之图”。次日欧阳写信嘱谭“善藏其用，留俟彼时为四万万黄种立命”。建议到京后设法令明诏天下设立警部，并且在强兵及铁路方面努力，如此，中国方能自立。[②]

五月初，谭嗣同到武昌后，卧病多日，后来决定扶疾北上。欧阳中鹄在戊戌政变后回忆“是时，见其晦气满面，又内伤症已见，干咳不能寐，肝气横烈，知必有祸。闻在鄂卧病十余日，以为缓往，或彼之福。及书来曰：此生犹赘，当力疾一行，则知必不免矣”[③]。谭离开长沙前，唐才常饯行，谭酒酣口占诗两句。“三户亡秦缘敌忾，勋成犁扫两昆仑。”[④]

六月十二日（7月30日），上谕再令黄遵宪、谭嗣同迅速赴京。

> 谕军机大臣等：电寄刘坤一等，湖南盐法长宝道黄遵宪、江苏候补知府谭嗣同，前经谕令该督抚送部引见，着刘坤一、张之洞、陈宝箴即行饬令该二员迅速来京，毋稍迟延。

六月十三日（7月31日），谭嗣同致信夫人李闰，拟应召入京。

> 总理衙门有文书（系奉旨，又有电报）来，催我入都引见，可见需人甚急，虽不值钱之候补官，亦珍贵如此！圣恩高厚，盖可见矣。现定本月十六日乘轮赴南京领取咨文，赶速入都。[⑤]

六月十六日（8月3日），谭嗣同自武昌至南京领取入京咨文。[⑥]

---

① 谭嗣同：《上欧阳中鹄》二十五，载《谭嗣同全集》，第476页。
② 参见《谭嗣同书简》，第138页。
③ 欧阳中鹄：《复艮生书》，《谭嗣同研究资料汇编》，第250页。
④ 谭嗣同：《戊戌北上才常饯行，酒酣口占》，载《谭嗣同全集》，第542页。
⑤ 谭嗣同：《致李闰》二，载《谭嗣同全集》，第531页。
⑥ 同上。

六月二十六日（8月13日），谭嗣同在上海访宋恕[①]，与宋探讨时事。“浏阳应召入京，来辞别，且访谋天下事，弟送之行，再三讽以时局之难，不如早归。”[②]

六月二十七日（8月14日）谭嗣同离开上海赴京。[③]

七月初四日（8月20日），谭嗣同、林旭在天津相识。谭延闿记述了两人相见时的情形，“余（即谭延闿）于戊戌七月初四过天津，与林暾谷（即林旭）饮酒楼，闻隔座叹息声，曰：有君无臣，奈何！窥之，复生也。亟呼入，与暾谷不相识，余为之介，高睨大谈，一座尽倾。明日别去，遂及于难”[④]。

七月初五日（8月21日），谭嗣同至京，居浏阳会馆。[⑤]

七月十一日（8月27日），谭嗣同写信给夫人李闰，告诉李他已经抵京，认为国事大有可为，准备努力从事维新事业。“事之忙迫，殆不胜述，朝廷毅然变法，国事大有可为。我因此益加奋勉，不欲自暇自逸。幸体气尚好，精神极健，一切可以放心。此后太忙，万难常写家信，请勿挂念。”[⑥]

七月十九日（9月4日）

谭嗣同经吏部带领引见[⑦]，吏部奉交片谕旨，令谭嗣同于二十日预备召见。“交吏部本日贵部带领引见之江苏候补知府谭嗣同，奉旨著于二十日预备召见，钦此，相应传知贵部钦遵转传可也，此交。”[⑧]

七月二十日（9月5日）

谭嗣同受到光绪帝召见，同日先有旨，“明保江苏候补知府谭嗣同旨著以知府仍发江苏，尽先即补，并交军机处存记”[⑨]，继有旨任命杨锐、刘光第、林旭、谭嗣同为四品军机章京，参预新政。“内阁候补侍读杨

---

① 参见《宋恕集》，第941页。

② 宋恕：《致孙仲恺书》，载《宋恕集》，第690页。

③ 参见《宋恕集》，第941页。

④ 《近代湘贤手札》第85页，载沈云龙主编《近代中国史料丛刊》，第557—558册。

⑤ 参见谭嗣同《致李闰》三，载《谭嗣同全集》，第531页。

⑥ 同上。

⑦ 参见秦国经主编《中国第一历史档案馆藏清代官员履历档案全编》第5册，第698页。

⑧ 中国第一历史档案馆编：《光绪宣统上谕档》第24册，第344页。

⑨ 中国第一历史档案馆军机处录副档案，档案号03－5736－013。

锐、刑部候补主事刘光第、内阁候补中书林旭、江苏候补知府谭嗣同，均着赏加四品卿衔，在军机章京上行走，参预新政事宜。”

谭嗣同在召见时，纵论时弊，并问及光绪帝的健康状况。“嗣同既得见上，慷慨论列当年之利弊，上大悦。”[①] 梁启超提及谭嗣同在被召见时，问到光绪帝的病情。“谭嗣同召见时，当面询皇上病体如何，皇上言朕向未尝有病，汝何忽问此言。谭乃惶恐免冠谢云”[②]，据称他曾在光绪帝前推荐唐才常。[③]

《知新报》第73册中铁冶生《书今上口谕军机章京谭嗣同语后》一文，转载了《天南新报》里所录的光绪帝给谭嗣同的口谕，内容为：“我为二十三年罪人，徒苦我民耳，我何尝不想百姓富强，难道必要骂我为昏君耶？特无如太后不要变政，又满洲诸大臣总说要守祖宗之成法，我实无如之何耳……汝等所欲变者俱可随意奏来，我必依从，即我有过失，汝等当面责我，我必速改也。”[④]

军机四章京的职责主要包括：“拟签”司员士民的上书，恭拟谕旨，在光绪帝和康有为之间传递消息。

1. “拟签”司员士民的上书

谭嗣同四人在任职期间的职责是专门负责司员士民的上书，由他们对这些条陈添加“签语”后，奏明光绪帝，形成旨意，司员士民的上书，直接下发给新进的军机章京，由其加签语，虽然他们处理的文件在帝国的政治中不算最为重要，但他们的权力实际上要大于军机大臣，这是因为军机大臣是奉旨拟旨，是先有旨意后有谕旨，而新进四章京是先有意见，然后奏明，形成旨意。[⑤] 从新任四军机的签条看，他们处理条陈的方法与先前光绪帝的处理方法一致，即不是根据上书的内容直接发出谕旨，而是将上书中的某些他们认为有价值的内容，交给某一部门“议复”。他们可以借助“拟签”表达其政治倾向，一旦光绪帝同意了他们的“拟签”，他们实际上就在行使着皇帝的权力。

---

① 《清国殉难六士传》，《知新报》第75册。

② 参见梁启超《戊戌废立详记》，载《戊戌政变记》，第63页。

③ 康有为：《与张之洞书》（1900年9月），载《康有为政论集》（上），第436页。

④ 铁冶生：《书今上口谕军机章京谭嗣同语后》，《知新报》第73册。

⑤ 参见茅海建《戊戌变法史事考》，第81页。

2. 恭拟谕旨

梁启超称七月二十七日上谕为谭嗣同草拟。光绪帝拟开设懋勤殿的谕旨亦通过内监令谭嗣同草拟。①

3. 在光绪帝和康有为之间传递消息

梁启超、康有为记载说四章京的一个职责是在光绪帝和康有为之间传递消息。康有为说："上意有所欲传，吾有所欲白，皆借谭、林通之。上以忌西后，未敢显然用，故用谭林杨刘代之，上之意极苦矣。"② 在康有为自编年谱中，记载了两则通过谭、林传递奏折的事。(1)"又交复生递密折，请抚袁以备不测"③，(2)"草密折谢恩并誓死救皇上，令暾谷持还缴命"④。

七月二十一日（9月6日）

四章京入值第一天。

△光绪帝颁布朱谕，令谭嗣同等新任军机四章京据实条陈对新政的看法，通过军机大臣代递。"昨已命尔等在军机章京上行走，并令参预新政事宜，尔等当思现在时务艰危，凡有所见及应行开办等事，即行据实条例，由军机大臣呈递，俟朕裁夺，万不准稍有顾忌欺饰，特谕。"⑤

△谭嗣同等军机四卿谢恩。⑥

七月二十二日（9月7日）

谭嗣同等新任四章京的正式当值日。

七月二十三日（9月8日）

谭嗣同、刘光第轮值。因为他们的任职指明是"参预新政"，所以并未在原有的军机章京中排班。他们轮流值班，杨、林为一班，双日入值，刘、谭为一班，单日入值。杨锐称："每日发下条陈，恭加签绎，分别是否可行，进呈御览。事体又极繁重……刘与谭一班，兄与林一班。"⑦

---

① 参见梁启超撰《戊戌政变记》"新政诏书恭跋"、"谭嗣同传"。

② 刘梦溪主编，朱维铮编校：《中国现代学术经典·康有为卷》，第865—866页。

③ 同上书，第868页。

④ 同上书，第869页。

⑤ 杨锐：《杨参政公家书》，载《觉迷要录》卷四。

⑥ 《早事档》中有"军机四卿各谢恩，奉旨知道了。"但谭嗣同在《狱中书信》里却写道："谢得军机折，不用递了"，二十一日的谭嗣同等人的谢恩，可能非具折谢恩。

⑦ 杨锐：《杨参政公家书》，载《觉迷要录》卷四。

七月二十四日（9月9日）

杨锐、林旭轮值。

七月二十五日（9月10日）

谭嗣同、刘光第轮值。

七月二十六日（9月11日）

杨锐、林旭轮值。

七月二十七日（9月12日）

谭嗣同、刘光第轮值。

△光绪帝令谭嗣同具折反驳曾廉上书。

都察院代递湖南举人曾廉弹劾康有为、梁启超的条陈，并附片一件，攻击康有为以民权平等之说蛊惑人心，并摘引了梁启超等人在时务学堂课卷上的批语，来证实自己的论断。如："议院虽创于泰西，实吾五经诸子传记，随举一义，多有其意者，惜君统太长，无人敢言耳……今日欲求变法，必自天子降尊始，不先变去拜跪之礼，上下仍习虚文，所以动为外国讪笑也……凡赋税于民者，苟为民作事，虽多不怨，今西国是也……苟不为民作事，虽轻亦怨矣，中国之赋税，至本朝而极轻矣……以赋轻之故，及至官俸亦不能厚，恶知官俸既薄，而彼百官者，乃取之于民之身而其祸益烈耶？……屠城屠邑，皆后世民贼之所为，读《扬州十日记》，令人发指眦裂，故知此杀戮世界，非急以公法维之，人类或几乎息矣。"[①] 曾廉请求斩康有为、梁启超以塞邪慝之门。光绪帝看到曾廉上书后，"恐西后见之，将有不测之怒"，将其折交军机大臣裕禄，命转交谭嗣同按条详驳。[②]

谭嗣同的驳语，今已不存。据梁启超记载，有"臣嗣同以百口保康梁之忠，若曾廉之言属实，臣嗣同请先坐罪"[③]。据说他"乃逐条批驳廉疏，约四卿联名，保有为忠直无他"[④]。同时他请以毁谤新政罪杀曾廉。[⑤] 谭嗣同在驳斥过程中，可能将曾廉奏折的部分内容焚毁。江西道监察御

① 曾廉：《附陈康有为梁启超罪状片》，载《戊戌变法》第2册，第502页。

② 参见梁启超《戊戌政变记·刘光第传》，载《饮冰室合集》专集之一，第105页。

③ 梁启超：《戊戌政变记·谭嗣同传》，《饮冰室合集》专集之一，第107页。

④ 胡思敬：《戊戌履霜录》卷四，"党人列传"。

⑤ 参见曾廉《应诏上封事》，载《戊戌变法》第2册，第500页。

史熙麟在光绪二十四年十月十九日（1898 年 12 月 2 日）的奏折中，称："甲午科举人曾廉深烛其隐，皎然不滓，当诏许士民言事之日，郁其孤忠，累牍万余言，伏阙上陈。其折内去邪慝一条，及附片所载，既请斩康有为、梁启超以塞邪慝之门……闻谭嗣同等尝力请诛之，皇上特以恐塞言路宥之，……闻此折留中之后，有已为谭嗣同等焚毁不全之说，是该逆等非不自知罪恶难掩，而将惜焚毁以掩天下之耳目也。"①

△谭嗣同代拟上谕一道，重申变法本意，并进一步开放言路。在《新政诏书恭跋》中，梁启超对这一上谕做如下评价："此诏为国朝第一诏书，恻怛爱民，饥溺自任，以变中国二千年之敝政，定开懋勤殿选通才入直之旨，为谭嗣同所草。"②

国家振兴庶政，兼采西法，诚以为民立政，中西所同，而西人考究较勤，故可以补我所未及。今士大夫昧于域外之观者，几若彼中全无条教，不知西国政治之学，千端万绪，主于为民开其智慧，裕其身家，其精（者）乃能美人性质，延人寿命。凡生人应得之利益，务令其推扩无遗。朕夙夜孜孜，改图百度，岂为崇尚新奇，乃眷怀赤子，皆上天之所畀，祖宗之所遗，非悉使之康乐和亲，朕躬未为尽职。加以各国环处，陵迫为忧，非取人之所长，不能全我之所有。朕用心至苦，而黎庶犹有未知。职由不肖官吏与守旧之士大夫不能广宣朕意，乃反胥动浮言，使小民摇惑惊恐。山谷扶杖之民，有不获闻新政者，朕实为叹恨！今将变法之意，布告天下，使百姓咸喻朕心，共知其君之可恃，上下同心，以成新政，以强中国，朕不胜厚望。

着查照四月二十三日以后所有关乎新政之谕旨，各省督抚均迅速照录，刊刻誊黄切实开导。著各州县教官详切宣讲，务令家喻户晓。各省藩臬道府饬令上书言事，毋事隐默顾忌。其州县官应由督抚代递者，既由督抚将原封呈递，不得稍有阻格。总期民隐尽能上达，督抚无从营私作弊为要。此次谕旨，并著悬挂各省督抚衙门大

① 江西道监察御史熙麟折，《戊戌变法档案史料》，第 493—494 页。

② 梁启超：《新政诏书恭跋》，载《戊戌政变记》，第 52 页。

堂，俾众共观，庶无壅隔。

△谭嗣同受命草拟开设懋勤殿的谕旨，预备开懋勤殿事。[①] 光绪帝先遣内侍持历朝圣训授谭嗣同，“传上言谓康熙、乾隆、咸丰三朝有开懋勤殿故事，令查出引入上谕中”[②]。

七月二十八日（9月13日）

杨锐、林旭轮值。

七月二十九日（9月14日）

谭嗣同、刘光第轮值。

七月三十日（9月15日）

杨锐、刘光第轮值。光绪帝召见杨锐，赐密诏，令他与林旭、刘光第、谭嗣同妥筹善策，如何既能进用新人，推进维新运动，又不触怒慈禧太后。

> 近来朕仰窥皇太后圣意，不愿将法尽变，并不欲将此辈老谬昏庸之大臣罢黜，而用通达英勇之人，令其议政，以为恐失人心。虽经朕累次降旨整饬，而并且随时有几谏之事。但圣意坚定，终恐无济于事。即如十九日之朱谕，皇太后已以为过重，故不得不徐图之，此近来之实在为难之情形也。朕亦岂不知中国积弱不振，至于阽危，皆由此辈所误，但必欲朕一旦痛切降旨，将旧法尽变，而尽黜此辈昏庸之人，则朕之权力，实有未足。果使如此，则朕位且不能保，何况其他！今朕问汝，可有何良策，俾旧法可以全变，将老谬昏庸之大臣尽行罢黜，而登进通达英勇之人，令其议政。使中国转危为安，化弱为强，而又不致有拂圣意。尔其与林旭、刘光第、谭嗣同及诸同志等妥速筹商，密缮封奏，由军机大臣代递，候朕熟思，再行办理，朕实不胜十分焦急翘盼之至。特谕。[③]

---

① 参见刘梦溪主编，朱维铮编校《中国现代学术经典·康有为卷》，第867页。

② 梁启超：《戊戌政变记·谭嗣同传》，《饮冰室合集》专集之一，第107页。

③ 赵炳麟：《赵伯岩集》，第514页，沈云龙主编：《近代中国史料丛刊》，第303册。

八月初一（9 月 16 日）

谭嗣同、刘光第轮值。

谭嗣同急电催唐才常带人来京。[①]

入京前，谭嗣同曾与哥老会接触，先托唐才常、毕永年至汉口见哥老会会首，后谭与其会首见面，被允以可挑选数十人听其指挥，谭认为时机不成熟，仅让其精习刀棒。临赴京时，嘱唐才常保密。八月，他急电唐才常带人赴京，因事出仓促，唐未照办。[②] 谭嗣同电湖南派人事，在袁世凯的《戊戌日记》里也有记载，谭对袁说："我雇有好汉数十人，并电湖南召集好将多人，不日可到。"[③]

八月初二（9 月 17 日）

杨崇伊、张仲炘赴颐和园，奏请慈禧太后训政。庆王、端王亦请慈禧太后训政。

八月初三日（9 月 18 日）

谭嗣同、刘光第轮值。

△司员士民上书的处理方式发生重大变化。由新任军机四章京向光绪帝负责的"拟签"制，改为四章京向慈禧太后负责的"拟签"制。其具体程序为：早朝时奉旨"留"的代奏条陈，或各地方官代奏的条陈，交由四章京"拟签"；军机处将已"拟签"的条陈原件呈送慈禧太后；由慈禧太后审定发下后，军机处才能送光绪帝发旨。[④]

△晨，林旭持密诏到康有为处，并带来七月三十日赐四章京密诏。林旭、谭嗣同与康有为、梁启超等商议联合袁世凯事，林旭不赞成联袁。林旭"言世凯巧诈多智谋，恐事成难制"[⑤]，并作一小诗，反对联袁，"伏蒲泣血知何用，慷慨何曾报主恩。愿为公歌千里草，本初健者莫轻言"。对林旭此诗的理解，也有歧义，是指不赞成召外兵，还是主张召外

① 唐才质回忆"八月初，伯兄得复生七丈急电：'速偕同志，来京相助'"［唐才质：《戊戌闻见录》摘抄（未刊稿），《谭嗣同研究资料汇编》，第 272 页］但未提具体日期，从毕永年的《诡谋直纪》中，可知谭嗣同是八月初一日致电唐才常的，"八月初一日……乃共拟飞电两道，速发之，而催唐氏"。（杨天石：《海外访史录》，社会科学文献出版社 1998 年版，第 44 页）

② 唐才质：《戊戌闻见录》摘抄（未刊稿），载《谭嗣同研究资料汇编》，第 272 页。

③ 袁世凯：《戊戌日记》，载《戊戌变法》第 1 册，第 551 页。

④ 参见茅海建《戊戌变法史事考》，第 246—247 页。

⑤ 胡思敬：《戊戌履霜录》卷四，"党人列传"。

兵，但要召董福祥，而不是召袁世凯，见解各异。当时与林旭交往较多的陈衍，指出林有用董福祥的言论，梁启超认为林旭诗中所言，是指东汉何进招外兵入京，而后尾大不掉，无法控制董卓之事，因此他不主张引袁世凯等外兵入京。[①]

△当晚，谭嗣同等到袁世凯所在寓所，劝袁“围园锢后”。

康有为在《我史》中说：“初三日早暾谷持密诏来，跪诵痛哭激昂……二十九日交杨锐带出之密诏，杨锐震恐，不知所为计，亦至是日，由林暾谷交来，与复生跪读痛哭，乃召卓如及二徐、幼博来，经划救上之策。袁幕府徐菊人亦来，吾乃相与痛哭以感动之，徐菊人亦哭，于是大众痛哭不成声，乃嘱谭复生入袁世凯寓所，说袁勤王。”[②]

谭嗣同是否单独一人前去袁世凯的寓所？在袁世凯的《戊戌日记》、康有为的《我史》、梁启超的《谭嗣同传》里均指出谭嗣同一人前去。在《谭嗣同传》里，还提到谭、袁交谈时，有第三人在场。毕永年的记载则与上述不同，他称谭嗣同次日告诉他，康有为将密谋全部告诉给袁世凯，谭反对联袁，但对此无能为力。他说：“初四日。早膳后谭君归寓，仆（即毕永年）往询之……仆曰：‘袁究可用乎？’谭曰：‘此事我与康争过数次，而康必欲用此人，真无可奈何。’仆曰：‘昨夜尽以密谋告袁乎？’谭曰：‘康尽言之矣’”[③]。

对于毕氏的说法，一般均不予采信，因为《诡谋直纪》写于毕氏与康有为发生分歧之后，毕的说法是否真实尚难断定。但各种迹象表明，谭嗣同并非单独前去。

首先，从谭嗣同与袁世凯的关系来看，他不是游说袁世凯的合适人选，从袁世凯《戊戌日记》来看，他对谭相当陌生。从康有为的记载来看，他们经营救上之策时，袁幕府徐世昌也在场，他们“相与痛哭以感动之，徐菊人亦哭”，从情理上看，如果去游说袁世凯，徐世昌是比谭嗣同更合适的人选。

其次，除了毕永年提出谭嗣同并非一人独访袁世凯外，王照也有类

---

① 参见梁启超《林旭传》，载《戊戌政变记》，第 104 页。

② 刘梦溪主编，朱维铮编校：《中国现代学术经典·康有为卷》，第 869 页。

③ 杨天石：《海外访史录》，第 45 页。

似说法，称梁启超、谭嗣同同去访袁。他说："梁启超、谭嗣同于初三夜往见袁，劝其围太后，袁不允。"①

另外，康有为在一些文献里，也透露出自己与袁世凯接触的事实。在《谢奉到衣带密诏折》里，康有为承认见到朱谕后，曾在八月初三日与谭嗣同、袁世凯商讨对策，"初三日，杨锐、谭嗣同交奉到朱笔密谕，乃惊悉大变……是日与袁世凯、谭嗣同密谋，不意杨锐畏怯，意皆不宣，致为日无几，不及措手"②。

△根据袁世凯的《戊戌日记》，谭嗣同的初步设想是，令袁世凯回小站后，立即带兵到天津，杀荣禄，然后带兵入京，围颐和园，杀慈禧太后。此计划被袁改变为在天津阅兵时，由光绪帝下一朱谕来发动政变，实际上间接否定了谭嗣同等人立即采取行动的计划。

他说谭嗣同"出一草稿，如名片式，内开……袁世凯初五请训，请面付朱谕一道，令其带本部兵赴津，见荣某，出朱谕宣读，立即正法，即以袁某代直督……即封禁电局铁路，迅速载袁某部兵入京，派一半围颐和园，一半守宫，大事可定。如不听臣策，即死在上前各等语"③。

他建议："九月即将巡幸天津，待至伊时，军队咸集，皇上下一寸纸条，谁敢不遵，又何事不成?"④ 袁世凯以等到天津阅兵再采取行动来搪塞谭嗣同，在毕永年的《诡谋直纪》里有旁证。毕称谭嗣同曾在八月初四日告诉他："袁尚未允也，然亦未决辞，欲从缓办也。"⑤

对"围园锢后"的说法，康有为、梁启超在记载里极力否认，他们认为这是袁世凯编造的。梁启超认为要坐实加在军机四章京头上的"围园锢后"的罪名，必须有四项条件："欲成其谳，须有四证，一康之奏文，二袁之告辞，三皇帝之谕旨，四同谋杨刘林谭之供状。"⑥

他们在记载里对联袁的目的有三种说法。一为借助袁世凯来练兵；

---

① 王照：《关于戊戌政变之新史料》，载《戊戌变法》第4册，第333页。

② 康有为：《谢奉到衣带密诏折》，载《戊戌变法史研究》，第547页。

③ 袁世凯：《戊戌日记》，载《戊戌变法》第1册，第550—551页。

④ 同上书，第552页。

⑤ 杨天石：《海外访史录》，第45页。

⑥ 梁启超：《穷捕志士》，载《戊戌政变记》，第93页。

一为借助袁世凯杀荣禄，除旧党；一为借助袁世凯来应付天津阅兵时行废立的突发事件。“先帝……思欲训练宿卫禁军以固国本，微闻世凯有知兵之誉，垂询及于罪臣，而罪臣无目，不辨忠奸，仰承圣意，加以推毂。”① “乃属谭复生入袁世凯所寓，说袁勤王，率死士数百扶上登午门而杀荣禄，除旧党。”② “荣禄密谋，全在天津之举……若变起，足下以一军敌彼二军，保护圣主，复大权，清君侧，肃宫廷，指挥若定，不世之业也。”③

谭嗣同是否赞同联合袁世凯“围园锢后”，有不同记载。胡思敬认为此举是谭嗣同首先提出的。“（嗣同）引有为入卧室，取盘灰作书，密谋招袁世凯入党，用所部新建军，围颐和园，以兵劫太后，遂锢之。有为执嗣同手，瞪视良久曰：‘母后固若是，岂可劫乎？’嗣同曰：‘此兵谏也，事成请自拘于司败，古人有行之者矣。’次日以告启超，启超称善。”④

而毕永年则认为谭嗣同不赞成此事，这是康有为孤注一掷的结果。“仆见谭君，与商此事。谭云：‘此事甚不可，而康先生必欲为之，且使皇上面谕，我将乃之何？我亦决矣，兄能在此助我，甚善，但不知康欲如何用兄也？’”⑤

与上述说法不同的是，还有一种说法，认为令袁世凯“围园锢后”，是光绪帝的旨意，谭嗣同仅是奉命前往，他并不赞成此事。皮锡瑞说：“大局之翻，由上面谕袁世凯杀荣禄，复生等争之，而谕已下，袁已告荣，遂有围园之谤。”⑥《字林西报》也报道称谭嗣同系奉光绪帝的谕旨去找袁世凯：第一步行动开始了，在此犯了一个致命的错误。光绪帝发出一道谕旨，让袁世凯立即带兵到天津，杀掉荣禄。签署谕旨时，康、谭均在场。谭嗣同拿着光绪帝的谕旨，满怀信心地在星期一，9 月 18 日夜，去找袁世凯，让他带五千兵到天津。但袁世凯并未立即逮捕并处死

---

① 汤志钧编：《康有为政论集》（上），第 636 页。

② 刘梦溪主编，朱维铮编校：《中国现代学术经典·康有为卷》，第 869 页。

③ 梁启超：《戊戌政变记·谭嗣同传》，载《饮冰室合集》专集之一，第 107 页。

④ 胡思敬：《戊戌履霜录》卷四，“党人列传”。

⑤ 杨天石：《海外访史录》，第 45 页。

⑥ 皮锡瑞：《师伏堂日记》，《湖南历史资料》1981 年第 2 辑，第 148—149 页。

荣禄，而是软弱地承认自己对此事有不同看法。[①]

八月初四（9月19日）

辰刻，谭嗣同致电父亲谭继洵，称英俄已经开战，各国兵船布满北洋，恐有奇变，请其父缓行为妙。[②]

八月初五（9月20日）

谭嗣同、刘光第轮值。

谭嗣同从南海馆迁居浏阳馆[③]，晚十时，毕永年致书谭嗣同，劝其速行。[④]

八月初六（9月21日）

谭嗣同建议梁启超入日本使馆，请求伊藤博文救康有为。

> 初六日变遂发！时余方访君寓，对坐榻上，有所擘划，而抄捕南海馆（康先生所居也）之报忽至，旋闻垂帘之谕。君从容语余曰："昔欲救皇上既无可救，今欲救先生亦无可救，吾已无事可办，惟待死期耳！虽然，天下事知其不可而为之，足下试入日本使馆，谒伊藤氏，请致电上海领事而救先生焉。"余是夕宿日本使馆，君竟日不出门，以待捕者。[⑤]

八月初七日（9月22日）

△改归知县庶吉士缪润绂上折攻击杨锐、谭嗣同为康有为等人的内

---

① The first act was attempted and here the fatal mistake was made . The emperori ssued an edict instructing Yuanshih-kai to proceed at once to Tientsin with his troops and to behead Yunglu. This edict was written in the presence of Kang and Tan , and was delivered by the Emperor to Tan to carry to Yuanshih-kai. He did his task faithfully and delivered the message to Yuan, during the night of Monday, the 18th of September, moved five thousand troops to Tientsin, but instead of taking Yunglu immediately into arrest and carrying out his orders to Yunglu and weakly apologized for the disagreeable-ness of his task .

② 陈庆年：《戊戌己亥见闻录》，《近代史资料》总第81号，第120页。

③ 谭嗣同七月十一日在给妻子李闰的信里，说："复生手草七月十一日住浏阳会馆"，可见他刚到北京时住在浏阳会馆。康有为在其自编年谱中，提及"时谭复生实馆于吾"，毕永年则记载谭嗣同八月初五日前已从南海馆迁回浏阳会馆。谭嗣同何时从浏阳会馆迁到康有为的住处南海馆？何时迁出南海馆，谭迁进南海馆以及迁出南海馆的原因何在？均待索解。

④ 杨天石：《海外访史录》，第45页。

⑤ 梁启超：《戊戌政变记·谭嗣同传》，载《饮冰室合集》专集之一，第109页。

援。“近闻其联孙逆于日本，招伊藤来，嗾其党荐为客卿，变乱朝纲，颠倒国是，张羽翼，植腹心，结谭嗣同、杨锐为内援，倚张荫桓、徐致靖为外助。”①

△根据梁启超记载，谭嗣同到日本使馆，与梁告别，他劝梁东游，并携带书稿及家书托梁保存。

> 明日入日本使馆与余相见，劝东游，且携所著书及诗文辞稿本数册、家书一箧托焉。曰：“不有行者，无以图将来，不有死者，无以酬圣主。今南海之生死未可卜，程婴杵臼，月照西乡，吾与足下分任之。”遂相与一抱而别。②

按：林权助的口述中未涉及谭嗣同入日本使馆探梁事，当时风声鹤唳，梁启超首次进入日本使馆时，未发生问题，当他再次入日本使馆时，使馆外已布满捕快，引起骚动，是林权助派人帮他解的围。谭嗣同第二天到日本使馆竟未引起注意，尤其是在林权助的记忆中被忽略③，因此谭嗣同八月初七日是否到过日本使馆，值得怀疑。

八月初八日（9月23日）

谭嗣同在北京宣武门外北半截胡同浏阳会馆莽苍苍斋被捕。④ 被捕时猝不及防，“谭嗣同病卧在床，即在寝所拘入刑部监，并被褥无所得”⑤。

谭嗣同未出逃的原因，有为变法自愿流血说，有害怕祸及家人说，有为救光绪帝、事未成而殉身说，还有与林旭相约俱不出逃说。

1. 谭嗣同拒不出逃，是想为变法流血。

> 有西人自北京来，传述初六七日中国朝局既变，即有某国驻京

---

① 改归知县庶吉士缪润绂折，《戊戌变法档案史料》，第462页。

② 梁启超：《戊戌政变记·谭嗣同传》，载《饮冰室合集》专集之一，第109页。

③ 《戊戌变法》第三册，第572页。

④ 时在北京的魏允恭在给汪康年的信中，称亲眼看见谭嗣同等人于八月初八日被捕。“今早五更又奉密旨拿杨锐、刘光第、谭嗣同、林旭等四人，弟亲见步军统领监送登车，想已发交刑部。”（《汪康年师友书札》第4册，第3116页）

⑤ 《万国公报》第117号。

公使署中人前往康氏弟子谭嗣同处，以外国使馆可以设法保护之说讽之，谭嗣同曰："丈夫不作则已，作事则磊磊落落，一死亦何足惜！且外国变法未有不流血者，中国以变法流血者，请自谭嗣同始。"即纠数十人谋大举，事未作而被逮，闻中国国家拟即日正法，以儆效尤。①

2. 谭嗣同不出逃是害怕牵连其父。

谭嗣同惧罪连其父，方代父作责子书，为父解脱。书未就，不从王五请。逮书就，而捕者已至，书被抄。嗣同遇害，继洵未获谴。②

3. 谭嗣同与大刀王五，想救光绪帝，未成功。

他（指谭嗣同）岂止抱了最大的觉悟，且说："这次自己非死不可，已托王五爷（北京的侠客）带出光绪帝，若去时请关照。"接着谭嗣同托了给同志毕永年的信。③

4. 谭嗣同、林旭相约不出逃。

政变起，帝被囚，嗣同至旭寓，意态甚激昂，谓"我辈之头颅可断，中国之法不可不变也。"旋谓："吾素善日使馆中人，君如欲行，当为绍介至日使馆，蓟其保护出险。"旭曰："君如何?"嗣同泫然曰："天下岂有无父之国乎？吾决死此矣。"旭亦不肯行，遂均被逮。④

---

① 《国闻报》1898 年 9 月 27 日"视死如归"条。

② 陈叔通：《谭嗣同就义轶闻》，载《谭嗣同全集》，第 560 页。

③ 彭泽周：《梁启超逃亡日本始末》，《大陆杂志》第三十七卷，第十一、十二期合刊。

④ 朱德裳：《三十年闻见录》，第 96 页。

△谭嗣同致信胡理臣、罗升，请送生活用品。① 他在信中说："北半截胡同浏阳会馆谭家人胡理臣、罗升：送来厚被窝一床，洗脸手巾一条，换洗衣裤并袜子脚布一套，紫棉马褂一件，棉套裤一双，笔墨信纸并白纸等件，枕头一个，呢大帽一顶，靴子一双，扣带一根，均同来人送来为要。主人谭复生字，又取铜脸盆一个，筷子一双，饭碗一个。"②

八月初九日（9 月 24 日）

上谕令逮捕杨锐、林旭、谭嗣同、刘光第等人。"张荫桓、徐致靖、杨深秀、杨锐、林旭、谭嗣同、刘光第均着先行革职，交步军统领衙门，拿解刑部治罪。"

△改归知县庶吉士缪润绂上折攻击杨锐等军机四卿阻碍言路，蒙蔽光绪帝。"谭嗣同、刘光第、林旭、杨锐，托通达时务预枢要，实皆逆党。凡臣工条奏乙览不遑者，悉归四人披阅，签拟以奉，有参预新政事宜之旨，目无枢总，奇悍无伦，异己者摈之，有论及康有为罪状者匿之，而不以上告。奴才曾于七月内两次上封事，由都察院代递，为所抑格不报。皇上广开言路，若辈乃凭借权势，任喜怒而弃取之，一似都察院专为若辈设者。群小人蜂起，致变法之令日下日急，浮言骚动，民不聊生，盖使直言不得闻于皇上，而圣聪益为摇惑者，皆四人蒙蔽之罪也。并请罢斥究问，原保大臣连坐其罪，庶荐主知所惊惕，而言路不致混淆。"③

△谭嗣同致信仆人胡理臣罗升，称收到送来物品，并嘱托王五赶快通融饭食。"来信知悉，尔等满怀忠爱，可嘉之至！谢得军机折，不用递了。昨送来各件，都不差缺。我在此毫不受苦，尔等不必见面，必须王五爷花钱方能进来；惟王五爷当能进来，并托其赶快通融饭食等事。湖北电既由郭寄，我们不必寄了。戈什可回湖北，昨闻提督取去书三本，发下否？"

八月初十日（9 月 25 日）

谭嗣同、杨锐、刘光第、林旭等七人被由步军统领衙门解交刑部，

① 谭嗣同的狱中遗书，《谭嗣同真迹》说明第六项有云："狱中遗书三通，……原件写在极粗劣的纸上"，但 50 年代程鹤轩整理时"校对原件，它系较细致的灰白色纸，纸质并非极为粗劣"。（湖南博物馆搜集，程鹤轩整理：《谭嗣同遗墨续刊》，《湖南历史资料》1959 年第 1 辑）

② 谭嗣同：《致胡理臣罗升》，载《谭嗣同全集》，第 532—533 页。

③ 改归知县庶吉士缪润绂折，《戊戌变法档案史料》，第 464—465 页。

分别监禁。“经该衙门遵将官犯张荫桓等七名，悉数拿获，于初十日一并解送到部。”[①]

△在被捕期间，谭嗣同留下狱中题壁诗一首，狱中书信三封。[②]

谭嗣同的狱中题壁诗，有多种流传。[③]《戊戌政变记》里所录，是流传最广的一种。“望门投宿思张俭，忍死须臾待杜根。我自横刀向天笑，去留肝胆两昆仑。”[④]《留庵日钞》中记载的谭嗣同所作的狱中题壁诗与上述略有不同，为：望门投宿邻张俭，忍死须臾待树根，吾自横刀仰天笑，去留肝胆两昆仑。[⑤] 黄彰健在《戊戌变法史研究》中指出，《康梁演义》中所记林旭吟诵的第二首诗，比梁启超所传的谭嗣同的狱中题壁诗，更真实可靠，《康梁演义》所载的诗为：“望门投趾怜张俭，直谏陈书愧杜根。手掷欧刀仰天笑，留将公罪后人论。”

△谭嗣同在狱中写信给仆人，请其速往王子斌处，托其设法，并请郭之全电告湖北。“速往源顺标局王子斌五爷处，告知我在南所头监，请其设法通融招抚。再前日九门提督取去我的书三本：一本名《秋雨年华之馆丛脞书》；二本《名称录》，现送还会馆否？即回我一信。我遭此难，速请郭之全老爷电告湖北。此外有何消息，可顺便告我。主人谭复生字。”[⑥]

△谭嗣同在狱中，态度激烈，汪精卫称曾看守过谭嗣同等人的狱卒，描述了谭嗣同在监狱里的神态。“谭在狱中，意气自若，终日绕行室中，

---

① 刑部尚书崇礼等折，《戊戌变法档案史料》，第465页。

② 谭嗣同的后代谭吟瑞称谭嗣同在狱中曾写给李闰两封信，此说待考。“祖父狱中致祖母的遗书两封，系由王五寄递的。”（谭吟瑞：《记祖父嗣同公二三事》，载《谭嗣同研究资料汇编》，第90页）

③ 英敛之在日记中记载了当时的《国闻报》上登载的林旭的两首诗，其中一首和谭嗣同的狱中题壁诗字句大致雷同。“光绪二十五年三月初九日（1899年4月18日）灯下阅《国闻报》，有林旭《狱中诗》二绝云：‘青蒲饮泣知无补，慷慨难酬国士恩，欲为公歌千里草，本初健者莫轻言。’‘望门投止怜张俭，直谏陈书愧杜根。手掷欧刀仰天笑，留将功罢（罪）后人论。’”（《中国近代文学大系——书信日记集》第2册，上海书店出版社1993年版，第611页）

④ 《戊戌政变记》，第109页。《知新报》第70册载谭嗣同狱中题壁诗中，还有“缧绁到头真不怨，未知谁复请长缨”两句。

⑤ 参见孔祥吉《晚清佚闻丛考——以戊戌维新为中心》，第200页。

⑥ 谭嗣同：《致胡理臣罗升》，载《谭嗣同全集》，第533页。

拾取地上煤屑，就粉墙作书，问何为，笑曰，作诗耳。”[①] 但对此也有不同的记载，如据《中外日报》载谭嗣同交刑部后，“慷慨大言，谓丈夫做事，自愿以一身当任，何必牵涉株连云云”[②]，同在监狱的张荫桓则回忆“谭嗣同入狱狂呼，出言无状。余众闻之骇甚，知皆不免矣”[③]。

八月十一日（9 月 26 日）

△谕令军机大臣会同刑部、都察院严行审讯杨锐、林旭、谭嗣同、刘光第等人。

△兵部掌印给事中高爕曾等人请杀谭嗣同、林旭等人。

高爕曾等以害怕张荫桓、康有为等勾结洋人，发生意外为借口，请速行处决被逮捕的谭嗣同、林旭等人。“除恶宜速，缓恐生变……昨阅天津《国闻报》，有西人定将干预之语，臣等且骇且惧，查康有为至今尚未拿获，其死党梁启超亦改洋装潜遁，若辈党与众多，难保不混造谣言，诬谤宫廷，致西人借口平难，震惊辇毂……拟请皇太后、皇上当机立断，将张荫桓、徐致靖、康广仁、谭嗣同、林旭五人速行惩办。”[④]

△掌广西道监察御史杨崇伊请召荣禄入京。杨的理由是未杀谭嗣同、康广仁等人，梁启超在逃，害怕康有为勾结外人。“梁启超未拿，康广仁、谭嗣同等未决，深恐康有为煽惑洋人，以兵轮相胁，应请即日宣召北洋大臣荣禄来京，以资保护。”[⑤]

△福建道监察御史黄桂鋆攻击谭嗣同、林旭为康党重要成员，请将已抓获的人迅速处治，以免康有为等人铤而走险。“外间传说纷纷，皆谓康有为弟兄所犯案情重大，其党之同谋者，在内则以张荫桓、徐致靖、谭嗣同、林旭为渠魁，而杨深秀、宋伯鲁等扶助之。在外则以黄遵宪、熊希龄为心腹，而陈宝箴、徐仁铸等附和之。”[⑥]

八月十三日（9 月 28 日）

“谕军机大臣等，康广仁、杨深秀、杨锐、林旭、谭嗣同、刘光第等

---

① 黄濬：《花随人圣庵摭忆》，上海古籍书店 1983 年版，第 141 页。

② 《中外日报》1898 年 10 月 11 日。

③ 王庆保、曹景郕：《驿舍探幽录》，载《戊戌变法》第 1 册，第 493 页。

④ 兵部掌印给事中高爕曾等折，《戊戌变法档案史料》，第 466 页。

⑤ 掌广西道监察御史杨崇伊折，《戊戌变法档案史料》，第 466 页。

⑥ 福建道监察御史黄桂鋆折，《戊戌变法档案史料》，第 467—468 页。

大逆不道，著即处斩，派刚毅监视，步军统领衙门派兵弹压”[①]，六人被杀，史称“戊戌六君子”。

△谭嗣同临刑前慷慨激昂，深感不平，“监中提……六人出，有肆口骂詈者，谭嗣同语尤悖戾”[②]。问监斩官刚毅自己的罪名，“就义之日，观者万人，君慷慨，神气不少变。时军机大臣刚毅监斩，君呼刚前曰：‘吾有一言！’刚去不听，乃从容就戮”[③]。并拒绝谢恩，叱曰：“其奚恩之足谢也。”[④] 在临刑时毫不畏惧，“神采扬扬，刃颈不殊，就地上劙之三数，头始落，其不恐怖真也”[⑤]。

谭嗣同的临终语，据说有以下几种。“有心杀贼，无力回天，死得其所，快哉快哉”[⑥]；“临斩之际，曾号于众曰：‘是日每斩一首级，则异日必有一千倍人起而接续维新。’”[⑦] 当时在北京的传教士李提摩太与谭嗣同、康有为等维新派多有接触，他记载的谭嗣同的临终语，当较可信。“在押赴刑场的路上，林旭要求说几句话，被拒绝了。但谭嗣同却不理会允不允许，毫无畏惧地慷慨陈词：‘我愿意流血而死，如果我的国家能够得救，’但是，他向法官高呼，‘今天死去的每个人身后，都会有一千个后来者继起，继续我们的改革事业，继续忠于皇上，反对篡夺！’”[⑧]

八月十四日（9月29日）

内阁所奉朱谕具体化谭嗣同等人的罪名为三点：一是谋围颐和园，一是与康有为结党，一是杨锐等人在被召见时，欺蒙狂悖，密保匪人。“主事康有为首倡邪说，惑世诬民，而宵小之徒，群相附和，乘变法之际，隐行其乱法之谋，包藏祸心，潜图不轨。前日竟有纠约乱党谋围颐和园，劫制皇太后，陷害朕躬之事。幸经觉察，立破奸谋。……康有为之弟康广仁，及御史杨深秀，军机章京谭嗣同、林旭、杨锐、刘光第等，

---

① 《清实录》第57册，中华书局影印1987年版，第605页。

② 王庆保、曹景郕：《驿舍探幽录》，载《戊戌变法》第1册，第489页。

③ 梁启超：《戊戌政变记·谭嗣同传》，载《饮冰室合集》专集之一，第109页。

④ 萧汝霖：《谭嗣同传》，载《碑传集补》卷十二。

⑤ 《近代湘贤手札》，第85页。

⑥ 谭嗣同：《临终语》，载《谭嗣同全集》，第287页。

⑦ 《知新报》，第103册。

⑧ ［英］李提摩太：《亲历晚清四十五年——李提摩太在华回忆录》，李宪堂、侯林莉译，天津人民出版社2005年版，第248页。

实系与康有为结党，隐图煽惑。杨锐等每于召见时，欺蒙狂悖，密保匪人，实属同恶相济，罪大恶极。”①

八月十六日（10 月 1 日），皮锡瑞梦见谭嗣同出狱。“风声摇摇，五鼓时梦见复生，问彼实情，讶其何以得出，且云由何人误事，彼云有李同康者作祟。”②

八月十九日（10 月 4 日），皮锡瑞作《哀复生》，慨叹谭嗣同的生平。③

九月十八日（11 月 1 日），谭嗣同灵柩到长沙。④ 后归浏阳后，家人及师友曾进行祭奠，开吊之日，一切简略，吊者亦寥寥，仅挚友唐才常及亲戚辈与时务学堂学生十余人。因坚于立言，邑人送挽章者更少。⑤

谭嗣同灵柩归浏阳后，其师欧阳中鹄害怕其家人迫于形势不开吊，拟延僧讽经作道场七日，并焚烧明器，予以超度。“谭生榇已□，其家必不开吊，然不可不一尽情，兄还县后，拟约其素厚者为延僧讽经作道场七日，并焚明器。佛法超度，是其近日言学宗旨。不出知单，分资多寡听便，不足则敝处满之，如此办法，似尚合宜。二十八。”⑥

十一月二十一日（1899 年 1 月 2 日），《清议报》第 2 册开始刊登谭嗣同《仁学》，有梁启超所撰《校刻浏阳谭氏仁学序》。序中指出该书是“支那为国流血第一烈士”谭嗣同的遗著，人人都了解谭嗣同的壮烈，但对其学术，则罕有知道者，或者自以为知道，其实并不了解。他认为《仁学》的创作，是要弘扬康有为的思想，会同多种学问以救世。“《仁学》何为而作也？将以光大南海之宗旨，会通世界圣哲之心法，以救全世界之众生也。南海之教学者曰：‘以求仁为宗旨，以大同为条理，以救中国为下手，以杀身破家为究竟。’《仁学》者，即发挥此语之书也，而烈士者，即实行此语之人也。”该书的刊布，可以为“法之灯，为众生之

---

① 《清实录》第 57 册，第 606—607 页。

② 皮锡瑞：《师伏堂日记》第 3 册，第 334 页。

③ 同上书，第 337—338 页。

④ 皮锡瑞九月十八日日记记载“谭复生灵柩已到省”，参见皮锡瑞《师伏堂日记》第 3 册，第 363 页。

⑤ 参见谭训聪《清谭复生先生嗣同年谱》，第 47—48 页。

⑥ 《近代湘贤手札》，第 49 页，从书信内容来看，此信当写于九月廿八日。

眼”，起到启迪世人的作用。[①]

本月，梁启超在《东亚时论》第2号刊发《亡友浏阳谭遗像赞》，“呜呼嗟嘻！此为谁？荦荦其骨，稜稜其威。平生所志所学，百未竟一，而以身为国牺。四百兆同胞生命，系兹一发，公今已矣，吾又谁与归？公为天下流血，吾宁为公悲？但将仰之大厦，折此隆栋，其何以支？虽后有继起，吾乌从而知之？呜呼嗟嘻！如此头颅，如此须眉；海枯石烂，肝胆不移。五日不相见，今公竟如斯，呜呼嗟嘻！”[②]

十二月二十日（1899年1月31日）上海《亚东时报》刊登《仁学》，连载14次，于光绪二十六年正月二十九日（1900年2月28日）刊完，此为《亚东时报》本。

是年，礼部尚书李端棻推荐谭嗣同、康有为等人，但保荐类型不详。李端棻在政变后为曾经保荐过谭、康请罪。他说：“窃因时事多艰，需才孔亟，臣或谬采虚声，而以为足膺艰巨，或轻信危言而以为果由忠愤，将康有为、谭嗣同奏保在案。”[③]

△谭嗣同为江标题《东邻巧笑图》诗四首。

散花有梦亦匆匆，八部衣云劫火红。空尽东方诸佛土，可怜粉碎不成空。

苍然一目横天下，抵死怜才得几人。太息当年兴亚会，萧寥天地此前尘。

世间无物抵春愁，合向沧溟一哭休。四万万人齐下泪，天涯何处是神州。

娟娟香影梦灵修，此亦胜兵敌忾仇。蓦地思量十年事，（图作于十年前）何曾谋种到欧洲。（日本伊藤侯近自英返国，大唱进种之议。黄种荏弱，远逊白种，凡欧人游其境内，辄恣令野合，将以善

---

① 梁启超：《校刻浏阳谭氏仁学序》，载《清议报》第2册。

② 梁启超：《饮冰室合集集外文》上册，夏晓虹辑，北京大学出版社2005年版，第58—59页。

③ 李端棻：《滥保匪人自请惩治折》，光绪二十四年八月十九日，载《戊戌变法》第2册，第297页。

其种焉。)[①]

△谭嗣同作《题程子大横览图诗》一首，颇能反映他当时的心态。“家国两愁绝，人天一粲然，只余心独在，看汝更千年。世事几痕梦，微尘万座莲，后来凭吊意，分付此山川。”[②]

光绪二十六年（1900 年）庚子

唐才常死难后，“伤心人”辑谭嗣同、唐才常二人文章的《浏阳二杰遗文》，在长沙出版。闰八月十一日刊行的《清议报》刊登了“伤心人”的《浏阳二杰集序》，赞扬谭、唐为国流血牺牲的精神，称“戊戌政变，谭烈士与诸君子首流血以为之倡，海内之士，闻风踔厉。于是唐烈士才常等，睹朝局之颠倒，痛国事之危阽，发愤尊王，仗义救国，卒复遭遇凶暴，从容就义，距谭烈士流血之日，才二年耳”，说明了编辑的缘由，“同人乃将其遗集刊行，复缀其文之散著各报者，排比纂辑，合为一编，颜之曰《浏阳二杰集》”[③]。

光绪二十七年（1901 年）

秋，上海国民报社出版谭嗣同著《仁学》的单行本。

六月，《清议报》刊登《新刻谭壮飞先生仁学全书出售》告白。“是书成于丁戊之间，时先生服官金陵，常至海上，得博览泰西格致学、法律学、政治学、社会学、哲学、神学、数学、计学以及声、光、化、电各种专门名家之书，荟萃精英，成此鸿宝，其脑电忽腾九天，忽蛰九渊，可谓思想自由之极，洵中国二千年以来未有之硕学也。鄙人三年以来，但闻此书之名，惜其秘而不传，今复得之友人之手，焚香诵之，如读龙威秘书，若苏子所谓不厌百回读者，其中新理，虽西方学子，多有未经发明，急付枣梨，以饷同志，异日更当以西字译之，俾文明国见此，应知吾国之大有人也。寄售处在横滨清议报馆，四合主人谨白。”[④]

十一月十七日（12 月 27 日），《清议报》第 100 册刊完《仁学》一

---

① 谭嗣同：《题江建霞东邻巧笑图诗》，载《谭嗣同全集》，第 275—276 页。

② 谭嗣同：《题程子大横览图诗》，载《谭嗣同全集》，第 280 页。

③ 伤心人稿：《浏阳二杰集序》，载《清议报》第 59 册。

④ 《新刻谭壮飞先生仁学全书出售》，载《清议报》第 85 册。

书。该书在《清议报》上共登载13次。所刊《仁学》被称作《清议报》本。《仁学》还印在《清议报全编》第二集“名家著述”中，将在《清议报》中删节、误植、重复的部分，加以修改，此为《清议报全编》本。

光绪二十八年（1902年）

正月初一日（2月8日），《新民丛报》第一号“绍介新著”栏目介绍《仁学》一书，该书由横滨清议报馆印刷，东京国民报社再印。

> 此书为浏阳谭氏丙申丁酉间在金陵所著，分上下二篇。前有界说，后有自序，盖精心结撰之作也。著者在吾国政治界学术界思想界，皆为开山擘石之原动力，其人物之伟大，稍有识者皆能知之，无待赘言。此书以佛学格致学二者为根础，合一炉而冶之，而归之于实用，故其中有魂学，有伦理学，有政治学，有理财学，寻常人所视为各不相属之学科，淆杂并陈，而以一大理贯之。盖著者之眼中，见天下事物，无精无粗，无大无小，皆一切平等故也。其思想出乎天天，入乎人人，殆有非钝根众生所能梦见者。著成后，恐骇流俗，故仅以示一二同志，秘未出世，及其为民流血，功成身退，同人乃谋弘布之。吾国人于形质上精神上，有种种奴隶根性，积之数千年，非有狮子吼之说法，不足以震荡之而涤除之。若《仁学》者，真宜家置一编，日读一过，以自解释而自警策者也。或病其言太庞杂，忽彼忽此，未能首尾完具，成一家纯全之哲学，斯固然也。然著者未通欧美一国之语言文字，未尝一读他国之书，毫无凭借，而能发此无上之思想，此岂略览一二家之学说，摭人牙慧以自炫者，所能雌黄哉。著者至诚之人也，诚积于心而形诸言，此书非徒教授学者以理论，而感化学者以精神也。读其书，当学其为人，则浏阳死而未死也。

光绪三十三年（1907年）

上海国学扶轮社编《章太炎谭复生合钞》出版。

1912年

谭氏家族刊行《秋雨年华之馆丛脞书》二卷、《浏阳兴算学议》一卷。

1913 年

上海振学社编《谭复生先生尺牍》，由国光书局出版。

1914 年

四川省民政厅长陈廷杰呈请政府昭雪杨锐、刘光第、谭嗣同等六君子。此呈所奉批文为："据批呈已悉，立国大经，首培元气，式庐封墓，自昔为然。所呈四川前清故绅杨锐刘光第事实清册，详加批阅，慨慕良深，自应特阐幽光，用彰先烈，交内务部从优奖恤，以昭激劝，并由该部分令湖南福建山西广东各省民政厅长，迅即造具谭嗣同林旭杨深秀康广仁各事实清册，并予矜恤，用示崇德报功之意，此批。"①

1917 年

张元济主编《戊戌六君子遗集》由商务印书馆出版。内收谭嗣同《寥天一阁文》《莽苍苍斋诗》《远遗堂集外文》初编、续编；林旭《晚翠轩集》；杨锐《说经堂诗草》；刘光第《介白堂诗集》；杨深秀《雪虚声堂诗抄》《杨漪春侍御奏稿》；康广仁《康幼博茂才遗稿》等。该书未收《仁学》《石菊影庐笔识》（序言称《石菊隐庐笔识》），《远遗堂集外文》初编收欧阳中鹄所撰《清故直隶州知州谭嗣襄墓志铭并叙》、涂启先所撰《谭子泗生哀辞并叙》。续编则未收为梁启超所作《菊花石砚铭》。

陈乃乾编《谭浏阳全集》由上海文明书局出版，内有陈乃乾编《浏阳谭先生年谱》。

1925 年

上海文明书局编《谭浏阳全集》，包括文集、诗集、专集、续编三部分，文集分卷上、卷中、卷下。卷上包括叙跋、书牍，卷中包括传状，卷下包括墓铭、记、铭、赞、杂著、逸文。诗集分五古、七古、五律、七律、五绝、七绝，并附录词、联。专集包括仁学卷上、卷下，笔识卷上、卷下，续编包括治事篇十篇、治言、思纬氤氲台短书、论电灯之益处、论湘粤铁路之益、报章文体说、以太说、试行印花税条说、延年会叙、群萌学会叙、湘报后叙、与刘淞芙书、报贝元征书、改并浏阳城乡各书院为致用学堂启、记官绅集议保卫局事。

1926 年

---

① 《政府公报》1914 年 1 月 30 日第 622 号。

张元济主编《戊戌六君子遗集》出第四版，第一版与第四版的区别是增加了康广仁的诗文，其余未变。

1927 年

许啸天编《谭嗣同集》由上海群学社出版。

1936 年

汪精卫辑《谭复生唐佛尘先生墨迹》由上海宣和印社刊行。

1943 年

欧阳予倩编《谭嗣同书简》由桂林文化供应社出版，卷一收谭嗣同写给欧阳中鹄的书信 27 封，卷二收唐才常写给欧阳中鹄的书信 9 封，卷三收欧阳中鹄写给谭嗣同的书信 14 封。

1954 年

蔡尚思、方行编《谭嗣同全集》由生活·读书·新知三联书店出版，分四卷，卷一为论文，卷二为散文，卷三为书信，卷四为诗和其他韵文。

文操编《谭嗣同真迹》由上海出版公司出版。

1957 年

杨廷福编著《谭嗣同年谱》由人民出版社出版。

1981 年

蔡尚思、方行编《谭嗣同全集》（增订本）由中华书局出版，包括《寥天一阁文》二卷，《莽苍苍斋诗》二卷，补遗一卷，《远遗堂集外文》初编一卷，续编一卷，《石菊影庐笔识》《兴算学议》一卷，《思纬氤氲台短书》一卷，《秋雨年华之馆丛脞书》二卷，《仁学》《报章文辑》《壮飞楼治事十篇》、书简、拾遗、附录等。

参考文献

一　基本资料

1. 蔡尚思、方行编：《谭嗣同全集》（增订本），中华书局 1981 年版，1998 年第三次印刷。
2. 政协长沙市委员会文史资料研究委员会、政协浏阳县委员会、谭嗣同纪念馆合编《谭嗣同研究资料汇编》，1988 年。
3. 欧阳予倩：《谭嗣同书简》，桂林文化供应社民国三十二年（1943 年）版。
4. 李一飞编著：《谭嗣同诗全编》，北京出版社 1998 年版。
5. 杨廷福：《谭嗣同年谱》，人民出版社 1957 年版。
6. 谭训聪：《清谭复生先生嗣同年谱》，台湾商务印书馆 1980 年版。
7. 刘梦溪主编，朱维铮编校：《中国现代学术经典·康有为卷》，河北教育出版社 1996 年版。
8. 湖南省哲学社会科学研究所编：《唐才常集》，中华书局 1980 年版。
9. 皮锡瑞：《师伏堂日记》，国家图书馆出版社 2009 年版。
10. 刘人熙：《蔚庐亥子集》，中华民国二年（1913 年）排印。
11. 陈铮编：《黄遵宪全集》，国家清史编纂委员会·文献丛刊，中华书局 2005 年版
12. 汪叔子、张求会编：《陈宝箴集》，国家清史编纂委员会·文献丛刊，中华书局 2003 年版。
13. 胡珠生编：《宋恕集》，中华书局 1993 年版。
14. 王先谦：《葵园四种》，岳麓书社 1986 年版。
15. 汤志钧编：《康有为政论集》，中华书局 1981 年版。
16. 苏舆编：《翼教丛编》，光绪二十四年（1898 年）。

17. 叶德辉：《觉迷要录》，光绪乙巳（1904 年）夏刊行。
18. 龙绂瑞藏，谭延闿跋：《近代湘贤手札》，沈云龙主编：《近代中国史料丛刊》，第 557—558 册。
19. 上海图书馆编：《汪康年师友书札》，上海古籍出版社，第一册 1986 年出版，第二册 1986 年出版，第三册 1987 年出版，第四册 1989 年出版。
20. ［英］李提摩太著：《亲历晚清四十五年——李提摩太在华回忆录》，李宪堂、侯林莉译，国家清史编纂委员会·编译丛刊，天津人民出版社 2005 年 5 月第 1 版，2006 年 1 月第 2 次印刷。
21. 陈庆年：《戊戌己亥见闻录》，《近代史资料》总第 81 号，中国社会科学出版社 1992 年版。
22. 孙宝瑄：《忘山庐日记》，上海古籍出版社 1983 年版。

二　研究论文

1. 杨廷福：《谭嗣同著作和书启写作年月考》，《复旦学报》1956 年第 1 期。
2. 张德钧：《梁启超记谭嗣同事失实考》，《文史》第 1 辑（1962）。
3. 陈光崇：《〈谭嗣同年谱〉补正》，《辽宁大学学报》1983 年第 2 期。
4. 何泽翰：《谭嗣同〈狱中题壁诗〉新解》，《社会科学战线》1984 年第 1 期。
5. 杨同甫：《谭嗣同生平若干事实商榷》，《学术月刊》1984 年第 3 期。
6. 陈光崇：《〈谭嗣同书简〉考释》，《辽宁大学学报》1985 年第 5 期。
7. ［日］坂原弘子：《谭嗣同的〈仁学〉与乌特·亨利的〈治心免病法〉》，《中国哲学》第十三辑，人民出版社 1985 年版。
8. 迟云飞：《湖南时务学堂考实》，《历史研究》1988 年第 5 期。
9. 邓潭洲：《关于谭嗣同生平事迹的几个问题》，《求索》1988 年第 4 期。
10. 刘志盛：《谭嗣同著作版本》，《求索》1990 年第 5 期。
11. 邝兆江：《马尚德：谭嗣同熟识的英国传教士医师》，《历史研究》1992 年第 2 期。
12. 邝兆江：《谭嗣同和傅兰雅的一次会见》，《近代史研究》1994 年第 6 期。

13. 李一飞:《谭嗣同生平事迹考证歧见之辨析》,《船山学刊》1997 年第 2 期。
14. 刘泱泱:《谭嗣同与唐才常》,《船山学刊》1998 年第 2 期。
15. 罗福惠:《解读谭嗣同》,《近代史研究》1999 年第 1 期。
16. 马忠文:《戊戌“军机四卿”被捕时间新证》,《历史档案》1999 年第 1 期。
17. 贾维:《谭嗣同与盛宣怀》,《近代史研究》1999 年第 1 期。
18. 周德丰:《论谭嗣同思想文化观念的创新性》,《南开学报》1999 年第 6 期。
19. 朱汉民、李兵:《谭嗣同〈仁学〉与中国近代政治思维》,《湖南大学学报》(社会科学版) 2001 年第 1 期。
20. 肖娜、蒋九愚:《谭嗣同以太说析评》,《广东社会科学》2000 年第 2 期。
21. 刘纪荣:《浅议谭嗣同〈治言〉的思想倾向》,《贵州师范大学学报》(社会科学版) 2000 年第 4 期。
22. 徐振亚:《谭嗣同科学思想浅析》,《中国科技史料》2000 年第 3 期。
23. 宝成关、颜德如:《谭嗣同民权观新探》,《史学集刊》2000 年第 2 期。
24. 肖娜、蒋九愚:《谭嗣同以太学说析评》,《广东社会科学》2000 年第 2 期。
25. 吴仰湘:《南学会若干史实考辨》,《近代史研究》2001 年第 2 期。
26. 房德邻:《维新派“围园”密谋考——兼谈〈诡谋直纪〉的史料价值》,《近代史研究》2001 年第 3 期。
27. 杨健康:《论谭嗣同教育思想的实学特色》,《船山学刊》2002 年第 3 期。
28. [日] 狭间直树:《梁启超笔下的谭嗣同——关于〈仁学〉的刊行与梁撰〈谭嗣同传〉》,《文史哲》2004 年第 1 期。
29. 黄海滨:《略论唐才常、谭嗣同思想之差异》,《船山学刊》2004 年第 1 期。
30. 罗福惠:《梁启超、章太炎、谭嗣同与近代文化社团》,《华中师范大学学报》(人文社会科学版) 2004 年第 5 期。

31. 姚曙光：《“仁—通”：谭嗣同〈仁学〉的精髓与主旨》，《江苏社会科学》2005 年第 1 期。
32. 胡建：《谭嗣同“心力说”的原创性价值》，《浙江学刊》2005 年第 3 期。
33. 贾维：《关于谭嗣同戊戌北上的两个问题》，《船山学刊》2006 年第 1 期。
34. 刘娟娟：《谭嗣同“为父妾所虐”质疑》，《船山学刊》2006 年第 4 期。
35. 赵立人：《袁世凯告密与戊戌政变关系新证——以谭嗣同被捕时间为中心》，《广东社会科学》2006 年第 3 期。
36. ［日］狭间直树：《谭嗣同〈仁学〉的出版与梁启超》，《国外社会科学》2006 年第 5 期。
37. 彭平一、李斯：《论谭嗣同“以心力解劫运”思想》，《湖南城市学院学报》2007 年第 3 期。
38. 刘觅知、张天杰：《谭嗣同〈仁学〉研究的现状与前瞻》，《云梦学刊》2008 年第 1 期。
39. 罗检秋：《清末仁学的开展与困境——从学术上看戊戌思想家的悲剧根源》，《清史研究》2008 年第 3 期。
40. 张天杰、肖永明：《谭嗣同〈仁学〉与基督教思想》，《世界宗教研究》2008 年第 4 期。
41 吴根友：《从比较哲学到世界哲学——从谭嗣同〈仁学〉的“通”论看比较哲学的前景》，《哲学动态》2008 年第 12 期。
42. 谢孝明、肖永明：《论谭嗣同义利观的近代意识》，《伦理学研究》2009 年第 3 期。
43. 魏义霞：《庄子与谭嗣同的平等思想——论谭嗣同及近代哲学中的庄学渊源》，《华南师范大学学报》（社会科学版）2009 年第 4 期。
44. 隋淑芬：《生命理念的缺失：近代天赋人权说的两难困境——严复、梁启超、谭嗣同合论》，《天津师范大学学报》（社会科学版）2009 年第 3 期。
45. 谢孝明、肖永明：《偶像的颠覆与思想的锐进——谭嗣同对湘军评判的心路曲线》，《湖南大学学报》（社会科学版）2009 年第 3 期。

46. 魏义霞：《无我：从谭嗣同到梁启超》，《学术交流》2011 年第 9 期。
47. 张晓林：《灵魂与博爱——基督教如何影响了谭嗣同〈仁学〉“仁”概念》，《甘肃社会科学》2011 年第 6 期。
48. 张晓林：《神伦与友道——基督教如何影响了谭嗣同〈仁学〉平等》，《学术界》2012 年第 1 期。
49. 张永春：《谭嗣同与墨家思想》，《安徽史学》2012 年第 6 期。
50. 张晓林：《谭嗣同的宗教大同思想——〈仁学〉的宗教认知特征》，《甘肃社会科学》2013 年第 1 期。
51. 郭其智：《谭嗣同遗札三题》，《古籍研究》2013 年第 2 期。
52. 鲁霞、刘钦：《日本学者的谭嗣同观》，《大连大学学报》2013 年第 2 期。
53. 程强：《佛道为表，儒学为里——从“二十七界说”解析谭嗣同〈仁学〉的哲学思想》，《江汉学术》2013 年第 4 期。
54. 朱汉民：《湘学的传统形态与近代转型——以谭嗣同及其浏阳之学为视角》，《天津社会科学》2013 年第 4 期。
55. 杨际开：《谭嗣同与宋恕——以〈仁学〉为中心》，《杭州师范大学学报》（社会科学版）2014 年第 2 期。

三 研究著作

1. 刘凤翰：《袁世凯与戊戌政变》，文星书店 1964 年版。
2. 徐义君：《谭嗣同思想研究》，湖南人民出版社 1981 年版。
3. 邓潭洲：《谭嗣同传论》，上海人民出版社 1981 年版。
4. 汤志钧：《戊戌变法人物传稿》（增订本），中华书局 1982 年版。
5. 李喜所：《谭嗣同评传》，河南教育出版社 1986 年版。
6. 王樾：《谭嗣同变法思想研究——从仁学的思想理则析论谭嗣同的变法理论与实践》，台湾学生书局 1990 年版。
7. 孔祥吉：《晚清佚闻丛考——以戊戌维新为中心》，巴蜀书社 1998 年版。
8. 梁启超撰：《清代学术概论》，上海古籍出版社 1998 年版。
9. 田伏隆、朱汉民主编：《谭嗣同与戊戌维新》，岳麓书社 1999 年版。
10. 尹飞舟：《湖南维新运动研究》，湖南教育出版社 1999 年版。

11. 孔祥吉：《晚清史探微》，巴蜀书社 2001 年版。
12. 贾维：《谭嗣同与晚清士人交往研究》，湖南大学出版社 2004 年版。
13. 丁平一：《谭嗣同与维新派师友》，湖南大学出版社 2004 年版。
14. 孔祥吉、[日] 村田雄二郎：《罕为人知的中日结盟及其他——晚清中日关系史新探》，国家清史编纂委员会·研究丛刊，四川出版集团、巴蜀书社 2004 年版。
15. 茅海建：《戊戌变法史事考》，生活·读书·新知三联书店 2005 年版。
16. 张灏：《梁启超与中国思想的过渡·烈士精神与批判意识》，新星出版社 2006 年版。
17. 黄彰健：《戊戌变法史研究》，上海书店出版社 2007 年版。
18. 贾维：《谭嗣同研究著作述要》，湖南大学出版社 2010 年版。

后　记

经过一年多的努力，本书已经基本完成，即将付梓。本书之所以能够完成，得益于我在北京大学的访学，使我能够集中一年的时间和精力进行研究。这段时间的取得，首先要感谢学科带头人王善军教授，在他的无私帮助下，我获得了到北京大学历史系访学一年的机会。其次还要感谢郭卫东教授。郭老师同意担任我访学期间的指导老师，并对我的研究课题多有指导。访学期间，人文学部主任张祖立教授，历史学院院长姜德福教授，历史学院副院长郝虹教授，均十分关心我的学习生活，并对相关的工作做了安排，使我能够无所顾虑地投入到研究工作中，对此，我表示衷心的感谢。在我赴京访学一年期间，妻子杨沂承担了全部家务，既要上班，又要照顾孩子，但她毫无怨言，这是我能够完成此书的坚强后盾。在我赴京访学期间，女儿明珠虽然起初不太适应，但还是学会了早上独自上学，下午独自回家，独立意识日增，渐渐长大。

本书写作过程中，时时得到天水师范学院刘雁翔教授的鼓励，刘老师还特地寄来谭嗣同父亲谭继洵在秦州的资料，这是值得我特别感谢的。

另外，2009 年，我曾以“谭嗣同与戊戌维新的实证研究”为题，获得辽宁省教育厅人文社科研究项目的资助，本书的出版，也得到了大连大学的学科建设经费的支持。

刚刚过去的 2014 年，对我而言是极不寻常的一年。一年里，前半年我在京城学习，每日骑车到北京大学图书馆读书，仆仆程途，自得其乐。后半年回单位教书，所承担的课程，为本科生一门，研究生三门，每日早晨六时三十分准时到班车点，乘车一个多小时到学校去上课，下午四点多，又乘班车一个多小时回家，早出晚归，读书、备课、上课，谨守着一个教师的本分。学生的勤学善问，让我安于现状，以教书育人为乐。工作之余，我先后申请了从国家社科基金到辽宁省社科基金等5项各种级别的研究课题，结果是无一获准。这一次次的努力及受挫，使我能够更真切地体味到类似于谭嗣同5次参加乡试无一中举的心情。本书在写作过程中，力求以谭嗣同说谭嗣同，不作过多的铺衍，如有不妥，还祈读者不吝指正。

王夏刚

2014年12月9日记于大连